陈云
真情实录

于俊道○主编

图书在版编目（CIP）数据

陈云真情实录 / 于俊道主编. —成都：天地出版社，2020.2（2022年2月重印）
ISBN 978-7-5455-4546-3

Ⅰ.①陈… Ⅱ.①于… Ⅲ.①陈云（1905-1995）–生平事迹 Ⅳ.①K827=7

中国版本图书馆CIP数据核字（2019）第043345号

CHEN YUN ZHENQING SHILU

陈云真情实录

出 品 人	杨　政
编　者	于俊道
责任编辑	杨永龙　聂俊珍
封面设计	蒋宏工作室
内文排版	盛世博悦
责任印制	王学峰
出版发行	天地出版社 （成都市槐树街2号　邮政编码：610014） （北京市方庄芳群园3区3号　邮政编码：100078）
网　址	http://www.tiandiph.com
电子邮箱	tianditg@163.com
经　销	新华文轩出版传媒股份有限公司
印　刷	北京文昌阁彩色印刷有限责任公司
版　次	2020年2月第1版
印　次	2022年2月第6次印刷
开　本	710mm×1000mm　1/16
印　张	24.5
字　数	349千
定　价	58.00元
书　号	ISBN 978-7-5455-4546-3

版权所有◆违者必究
咨询电话：（028）87734639（总编室）
购书热线：（010）67693207（营销中心）

如有印装错误，请与本社联系调换

"共和国领袖真情实录"系列编委会

主　编：于俊道
编　委：（以姓氏笔画为序）
　　　　一　斌　于　力　于俊道　文　川　文　武
　　　　邹　洋　张文和　聂月岩　裴　华　魏晓东

| 目 录 |

第一章　从下塘街到中南海

◎青浦县是上海市的一个郊县,一个典型的江南水乡。1905年6月13日,从青浦县练塘镇下塘街西头一个前对街、后靠河的小屋里传出"哇哇哇"的婴孩哭声,冲破茫茫夜色,长久地回荡在小镇的上空。他便是陈云。

青浦骄子 ·· 2
下塘街的老听客 ··· 13
小蒸风暴 ·· 21
廖家骏传奇 ··· 29
国民党的"随军医生" ··· 35
西路军总支队 ··· 42
青云浦干休所 ··· 52

第二章　把学习当作责任

◎在履历表上,"文化程度"一栏陈云总是认真地填写上"小学"二字。他还讲:"像我们这样没什么底子,各种知识都很缺乏的人,要老老实实做小学生。"他实际的文化程度远不止是"小学"了。

曲曲折折,不坠求学之志 ··· 60
"老老实实做小学生" ··· 65
"学好哲学,终身受用" ··· 72

1

第三章　毛泽东眼中的能人

◎陈云最后说:"你们是让我来拍板的,那我拍板就是要坚持南满!一个人都不能走。坚持就是胜利。"

◎对于陈云的这"一板",许多当年经历此事的老同志在后来都深有感触地说:"要是没有陈云同志的英明决策,南满差一点就给放弃了。"萧劲光也高度评价道:"这是关键时刻决定性的一板,这是陈云对坚持南满斗争的一大贡献。"

"关键时刻决定性的一板" ························· 82
说话风格反映做事风格 ··························· 96
"坚持真理,改正错误,就将无敌于天下" ········· 100
"抓而不死,活而不乱" ·························· 106
"90%与10%" ··································· 112
"不唯上、不唯书、只唯实" ······················ 127
"个人名利淡如水,党的事业重如山" ·············· 132
"有钱难买反对自己意见的人" ···················· 143
"出人、出书、走正路" ·························· 149
"我们不能老是心中无数" ························ 158
春节的故事 ····································· 163
晚年情怀 ······································· 168

第四章　红色掌柜的亲情往事

◎陈云说:"我是个老实人,做事情从来老老实实。你也是一个老实人。老实人跟老实人在一起,能够合得来。"这就是陈云与于若木的故事:一份缘,一世缘,一世情。

◎陈云给家人订下的"三不准"曾经被广为传颂。这"三不准"就是:不准搭乘他的车,不准接触他看的文件,子女不准随便进出他的办公室。

  夫人于若木：事出偶然的生活⋯⋯⋯⋯⋯⋯⋯⋯⋯⋯178
  "三不准"家规⋯⋯⋯⋯⋯⋯⋯⋯⋯⋯⋯⋯⋯⋯⋯⋯185
  "你应该回去"⋯⋯⋯⋯⋯⋯⋯⋯⋯⋯⋯⋯⋯⋯⋯⋯193
  两颗核桃的故事⋯⋯⋯⋯⋯⋯⋯⋯⋯⋯⋯⋯⋯⋯⋯⋯199
  悠悠故乡情⋯⋯⋯⋯⋯⋯⋯⋯⋯⋯⋯⋯⋯⋯⋯⋯⋯⋯203

第五章　红色内幕：生活中的陈云

  ◎"我一进北京就住在这里，到现在已有20多年了，俗话说，'金窝银窝不如自己的草窝'，我还舍不得离开这里呢！"

  ◎作为全国财政金融和经济建设与管理事宜的具体负责人与主管，陈云在访问中的事务是非常繁重而艰巨的，需要出席和主持多个重要的外交会谈。为此，陈云在出国前专门制作了一套藏青色的毛料中山服，因为在衣柜中实在找不出一件像样的、适合外事活动的衣服。

  "金窝银窝不如自己的草窝"⋯⋯⋯⋯⋯⋯⋯⋯⋯⋯⋯212
  一件棉坎肩与两套中山服⋯⋯⋯⋯⋯⋯⋯⋯⋯⋯⋯⋯216
  首长的布衣生活⋯⋯⋯⋯⋯⋯⋯⋯⋯⋯⋯⋯⋯⋯⋯⋯219
  "睡眠第一，吃饭第二"⋯⋯⋯⋯⋯⋯⋯⋯⋯⋯⋯⋯⋯222
  "踱方步"⋯⋯⋯⋯⋯⋯⋯⋯⋯⋯⋯⋯⋯⋯⋯⋯⋯⋯⋯229

第六章　史海钩沉：掌柜趣事

  ◎"有些人认为共产党爱讲政治，共产党员是冷冰冰的。这不对，共产党员也是人，而且感情最丰富，所以他才能以爱人之心牺牲自己的一切！"

◎阿婆面有急色，气喘吁吁地跑到陈云跟前，一张嘴，嗓子就有些哽咽："昨晚，我的一只老母鸡被偷了。这叫我咋办哟……"这时有位同志在一边嘟囔了一句："这么一点小事，也跑来惊动首长？""不，我看事情一点不小。"陈云沉思道……

第一支航空队 ……………………………………………… 236
"我不能当法海，我要当月下老人" …………………… 243
难忘的报告 ………………………………………………… 252
东北新战场和"马火车" …………………………………… 259
评弹是有希望的 …………………………………………… 268
惊动毛泽东的涮羊肉风波 ………………………………… 275
"我看事情一点不小" ……………………………………… 281
"人是要吃饭的，不能天天靠吃马列主义过活" ………… 287
劫难升级：下放到化工厂 ………………………………… 295
"要在大风大浪中学会游泳" ……………………………… 305
"没有知识分子，革命就不能胜利" ……………………… 311
"如果主席、总理给我送礼，我就收，因为他俩没有求我的事儿" ……………………………………………………… 315

第七章　经天纬地：陈云的人际交往

◎1981年，陈云曾回忆说："毛泽东同志亲自给我讲过三次要学哲学。在延安的时候，有一段时间我身体不大好，把毛泽东同志的主要著作和他起草的重要电报认真读了一遍，受益很大。我由此深刻地领会到，工作要做好，一定要实事求是。"

与毛泽东的交往掠影 ……………………………………… 320
傅连暲入党风波 …………………………………………… 341
与王明的斗争 ……………………………………………… 346

审干风波：陈云与康生 …………………………………352
与知名人士的交往 ………………………………………359
相识岂在长久：陈云与国际友人 ………………………367

/第一章/

从下塘街到中南海

◎青浦县是上海市的一个郊县,一个典型的江南水乡。1905年6月13日,从青浦县练塘镇下塘街西头一个前对街、后靠河的小屋里传出"哇哇哇"的婴孩哭声,冲破茫茫夜色,长久地回荡在小镇的上空。他便是陈云。

青浦骄子

家　乡

青浦县是上海市的一个郊县，一个典型的江南水乡。1905年6月13日，从青浦县练塘镇下塘街西头一个前对街、后靠河的小屋里传出"哇哇哇"的婴孩哭声，冲破茫茫夜色，长久地回荡在小镇的上空。他便是陈云。

据县志介绍，因相传五代闽国高州刺史章仔钧与其妻练夫人曾在此居住，故练塘镇又名"章练镇"。它成治较晚，最早由吴江、六和、青浦三县共管，辛亥革命一年后才划归青浦县管辖。练塘镇距青浦县城西南18公里，呈长方形，东西走向。练塘镇虽然面积不大——仅65平方公里，但河塘甚多，东有泖河，南有大蒸塘，是有名的水乡。一条小河俗称"三里塘"，更是贯穿全镇而过。沿该河岸则是镇中两条主要的并行街道，下塘街便在其中。

陈云的童年很苦。

陈云的外祖父系广东人氏，姓廖，曾经参加太平天国起义，身经百战。后来，起义失败，队伍被打散，他辗转到达江南地区，在练塘镇上买下一个门面房子就此安下身来。陈云的外祖母廖陈氏是练塘本地人。1870年，两人结婚，膝下一女二男，其中有陈云的母亲廖顺妹（排行老二）、舅舅廖文光。

廖家生活虽不富足，但廖陈氏出身农民，不辞辛劳，在她的精心操持下，一家人的日子倒也过得平稳。但在那个时代，这种平稳常常是经不起任何风浪的。1898年，陈云外祖父辞世，享年59岁。于是抚养三个孩子的重担就落到了廖陈氏一个人肩上，日子也变得艰难起来。

第一章
从下塘街到中南海

陈云的故乡——上海市青浦县练塘镇（历史图片）

陈云的父亲陈梅堂一直以务农为生，间或也干些杂活来补贴家用。他待人诚恳、朴实，深得大家的尊重。1895年，陈梅堂在26岁时与廖顺妹成亲，后生下一女，取名"陈星"，这便是陈云的姐姐。8年后，陈云出生。

由于生活困苦，医疗条件很差，在陈云两岁时，陈梅堂因积劳成疾，壮年即撒手人寰，时年仅38岁。之后，廖顺妹带着两个年幼的孩子苦苦度日，尽管不时有娘家的照顾，但也只能勉强维持生活而已。两年后，廖顺妹的身体因操劳过度也彻底垮了下来，终于因病不治，于1909年无可奈何地丢下两个孩子告别了这个冷酷的世界。

惨痛的现实陡然摆在了尚未成年的姐弟两人面前！他们不知道今后的生活该怎么办，路究竟在何方。陈星与4岁的弟弟陈云抱在一起痛哭。

就在这时，善良的外婆伸出了温暖的手，将姐弟俩领回了家。外婆告诉他们：不要哭，只要有外婆在，就有你们的饭吃！此时，陈云的舅舅廖文光已经成家，娶的是练塘倪氏。夫妻俩以裁缝为业，互敬互爱、心地善良，对老人孝敬，对陈云姐弟俩就像对自己的孩子一样疼爱，处处体贴照顾，使陈云姐弟感到十分温暖。

但是天有不测风云。1911年，慈祥的外婆终因年老体衰去世。临终前她最放心不下的就是陈云姐弟两人。老人特地把儿子廖文光和儿媳叫到床前叮嘱道："你们结婚8年，还没有孩子，就把外甥、外甥女当作你们的亲骨肉来对待，一定抚养他们好好成人。这样，我和你顺妹九泉之下也就瞑目了。"廖文光夫妇俩含着泪，握着母亲的手拼命点头，哽咽着，一句话都说不出来。

丧葬完毕，廖文光按照母亲的遗愿正式收陈云为自己的养子，改姓廖，仍名陈云，陈云则仍叫廖文光舅父。

由于"廖陈云"这一称呼仅在陈云幼年时期局限于家乡有所使用，因此知道的人很少。1961年，已成为党和国家高级领导人的陈云回到家乡搞社会调查。一天，陈云正带着工作人员察看猪圈时，突然听见后面有人在大声喊："廖陈云同志！"大家都感到吃惊，特别是刚到陈云身边工作不久的同志都不知道是在喊谁。陈云连忙回头一看，原来是住在公社集体食堂隔壁的一位老太太，她是小时候与陈云一起玩耍的伙伴。陈云赶紧上前热情招呼。人们这才明白过来，原来"廖陈云"就是陈云。

廖文光夫妇对陈云姐弟俩十分照顾，尽管经济条件非常有限，但逢年过节，仍然想方设法给他们做件新衣服，平时家里有好吃的，都让孩子们先吃。有空，姐弟俩还经常跟随舅舅去书场听书，给生活增添了不少乐趣。陈云多年后在与艺术界领导谈及评弹的作用时，还提及这一段经历。他回忆道："我10岁前就听书，先是跟我舅舅去听，听上瘾了，有时候大人不去，就自己一个人去听，到现在六十几年了。"他诙谐地讲："我是听蹩壁书出身，听《英烈》的。"

廖家饭馆

一个特殊的家庭、一个饱经风霜的家庭,但人们总能听到屋里面传出的欢声笑语。在廖文光夫妇的精心抚养下,姐弟俩渐渐从父母双亡的打击中恢复过来。陈云和姐姐也十分懂事。后来由于裁缝生意越来越难做,廖文光决定利用铺面临街的优势开个小饭馆,借以维生。

这是一个真正意义上的家庭饭馆,面积不大,仅够摆下区区3张桌子、几条长凳,却被勤劳的主人每天打扫得十分清洁亮堂。廖文光负责采购、记账,倪氏心灵手巧,负责厨房掌勺。她炒的虽是家常菜,却烹调有道、色香味俱全,特别是推出的油爆鳝丝和敲扁豆十分有特色,前者火候掌握得好,清香鲜嫩,口感甚好;后者香脆可口,是客人佐餐的首选。这两样后来传为

青浦县练塘镇陈云旧居。陈云在这里度过了童年和少年(历史图片)

练塘名菜，老一辈的练塘人回忆起来仍津津乐道、赞叹不已。而陈云姐弟俩则帮助干些洗菜、送菜、敲扁豆、打扫卫生之类的杂活。

廖家饭馆正式开张后，在一家人的辛勤操持和乡亲们的照顾下，廖家的生活终于算是能勉强维持下去了。在当地的穷苦百姓中，廖文光是一个比较有见地的人。他知道不能耽误孩子，不能让孩子跟上一辈人一样。办法只有一个，那就是送孩子去念书，为此，廖文光硬是把从牙缝里抠出来攒下的钱拿来送陈云去私塾启蒙，后又把陈云送进当地教育质量最好的贻善初小念书。1915年，陈星和本镇一商店的职员王福生结婚，廖文光又像对待自己的亲生女儿一样，为他们张罗着热热闹闹地办了喜事，还将新房安置在了家中。后来，陈星夫妇开了一个茶馆聊以维生，并在1919年4月顺利地生下一女。

陈云在杭州玉泉茶室打算盘（历史图片）

但是，家庭生活永远离不开社会这个大背景。在那个中国人民饱受压迫和剥削的年代，人们欲求一饱谈何容易！廖家饭馆的生意随着经济的萧条越来越难做了，加之1916年10月，舅母又生下一个男孩，并在产后害了一场大病，廖文光四处求医买药，微薄的经济实力很快被消耗殆尽。陈云也随之再次陷入困境，被迫离开心爱的学校。半年后，家庭情况稍有好转，廖文光又托人将陈云送到青浦县立乙种商业学校读书，希望他在这个残酷的社会中能学到一点谋生的本事。

商业学校创办于1912年3月，初以农科为主，后为适应需要而增设了商科。尽管陈云在这里只学了一个多月，便再次因经济问题而休学回家，但陈云没有辜负好心舅父的殷切期望。在这一段时间中，刻苦的陈云学到了一手好的珠算、簿记本事，也初步接触到财务会计等方面的知识。中华人民共和国成立时期陈云担任中央财经委员会主任时，人们常常赞叹这位国家财经委的一把手有一身精湛的算盘功夫，殊不知这是他从小打下的良好基础。

陈云从学校回来后，起早贪黑、忙里忙外地帮助舅父干活。廖文光看着聪明、懂事的外甥，实在不忍心就此误了他的学业，但又苦于经济困难而一筹莫展。不过此时，出现了意外的转机。

一次，当地一位开明教育家杜衡伯偶然了解到好学上进的陈云所处的困境，便慷慨地答应让陈云免费进入颜安小学高小部继续学习。陈云终于又回到了课堂。

商务印书馆的小学徒

陈云在颜安小学高小部上学的时候，有一位老师名叫张子谦，为人正直、乐于助人，思想也比较进步。他经常在课堂上通过讲解中国近代历史故事，像林则徐虎门销烟、谭嗣同舍生取义、广州黄花岗起义等，对同学们进行爱国主义教育，帮助他们树立起振兴中华的远大志向。每当这时，陈云总是听得特别认真，笔记记得一丝不苟，有时还提出问题请老师解答。张老师也格外喜欢班上这名出身贫苦、聪明而又勤奋刻苦的学生，有时在课余还与陈云谈心，交流思想，共同讨论。

1919年5月11日，颜安小学组织声援北京五四运动的活动，在小镇上影响很大。陈云在这次活动中表现十分突出，尽管年龄还不到14周岁，但已是组织整个活动的核心人物之一。对此，张老师看在眼里，喜在心头，更加坚定了帮助陈云成长为国家有用之才的想法。

很快，陈云便从高小部毕业了，何去何从成为摆在他面前的一大问题。当然，回家去帮舅父料理店务是最容易想到的一条路。但从小把陈云当自己孩子抚养的廖文光不愿如此，担心会耽误陈云的前程。熟悉了解陈云的老师和同学们也对此非常惋惜，张老师也很着急。

恰在这时，张老师的弟弟张子恭回家来探亲，他在商务印书馆工作。张子谦灵机一动，将陈云的情况向弟弟作了详细介绍，请他帮忙想想办法。张子恭听了哥哥的介绍之后，也很热心此事，提议不妨让陈云这次就随他到商务印书馆去，先当学徒工，待慢慢适应后再图发展。这样一来，一则可以解决经济自立问题；二则可以利用在印书馆工作的方便，使陈云能继续学习，多看些书；三则在市区工作，发展的机会可能要多一些。

张子谦兄弟俩商量好，就到廖文光家里将上述考虑详细讲了。廖文光和陈云听后，都非常感激，出去可能很苦，但对于穷家孩子而言，还能有什么别的更好的办法？这总不失为一条出路。

1919年6月，刚刚满14周岁、从没有远离过故乡的陈云与亲人依依惜别，只身来到了商务印书馆。

老一辈的人都知道，中华人民共和国成立前的学徒工，无论是在百货店、药店，还是在印书馆、饭馆，都是非常辛苦的。起早摸黑、忙里忙外姑且不说，还几乎没有人身自由，干得再好、跑得再勤，一旦稍有闪失，上至老板、店主，下至管家、师兄，常常是劈头盖脸、不分青红皂白地一顿训斥，甚至暴打，自己还只能忍气吞声、埋头苦干，不得解释半句。

陈云当年学徒生活的具体细节，现在已无从了解，但这并不妨碍我们去想象一二。我们从后来陈云为党的事业不辞辛劳、坚毅顽强、注重实干的品质、意志和作风中可以推测，那与陈云青少年时代的生活，包括学徒生活中艰苦劳务的磨砺不无关系。

当时的商务印书馆下辖编译所、印刷所、发行所、总务处等部门。由于家庭困难，从小帮助舅舅维持店铺而营养又跟不上，陈云长得很瘦小，此时只与柜台一般高。为此，许多部门都拒绝接收他。张子恭就将陈云留在身边负责印刷所的仪器文具柜，并给陈云专门制作了一个小柜台。后来，陈云又到了总发行所，印刷、排字，脏活累活样样干，从不吭声。管事和同事见他能吃苦又好学，待人和气，都十分喜欢他，尽可能给予陈云不少照顾，还推荐他到门市部书店当了一名小店员。到那里以后，陈云很快以热情周到的服务赢得了顾客的高度赞许。

尽管每天的劳动量很大，但在人剥削人的社会，干得再好，学徒就是学徒。第一年的薪金只有24元，第二年增加到48元，第三年也才72元。即便如此，由于陈云生活十分简朴，除维持日常生活，从不乱花一分钱，因此也能勉强维生。

上海市河南中路商务印书馆旧址。陈云曾在这里当过学徒（历史图片）

当略有积蓄的时候,陈云首先想的是如何报答舅父、舅母的养育之恩。后来,他将辛辛苦苦攒下的钱全部拿出来替舅舅一家买了去杭州旅游的火车票,让他们出来见见外面锦绣的河山,更是为了让长期在乡下劳作、身体不大好的亲人能休息一下,在一年四季的操劳中能喘上一口气。

在商务印书馆的学徒生活虽然是艰苦的,但对于一个有志青年而言也是很有收获的。陈云把自己的业余时间作了精心安排,重点放在锻炼身体上。为彻底改变以往身体偏瘦、偏小的状况,陈云坚持跑步、练俯卧撑、掰腕子、举重物等,一段时间下来,身体状况很快改善。红军长征时期,陈云担任殿后的红五军团政委一职,打了不少恶仗,走了不少险路、远路,都没有打一点闪板就是明证。

更重要的是,陈云养成了坚持锻炼的习惯,以后参加革命,无论何时何地,只要有可能,陈云都要锻炼锻炼。

上海市四川北路商务印书馆虹口分店旧址。陈云曾在这里当过店员(历史图片)

第一章
从下塘街到中南海

陈云锻炼完毕回到宿舍，就是看书和练习毛笔字；此外，他还参加夜校学习，包括学习英语等，以巩固提高自身的文化知识水平。在这一时期，陈云生平第一次接触到了马列主义思想。他如饥似渴地反复阅读、反复琢磨《共产党宣言》《辩证唯物论》《唯物史观》等书，并结合自己以前参加家乡声援五四运动的活动的经历，以及到城市后眼中见到、耳中听到和报上看到的社会现实状况进行深入思考。在商务印书馆共产党员董亦湘、恽雨棠的帮助下，陈云的思想进步很快。为进一步研究苏联革命，他又开始学习俄文。1925年，在董、恽两人的介绍下，陈云在党旗前庄严宣誓，光荣地加入了中国共产党。

从商务印书馆开始，陈云便将自己的一生、自己的一切交给了党人民。他义无反顾地投入中国人民解放的伟大事业之中，走上了为共产主义事业奋斗终生的革命道路。

陈云（后排右五）同上海商务印书馆虹口分店暨中国商务广告公司同人合影（历史图片）

"吃水不忘挖井人"

参加革命后,陈云始终没有忘记那些曾经帮助过自己,特别是自己处在阅历尚不够丰富、生活尚不能完全自立、思想尚不够成熟的时期,那些无私地关心、培养过自己,在人生的关键时刻扶助过自己的人们。1952年,陈云有一次在上海考察工作,时任江苏省农业科学院院长的顾复生同志前去看望他,看见张子恭先生、赵祖康先生当时正好在座,陈云特地给他介绍说:"这位张先生就是我进商务印书馆当学徒的介绍人。"陈云不忘故人,对张先生的感谢之意溢于言表。

少年时代与舅父在一起的生活更是让陈云难以忘怀。离开家乡后,陈云多次与战友、同事谈及童年的往事。每当回忆起与舅父一家结下的深厚感情,他总是心潮起伏、思绪万千。中华人民共和国成立初期,他曾经对当

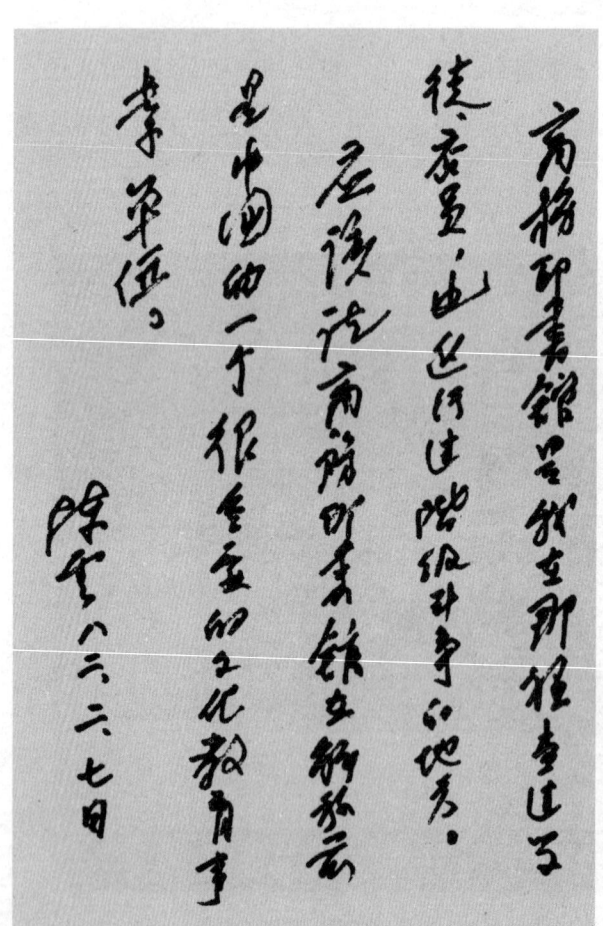

陈云为商务印书馆建馆八十五周年题词

时在中央直属机关工作的一位同志这样讲:"我出生在上海,从小失去父母,是舅父把我养大的。"

陈云的童年,失去双亲,是悲苦的;陈云的童年,满含亲情,是幸福的。

下塘街的老听客

"评弹的流行地区,在江苏南部、浙江北部和上海市。苏州听书的人约占人口的10%。上海听书的人约占5‰,每天约3万人次,据说仅次于电影观众。"

这一似乎是开场白的话是哪一位专门研究评弹的学者在做学术报告或搞讲座时讲的?

"像中篇《厅堂夺子》第二回的唱,占了近40分钟,听起来是很过瘾的。"

这是哪一位评弹爱好者在发表感慨?感觉上似乎很投入,是不是地方电视台在采访《厅堂夺子》的某位观众以便增加知名度、扩大宣传影响呢?

"开封能否坐船到襄阳(《珍珠塔》),南阳能否坐船到洛阳(《双珠凤》),我仍怀疑,还在请历史研究所考证。"

这封信又是哪位文艺评论家写的?是啊,他们在艺术的真实性上通常总是那么"较真"!

大家或许早就猜出来了,上面这些评论、赞叹都是出自同一人——陈云。

少年听客

1915年秋天，上海青浦县练塘镇下塘街，陈云10岁。

这是一个赶集的日子，镇上人来人往，叫卖声、还价声、喊人声此起彼伏，平添了不少热闹气氛。就在这时，只听见由远及近地传来阵阵"咣咣咣"干涩的敲锣声音。待到近处，人们看清原来是一个小伙计，他左手拿一小锣，右肩上扛着一木牌，一边走一边敲锣，嘴里还吆喝着："长春书园，今晚'关云长华容道义释曹孟德'。"再看木板上，黑底白字，"三国演义""李子奇"两行字分外醒目。

陈云正在舅父廖文光开的饭馆中帮忙，只听饭馆中一位像是从乡下前来赶集的农民模样的人放下茶碗，站起来瓮声瓮气地问道："小二哥，李子奇是不是就是人称'铁嘴李'的那位？""对喽！"小伙计爽快地应答一声便往前走去了。

日近黄昏，喧嚣了一天的集市终于渐渐安静下来，廖文光也送走了最后一位客人。打烊后，他回头问陈星、陈云姐弟俩："今晚是'关云长华容道义释曹孟德'，去不去听？""去！"两人异口同声地答道。

镇上有畅园、长春两个主要书场，畅园建园在先。两处书场靠在一起，离廖文光家都不远。三人进书场后，只见两百多个座位的场子已经座无虚席，书场正中有一小台，台上摆放一张桌子，桌子后面有把椅子，正对书场大门。

这时候说书先生还没有来，场内乱哄哄的。只见倒茶的伙计穿梭其间，跑来跑去，满头大汗。听客们有聊天的、有嗑瓜子的、有相互间打招呼的，书场俨然成了普通老百姓劳累一天之余的一个重要交往场所。陈云一行站在墙角，身体靠在墙壁上，远远望着说书的台子，这样站着听一晚上就可以分

第一章
从下塘街到中南海

评弹艺人在表演节目（历史图片）

文不花。

中华人民共和国成立后，陈云曾经对担任过浙江省曲艺家协会主席的施振眉同志描述起当年的情景。他说，小时候常跟舅父去听书，当时的书场都设在茶馆里，听书的人要付3个铜板买一根竹筹，才能在场子里坐着听。而当时因家境困难，没有那么多的钱买竹筹，于是自己只能"阴立"。所谓"阴立"，取自著名传奇《大明英烈传》中"英烈"的谐音，是从前表示听白书的行话，意思是指在光线暗淡的阴暗角落里立着听。陈云还讲到，当时书好听就天天去听，有时大人不去，就自己去了，经常站在书台对面墙角边，老远地听先生说书。

那天晚上，李老先生讲的是《三国演义》中周瑜一把火烧得曹孟德80万大军焦头烂额，诸葛亮神机妙算设下三道伏兵，关云长华容小道几番阻止、几番放人，最后念旧情义释故人的故事。

这段书，故事情节引人入胜，人物情感起伏变化，军令、私交孰轻孰重，曹孟德或生或死，一直萦绕在关云长心头，更扣紧了台下听众的心。加

15

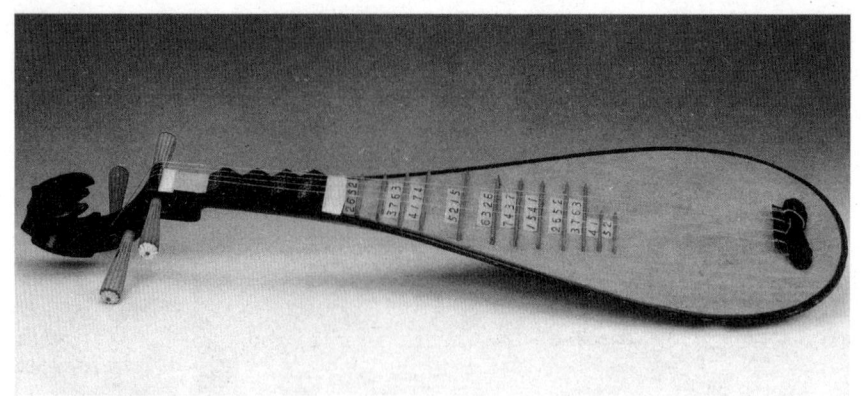

陈云学唱评弹时用过的琵琶（历史图片）

之说书人极善说表功夫，并在关节点上不时加以一两个噱头，只说得刚才还吵吵嚷嚷的场子鸦雀无声，只听得台下众人如醉如痴。一直听到关云长长叹一声，看着失魂落魄、眉焦衣破的曹操将马头拨转绝尘而去之时，人们才轻松下来，心中暗暗赞叹关云长义荡云天之风，同时不禁为关云长违抗军令担起心来。关云长出发之前特地在诸葛军师面前立下军令状，这一回去军师会如何处置呢？就在这时，只听"啪"的一声，欲知后情，明日分解，今天的书到此便结束了。正是让你欲听不得、欲罢不能！

于是众人带着满足，更揣着满肚子的疑问领着自家小孩、搀扶着老人各自回家去了。

就这样，从美髯公关云长到羽扇纶巾诸葛亮，从及时雨宋江到黄脸汉秦琼卖马，从黑脸包公怒斩陈世美到抗金兵岳鹏举率健儿精忠报国……这些脍炙人口的故事和人物在少年陈云心中留下了深刻印象。在那富于幻想的年纪，他时而希望有一天也能做一名惩恶扬善、快意恩仇、人人景仰的大英雄，时而则想象自己将来长大了能像诸葛亮、徐茂功一样能掐会算、稳坐中军帐，决胜于千里之外。

听书，成为家境贫寒、求知欲强烈的少年陈云生活中不可缺少的一项内容。当然，当时的陈云绝不会想到，他将要投身的伟大事业、将要创立的历

第一章
从下塘街到中南海

陈云在北京会见上海评弹演员（历史图片）

史功勋都远非书上那些英雄可比；也没有想到，评弹就此成了他一生最重要的业余爱好之一。

"听了20遍还想听"

"我10岁前就听书，先是跟我舅舅去听，听上瘾了，有时候大人不去，就自己一个人去听，到现在六十几年了，中间一段，要干革命，很多年没有听。"陈云曾经这样讲述道。

革命成功后，陈云重新有了听评弹的机会。到这时，陈云才发觉，尽管时光如流水，但并未冲走潜藏于心中多年的对评弹的喜爱之情。

1960年，陈云曾委托当时担任上海市人民评弹团团长的吴宗锡和副团长李庆福两位同志，请他们将过去几年由上海评弹协会每月出版一份的节目广告单收集后送给他，因为"全上海各书场当月说书艺人和所说书目统统列在上面"了。

《珍珠塔》是一出老剧目，"大约说了100多年，经过许多艺人的改编，演唱次数可能在1000遍以上"。1961年，陈云在一封关于上海长征评弹团对《珍珠塔》进行修改整理工作的信中说，"我是《珍珠塔》的老听客"。在认真听了这一长达二十六回的说书之后，陈云还就如何整理传统剧目提出了自己的意见。末了，他还询问，"苏州整改后的《珍珠塔》已演出否？望查告。如已演出，有机会也录来，听一下"。

除《珍珠塔》外，《杨乃武》《落金扇》《双金锭》《描金凤》《孟丽君》《西厢记》等传统弹词长篇书目，都是陈云在与评弹界的同志谈论剧目时不时会提及的，或评或点，无不让专业人士频频点头。

陈云不仅喜欢传统评弹剧目，而且爱听那些具有教育意义、催人奋发上进的现代题材评弹。他不仅从艺术的角度去欣赏，更从教益的角度去关心。

陈云在杭州会见苏州评弹学校师生代表（历史图片）

弹词《青春之歌》是上海人民评弹团改编创作的。陈云从头到尾把十二回书仔细听完，并就这类题材评弹的创作问题发表了重要意见。他说，书中的"《书店》《公园》等回是比较好的，有穿插，不使人感到单调。其余的还要加工"。陈云强调："评弹是群众性的艺术。群众喜欢故事有头有尾，人物的结局要好。""我们需要这样（革命）题材的书来教育青年，使他们不致忘记历史，使他们懂得政权来之不易。但是，不能只写流血牺牲，还要写胜利的一面，以鼓舞人民。"

同时，陈云指出，现代题材的评弹仍然要在艺术性上狠下功夫，使观众在高水平的艺术赏析中去获得教益，革命性与艺术性是相辅相成的，要很好地结合在一起。他说："这次听《礼拜天》，已经加了一些新内容，加得好，现在这个节目能说 30 分钟了。《模范保育员》比《一定要办好》加工得好，但还不够，比《礼拜天》差。你们要加工得好，必须多想，哪怕在走路的时候也要想，随时注意，看有些什么东西可以加进去。要从现实生活，从历史资料，从传统书目吸收东西。你们要增加知识，多看些东西，以扩大眼界。"

在现代题材剧目中，陈云对由上海评弹团徐檬丹写的中篇评弹《真情假意》尤为欣赏，"听了 20 遍还想听"。他说，这部作品"是成功的。有时代气息，符合适应青年、提高青年的要求，可以成为保留节目。这个作品揭露了琴琴的自私思想，揭露本身就说明这些是不好的，应该批判的，这就教育了听众。揭露反面，也可以起到和正面教育一样的作用……总之，这个本子是成功的"。

对由苏州评弹团于 1983 年首演的新长篇剧目《九龙口》，陈云也十分喜欢听。这是一部反映我海关工作人员与走私分子斗争生活的作品。陈云说："《九龙口》三十二回书目每回都听了两遍。""《九龙口》我认为写得很好，听了三十二回书，不觉得长。书中集中塑造了文大梁、林亚琼这两个人物，自始至终写他们之间的关系和矛盾，结局的处理也很好。"

陈云不仅爱听评弹，他对评弹的欣赏水平也是得到一致认可的。

1960年，陈云在与上海人民评弹团的同志谈话时曾经提及《西厢记》这一传统剧目，他说："我听《西厢记·寺惊》，提到惠明和尚传书一段，三言两语，一掠而过，这样处理我很赞成。"陈云也提到了《白蛇传》，"最近听了《白蛇传》，烦琐的地方实在太多了。例如，许仙到苏州投亲、别姐、行路等，听后感觉都是多余的，拖拉得很，你们团里把它改为分回，听来就精练和舒服多了。如果把日常生活中的睡觉、吃饭等都放在书里，叫听众来听这些，那未免太烦琐了"。

陈云在认真听了《野火春风斗古城》《林海雪原》《苦菜花》三部长篇新书之后，也发表了自己的感想。他说："把戏剧、小说改编为评弹的新长篇，必须对原著有所增删，故事情节的前后次序可以有所调换。因为评弹的表现方法与戏剧、小说的表现方法是不同的。戏剧、小说、评弹三种不同的艺术形式，有不同的艺术规律。戏剧是现身中的说法，评弹是说法中的现身。"陈云还指出，新长篇"要像传统长篇一样，不是平铺直叙地演述，而是抓住需要突出的部分（所谓'关子'），加以深刻的描写和必要的夸张。当然，要注

陈云在杭州会见上海评弹演员（历史图片）

意这种描写和夸张，在政治上必须是正确的，没有错误的。这种描写和夸张愈是成功，书回才能由少到多，成为成功的长篇"。

就这样，从1959年开始重听评弹，在其后的三十多年中，无论是工作之余，还是外出休养，评弹都在陈云的生活中占据了一个特别的位置。即便到了晚年住进医院治疗，共计七百多盘评弹磁带他也是随身携带着的。

陈云听的评弹书目之丰富、接触评弹界艺人之广、发表的有关评弹的意见、建议和谈话，以及与有关同志进行的这方面的通信来往之多，在党和国家领导人中恐怕是独一无二的。

于是，评弹界尊称陈云为"老听客"。

陈云当之无愧。

小蒸风暴

1921年，中国共产党成立。几年后，国共两党开始第一次合作。不久，国民革命军誓师北伐，一路斩关夺隘，不断向前推进。1925年，上海的外国资本家野蛮杀害工人顾正红，并对在南京路上手无寸铁、游行示威的学生和群众大肆开枪屠杀，震惊中外的"五卅运动"爆发，全国人民反帝反封建的革命激情进一步高涨。

此时，年仅20岁的陈云先是在商务印书馆发行所成立的职工会中，被大家推选为执行委员，后又担任了商务印书馆罢工临时委员会的委员长，从而站到了组织领导商务印书馆第一次罢工的最前列。最后，陈云不负众望，在与馆方的斗争中赢得了罢工的完全胜利，极大地鼓舞了工友们的斗争意志。

12月，不甘失败的资本家悍然撕毁协议，并寻找借口无理开除罢工活动

1925年9月，陈云（前排左三）同上海商务印书馆发行所职工会第一届执行委员合影。他当时任该职工会委员长（历史图片）

中的积极分子。面对反动派的猖狂反扑，陈云毫不退缩，提出"铁窗风味、家常便饭、杀头枪毙、告老还乡"的革命口号，面对凶恶的敌人，充分表现出了一位新党员坚定的革命立场和大无畏的英雄气概。在行动上，陈云组织商务印书馆的员工举行了总罢工。经过近半个月坚持不懈、针锋相对的斗争，最后工人们又一次取得了全面胜利。

陈云以斗争实践来磨炼自己，赢得了广大工人兄弟的信任，上级党组织也高度评价了陈云的表现，并把更重要的任务交给了陈云。陈云被任命为商务印书馆发行所分支部书记，负责领导近千名积极分子组成的工人纠察队。这支队伍后来成为闸北区工人武装的主力，在随后党领导的三次上海工人武装起义中都发挥了重要作用。

陈云既勇于斗争，也勤于思考。他总是善于在理论上不断探索、丰富、提高自己。

1926年7月，陈云在发行所职工会自己办的刊物《职工》上发表了《中国民族运动之过去和将来》一文。在这篇文章中,陈云高度评价了"五卅运动"的历史意义,指出,"震动全世界的五卅运动,将中国民族运动升至高潮,帝国主义在中国的统治动摇了……五卅运动虽然遭受了挫折,可是在民族革命的行程里,已经显现了曙光"。在此基础上,陈云提出:"有组织有力量的几十万工人,已经成为中国民族运动的先锋。五卅运动的结果证明,资产阶级是靠不住的,他们是机会主义者。"此外,一直从事城市革命工作的陈云

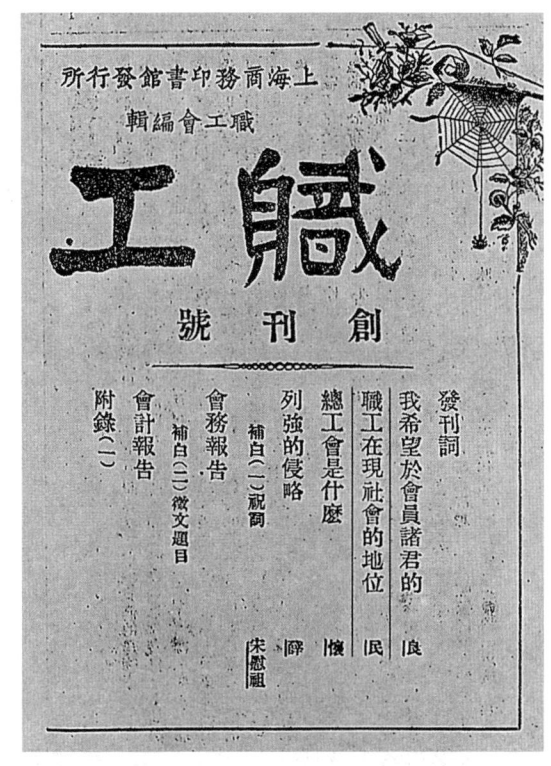

1925年10月,上海商务印书馆发行所职工会编辑的《职工》创刊。陈云曾用"怀""民""怀民"等笔名在这个刊物上发表了不少文章(历史图片)

在文中还特别强调了农民在中国革命中的地位和作用,他明确写道:"工人也感觉到自己力量的孤单,因为没有在中国民族运动上占着重要位置的强有力的主力——整个农民的参加……在以农为主的中国,占全国人口80%强的农民,是民族运动中唯一大主力。农民不参加运动,中国革命鲜有希望。"

这很容易让我们联想到同时代的毛泽东、彭湃等人在同一时期发表的文章和在开办农民运动讲习所时所阐述的类似观点。当时,这些建立在对中国社会实际结构和阶级成分深刻了解与洞察基础之上的思想观点在党内尚未形成主流,只是在经过实践斗争的正反两方面的多次证明后,才逐渐成为我党领导第一次国内革命战争时期的纲领,并在毛泽东提出的"农村包围城市"

的著名论断中得到了集中体现和系统阐述。

接着,陈云参加了我党领导的上海三次工人武装起义,特别是在第三次起义中,闸北区是起义的重点区域,时任中央军委书记、直接指挥起义的周恩来就将指挥部设在了商务印书馆的职工医院内,并在此与赵世炎等人多次召开重要会议。陈云带领商务印书馆工人纠察队负责安全保卫工作,并在起义中执行攻打闸北区警察署的关键任务。为确保完成这一任务,陈云除组织队员军事训练外,还就宣传、消防和救护工作作了具体的部署,并秘密推演攻占方案,力求万无一失。

1927年3月21日,经过两天一夜的血战,起义取得了完全胜利,上海特别市政府宣告成立。

但是,革命的道路是曲折的。蒋介石在中外反动派的支持下,背叛革命,悍然于4月12日发动了反革命政变。不久,"宁汉合流",汪精卫集团也撕下了假面具,开始了所谓的"清共"。一时间,全国笼罩在白色恐怖之中。

大浪淘去了沙砾,留下了真金,革命队伍变得更加纯洁、更加坚强了。

1927年3月21日,上海工人举行第三次武装起义。图为起义胜利后的上海工人纠察队(历史图片)

上海市金山县枫泾镇（历史图片）

1927年8月，陈云在反革命气焰最为嚣张的上海担任沪中区区委委员，继续领导开展党的地下斗争。9月，按照中共江苏省委的指示，陈云返回青浦老家组织领导乡村暴动。他与当地骨干陆铨生、吴志喜等同志一道，积极开展工作，传达党的"八七会议"精神，恢复农会等基层组织，培养积极分子，组织农村抗租抗息、筹措枪支、制造简易武器等，做好暴动的各项准备工作。不久，当地二十多个乡村或恢复或建立了农会组织。

在充分调查研究的基础上，陈云决心利用农历十月初一小蒸乡及其附近几十个村庄的农民赶庙会之际，进行暴动总动员。11月，江苏省委为进一步加强青浦暴动领导和协调工作，决定成立青浦县委，并任命陈云为县委书记，同时兼任新建立的农民革命军政委。不久，他改任松江区（辖松江、金山、青浦三县）党的负责人。

1928年1月2日晚，中共青浦县委扩大会议在小蒸召开，中心是讨论举行农民暴动的问题，陈云首先传达了中共江苏省委《关于江苏省各县暴动计划》的指示，上级要求青浦等22个县，利用春节敌人疏于防备的时机发动武装暴动，建立起苏维埃政权。根据这一指示，会议最后讨论决定，在小蒸西乡地区首先举行暴动。

1月5日，在陈云的全面领导和部署下，小蒸枫泾地区农民暴动爆发。陈云带领起义军惩办了一批罪大恶极的恶霸豪绅，收缴为虎作伥的警察局、团防局枪支，打开地主豪绅的粮仓、钱库给农民分粮、分钱。祖祖辈辈受尽压迫和剥削的农民这么多年来第一次不用交租子、不用为逼死人的年关而愁眉苦脸了。起义军的行动极大地激发出广大贫苦乡亲维护自身权益、斗地主恶霸的积极性，很快，有几万名农民报名参加了农民协会，声势十分浩大。暴动总动员成功了。

暴动总动员结束后，陈云立即向江苏省委做了汇报，并接受了新的指示。1月15日，陈云在枫泾召开了有五百多名农会骨干参加的暴动动员大会。会上决定于1月22日举行枫泾暴动，准备趁敌不备将在家中过年的敌人一网打尽，进一步打击敌人的猖狂气焰，壮大革命的声势。为此，陈云要求各农协做好枪支弹药的准备工作，精心计划，确保一次成功。为加强农民军的战斗力，陈云还冒着危险亲赴上海，冲过层层关卡，运来了一批武器。

尽管与当时各地的许

1928年1月，青浦县小蒸、金山县枫泾等地农民举行武装暴动。图为当年小蒸农民武装暴动指挥所旧址。陈云在这里经常同农民谈话，并在这里住过（历史图片）

多农民暴动一样，起义终因寡不敌众而失败了，但它有力地打击了国民党反动派的嚣张气焰，极大地震撼了上海这一反革命老巢的中外反动分子，也培养、锻炼、教育了一大批骨干和革命群众，向世人表明了革命尽管处于低潮，但共产党人英勇无畏、不怕牺牲、百折不挠、誓将革命事业进行到底的决心。

起义失败后，敌人到处通缉陈云等人，曾七次展开大规模搜捕行动。陈云临危不惧、机智灵活，在各地党组织和同志们的帮助下，屡屡化险为夷。他还冒着巨大的风险，转移已经暴露的同志、安排营救被捕的战友。同时，陈云化名"陈亨"，隐蔽在群众家中坚持斗争，继续秘密指导各地方的斗争，根据江苏省委秋收斗争决议案的精神重建基层组织。1929年春，他主持召开了青浦县党员大会，传达了上级有关指示。8月中旬，陈云因工作突出被增补为中共江苏省委常委。11月，他到上海出席了中共江苏省第二次代表大会第七次会议。

在此次会议上，陈云作了《江苏农民运动的报告》。他的发言再次强调指出发动农民、深入开展土地革命、进行游击战争的重要性。他讲道："党在现时农民运动中的政治路线，仍然是加紧争取群众，以准备武装暴动。在指导思想上，党必须坚决领导农民，深入开展土地革命，进行游击战争。"

1930年，陈云在中共六届三中全会上当选为中央候补委员。在1931年1月召开的中共中央六届四中全会上，陈云被补选为中央委员。5月，陈云任中央特科书记，与周恩来、陈赓、潘汉年等同志一道在党的隐蔽战线上做出了重要贡献。1932年冬，特科将隐蔽在鲁迅家中的瞿秋白夫妇秘密转移到安全地点，这一行动就是由陈云部署和实施的。9月，陈云被指定为中共临时中央领导成员。1932年3月，陈云任中共临时中央常委、全国总工会党团书记。1933年1月中旬，陈云赴中央苏区。在中共临时中央于瑞金召开的六届五中全会上，不到30岁的陈云当选为中共中央政治局委员、常务委员兼白区工作部部长。

1932年年底，陈云会见鲁迅并将瞿秋白夫妇接出安全转移的旧址——上海市北四川路拉摩斯公寓（现为北川公寓）。当年鲁迅住在该公寓三楼四室（历史图片）

从1930年25岁的陈云当选为中央候补委员开始，他便开始了长达几十年的中国共产党中央领导集体成员的经历。他既是以毛泽东同志为核心的党的第一代中央领导集体成员，也是以邓小平同志为核心的党的第二代中央领导集体成员。

"投身革命即为家"，陈云的一生是为共产主义奋斗的一生。

第一章
从下塘街到中南海

廖家骏传奇

绝密使命

1933年1月,长期坚持白区地下斗争的陈云奉上级指示离开上海,辗转来到"红都"瑞金。1934年,在中共六届五中全会上,陈云当选为中央政治局委员、常委。在此期间,陈云做了大量的工作,特别是兼白区工作部部长和全国总工会党团书记职务,陈云纠正了当时白区工作中存在的一些"左"的倾向。

后来,陈云随主力红军长征,先后担任红军五军团中央代表和中央纵队政委。后受党中央指派,他担任金沙江渡江指挥部政委,在后有大敌穷追不舍的情况下,他精心组织、周密部署,以7条破旧小船将3万红军人马完好无损地运过了江。渡江结束不久,1935年5月下旬,红军到达四川省西部的天全县。在这里,陈云领受了一项绝密使命。

事情还得追溯到惨烈的湘江战役。在渡江时由于敌人的炮火很猛,红军总部的大功率电台在战斗中被毁。此后,部队一直在崇山峻岭中跋涉,这样长征中的中共中央就完全与中共上海局和共产国际失去了联系,致使许多重要情况,包括后来的遵义会议等都无法沟通;同时,由于"国统区"内国民党反动派加紧镇压进步活动,疯狂搜捕共产党人和革命群众,加之党内个别动摇分子叛变投敌,我党的白区工作特别是像上海这些重要城市地区的工作受到较大损失,以致很难对党中央和红军的长征做出全面、有力的配合。

为此,从全党的利益和大局出发,中央决定派一名同志以中共中央代表

1935年1月,陈云出席中共中央政治局在遵义召开的扩大会议。图为遵义会议会场。悬挂在墙上的照片为出席这次会议的中共中央政治局委员和候补委员。左起:陈云、朱德、周恩来、毛泽东、张闻天、王稼祥、博古、刘少奇(其中缺邓发、何克全)(历史图片)

的身份,前往白区恢复党组织,并向共产国际汇报红军长征的情况,以寻求共产国际的理解、支持和帮助。

实际上,在遵义会议后不久,中央就派潘汉年前往上海,重建中央与地下党的联系,恢复那里的工作,并争取与共产国际取得联系。潘汉年从遵义出发后,一路经贵阳,绕道广州、香港,抵达上海。但后来由于种种原因,潘汉年此行没有达到目的。最后,他又返回香港待命。

任务十分艰巨,但事关重大,这次务求成功。中共中央经过反复考虑,最后决定由陈云担负这一光荣使命。主要考虑到几点:首先,陈云有长期的革命斗争实践,他能力强、经验丰富、意志坚定、办事沉稳、久经考验,深受领导和同志们的信赖;其次,陈云一直在中央担任重要领导职务,并参加了遵义会议,对整个会议是清楚的;此外,陈云在白区地下工作的经验十分丰富，曾担任中共中央白区工作部部长，熟悉情况。同时，中央还考虑到，陈云是上海人，回到上海开展地下工作比较合适，有一定的个人优势，包括语言、社会条件和环境等依托。

对于这项任务，陈云后来回忆道："1935年6月，到了懋功雪山脚下的灵关殿，我就离开了。这是中央开的泸定会议决定的，决定恢复白区工作。"

而此时此刻，陈云的心情是复杂的。与战友们分开，他确实舍不得。大家自从离开江西，患难与共、一路拼杀血战到现在，一道翻过了多少山、涉过了多少河，记不清了，而今却要在千里之外的川西告别了！

但是党的利益高于一切，中央的决定高于一切。陈云抑制住个人内心的情感，毅然脱下军装，换上了一套当地老百姓的衣服。

为确保此行成功，中央采取了极为严格的保密措施，即使在党中央内部也仅限于极个别的领导同志知道详情。此外，为保证顺利穿越国民党军队的重重包围，克服山高路险、密林纵横、道路生疏的困难，中央还特意指派当地地下党组织的一名同志专程负责护送，这位同志名叫席懋昭。

四川省天全县灵关殿镇。1935年6月，陈云奉命从这里离开长征队伍，到上海恢复和开展党的秘密工作（历史图片）

夜幕降临，陈云最后一次回头看看部队的宿营地，毅然踏上了山间的小道。

八千里路云和月

陈云一路上装扮成从上海来四川的商人，席懋昭则扮成随从。由于陈云一口上海话，为避免引起不必要的麻烦，凡属问路住店、吃饭搭车之类的事，主要由席懋昭打理，陈云则一直保持低姿态。

即便如此，危险仍不期而遇。

有一次，两人翻过一个陡坡来到一个不知名的小镇，刚到街口就见呼啦啦一队队国民党士兵迎面跑了过来。席懋昭不禁心头一紧，看了身边的陈云一眼。陈云微一皱眉，决断地低声说："继续走，今晚咱们就住这儿！"席懋昭乍一听有些吃惊，但很快就明白了陈云的意图。不入虎穴，焉得虎子。他不禁深深为陈云在关键时刻大智大勇、沉着果敢的素养所折服，三步并作两步赶上了陈云。他们进了镇中找一家客店安顿好，然后到附近找一家茶馆坐下，边喝茶边打听，原来来的是追击西去红军的一股川军。第二天，敌人开走，陈云两人朝相反的方向迈开了步伐。

就这样，晓行夜宿、闯关过卡，陈云一行来到了四川省省会成都。成都，富饶的川西坝子上一个历史悠久的名城，眼下却是蒋介石指挥各路军队"围剿"正穿梭于川西大山的红军的大本营，往日平和、宁静的气氛代之以一片白色恐怖，警察、特务遍布大街小巷，囚车不时呼啸着穿城而过。

在刘伯承的一位好友胡公著先生家住下来之后，尽管陈云是首次来到这自古以来就有许多美丽传说、奇闻轶事发生的城市，但他无心领略府南河宜人的风光、观赏杜甫草堂"诗圣"的遗迹、参观武侯祠内诸葛孔明的前后《出师表》，而是径直找到了市内的《新新新闻》报社。

不几日,《新新新闻》报上就登出了一则极不惹眼的遗失启事,内容如下:"廖家骏启事:家骏此次来省,路上遗失牙质图章一个,文为廖家骏印,特此登报,声明作废。"

这则再普通不过的启事传递的却是极不普通的信息。登启事的那位"廖家骏"便是陈云,这则启事的内容是陈云出发之前与周恩来商量好的,表示陈云一行已安全冲出重围,抵达了成都。

陈云在成都稍事休息后,便与席懋昭一道继续前行,直奔下一个目的地——川东水陆交通重镇重庆。在重庆,陈云手持刘伯承事先写好的一封介绍信,找到刘伯承的一位熟人,并在他那里暂时落下了脚。不久,他出面给陈云买好了前往上海的轮船票。

在朝天门码头上,陈云与席懋昭互道珍重,两人依依惜别。尽管相处的时间并不算长,但两人在并肩携手、冲过路上层层难关的历险中已结下了深厚的战友情谊。上船前,陈云紧紧握着席懋昭的手说:"懋昭同志,太感谢你了。这次路上太匆忙,等革命成功后,我要再回到成都来,找你一起去看杜甫草堂!"席懋昭笑着说:"好,我到时候一定在成都恭候!老陈,一路上请多多保重!"就这样,陈云与席懋昭分手了。

抵达莫斯科

行程千里,陈云终于又回到了故乡,新的严酷的斗争生活开始了。

当时的上海为白色恐怖笼罩,是反动派长期盘踞的重要据点。在这样的环境中开展地下工作随时都有生命危险。陈云不顾个人安危,发挥长期从事白区工作的经验,针对前期工作的薄弱环节和失误,对症下药,很快就使上海地下党的工作重新活跃起来,局面也慢慢打开。陈云还广泛联络暂时隐姓埋名的地下工作者,清除动摇、变节分子,纯洁各级组织,将部分已遭严重破坏的基层组织重建起来。不久，与党中央的联系也重新建立，上级对白区工作的这些新起色给予了充分肯定。根据党组织的指示，潘汉年也从香港赶来与陈云会合。

不久，上级指示陈云、潘汉年前往苏联，完成绝密使命中的另一项重大任务，并争取参加在莫斯科举行的共产国际第七次代表大会。由于当时上海地下党内部刚刚出了叛徒，顺利实施前往莫斯科的计划，难度很大。

关于陈云这段虎口脱险的曲折经历，章乃器先生的长子章翼军曾回忆，陈云首先找的是章乃器先生，此时他任职浙江实业银行副总经理和沪江、光华等大学的教授，是社会名流。通过章乃器先生，陈云找到了章翼军的三弟章秋阳。章秋阳与陈云曾同在商务印书馆做学徒工，又是在那里开展革命工作的战友，彼此很熟悉。然后，经过章秋阳介绍，陈云与瞿秋白同志的夫人杨之华女士和何叔衡同志的女儿何实嗣见了面，她们在临时中央机关局工作。通过她俩，陈云终于与共产国际驻上海联络员接上了关系。最后，经过妥善安排，并在宋庆龄女士的帮助下，陈云等于1935年8月上旬从上海离港出发，乘一艘苏联货船，经海参崴转道，横穿千里，坐火车于8月20日抵达了本次绝密使命的最终目的地莫斯科。

通过陈云按照党中央指示所作的详细介绍，共产国际和在那里工作的中国同志进一步了解了中国革命所处的客观环境和状况，以及中国共产党在领导中国革命过程中所面临的实际困难和需要解决的具体问题，并在此基础上对中国革命形势的发展作出正确的判断和前瞻。此外，还增进了对毛泽东等中共新的领导集体的了解，并对遵义会议决议给予了充分肯定，支持确立了毛泽东在中国革命中的核心领导地位。

至此，陈云圆满完成了前往上海恢复党的隐蔽战线工作、介绍红军长征主要经过和遵义会议基本情况、争取共产国际了解与支持的特殊使命。

此后，陈云留在莫斯科，并在中共驻共产国际代表团担任监察委员，不久，他进入列宁学院学习。

国民党的"随军医生"

跨千山万水，书闻所未闻

1937年曾发生过一件轰动英国文坛的大事。这就是一名来自西方"自由世界"的记者写了一本书，是关于在遥远、古老而又带着一些神秘色彩的东方大国——中国——正发生着的闻所未闻的故事，书的名字叫《红星照耀中国》。作者埃德加·斯诺是一名地地道道的美国人。10月，该书的英文版在英国首次出版发行。通过这本书的介绍，西方世界了解到在那个被拿破仑称为"睡狮"的国度有那么一支人数不多、衣服破旧，但斗志高昂、英勇善战的队伍，徒步完成了长达二万五千里的战斗行军，创造出一个人间奇迹。许多人就此开始关注这些中国共产党人，更有一些敏锐、富有远见卓识的政治家、学者、新闻记者，通过这本书大量翔实、客观的描写联想到中国的未来，斯诺本人也从此终生与中国的革命事业结下了不解之缘。

尽管《红星照耀中国》在西方引起巨大反响，也为长期战斗生活在偏远的崇山峻岭中的中国共产党人及其从事的伟大事业提供了一个难得的宣传窗口，但是，它并非第一本问世的涉及长征的书。如果从还历史本来面目的角度来看，首次比较全面地向西方国家介绍红军的英勇事迹、记录长征经历、宣传他们感人故事的，是一本叫《随军西行见闻录》的书。书的作者取笔名曰"廉臣"，真实的名字叫"陈云"。

陈云在这一纪实性文学作品中，虚构了成书的过程。他假托自己（书中的"廉臣"）是一名国民党的随军医生，于1933年3月参与对中央革命根据

斯诺与中文版的《红星照耀中国》（历史图片）

地的第四次"围剿"作战，因所在部队被红军歼灭而被红军俘虏。后来，"廉臣"表示自愿参加红军，并以自己的一技之长为红军服务。这一要求得到了红军方面的批准，从此，"廉臣"开始了在革命队伍中一个时期的工作生活。不久，由于李德、博古等人执行错误的军事路线和死板的战略战术，致使红军在第五次反"围剿"中遭受重大损失，党中央最后决定突出重围、离开江西老区。"廉臣"也跟随部队出发，并从这时开始就军中见闻写下记录，从一路艰苦卓绝的奔波战斗，前有江河大山天险、后有步步紧逼的追敌，到历尽千难万险直至红一方面军在四川懋功与红四方面军胜利会师。之后，"廉臣"脱离红军队伍，辗转回到内地，生活安定下来后提笔写成了《随军西行见闻录》一书。

而实际的成书过程是，红军于1935年5月下旬到达四川省西部的天全县后，为了全党的利益和大局，中共中央决定交给当时的中共中央政治局委员、军委纵队政治委员陈云一项绝密使命：陈云以中共中央代表的身份，告别战友前往白区恢复党组织，并就红军长征中发生的重大事件特别是遵义会议的情况向共产国际汇报，以寻求共产国际的理解、支持和帮助。

陈云依依不舍地离开了长征队伍，冒着巨大风险，在当地地下党人的帮助下，穿过国民党军队、警察密布的层层封锁，辗转成都、重庆等地，最后顺江而下抵达了上海。在上海这一白色恐怖的老窝，陈云为恢复地下党组织、清除叛徒败类、积极开展白区斗争以支援中央红军的行动做了大量卓有成效的工作。后来，陈云按照中央的指示，在进步人士的帮助下搭乘苏联货船，离开上海经海参崴来到了苏联首都莫斯科。

在莫斯科，陈云很好地完成了以毛泽东为核心的党中央的重托。他首先代表中共中央重新与共产国际恢复了联系，接着全面、详细地介绍了红军长征的主要情况，讲述了遵义会议的经过、会议精神和中共中央及红军指挥机构领导成员的变化情况，重点介绍了遵义会议之后红军取得的一个接一个的重大胜利，同时就共产国际关心的一些问题作解答。这样，中共中央与共产国际的联系完全恢复，共产国际方面了解到中国革命的真实情况，对遵义会议决议精神也予以充分肯定。之后，陈云就暂时留在中共驻共产国际代表团工作，后来进入列宁学院学习了一段时间。

尽管离开战火纷飞的斗争环境，住在宽敞明亮的屋子里，身处异乡的陈云却没有一丝一毫的松懈，他无时无刻不在挂念着千里之外国内正转战于山区的同志们，挂念着中国革命的未来。面对无法像往日一样带领部队行军打仗的现实，陈云想到了写书。他要以笔为枪，让世界包括国民党统治区的人民了解奋斗不息、战斗不止的战友们，了解中国共产党人的理想、品格和风貌，了解中国共产党为救民族于危难之中所采取的路线、方针和政策；让一切善良的、爱好和平的人们能理解他们的事业、支持他们的事业。

陈云是1935年9月抵达莫斯科的，这年秋天，《随军西行见闻录》便撰写完毕，我们可以想象出作者创作之时胸中高昂的激情。

关于作者的笔名，陈云晚年回忆《随军西行见闻录》时曾经专门提及，他说，当时化名叫"廉臣"，主要是为了便于在国民党统治区流传，扩大在普通人民群众中的宣传普及，为此，在书中还把"红军"改称为"赤军"。而之所以为"廉臣"选取国民党随军医生的身份，陈云也是经过一番认真考虑的。第一，这样一来就可以让"廉臣"在后方区域活动，相对远离各个局部性战斗，而且因工作的缘故还能接触到各个单位的红军干部和战士，这样一来，"廉臣"的记录就可以具备一定的全局性。因为从军医的角度来描述红军长征的全过程比起一个目不识丁的普通国民党士兵来描述更加令人信服。这样读者就能概括了解到事情的全貌，不仅传播了重点宣传内容，而且效果还好。第二，作为医生，毕竟活动、了解的范围有限，因此在书中可以不涉及一些敏感性的内容，如红军高层领导人的变化、红军战略战术的调整、红军的实力、红军总体上的伤亡情况等。第三，便于从中间立场上来描写红军长征的历程、介绍中共高级领导人、红军干部战士的言谈举止，通过对所见所闻客观的记录，来反映共产党人的风采、品格和精神面貌，使本书能在国民党统治区传播，以向思想观点不同的人士进行宣传。第四，作为曾在国民党和共产党两支军队中都工作生活过的人，"廉臣"的比较性描述能给读者留下更深的印象。通过对红军铁的纪律、新型的官兵一致关系、百折不挠的意志和机智灵活的战略战术的记述，使国民党

陈云撰写的介绍中国工农红军长征的《随军西行见闻录》，这是在莫斯科出版的单行本（历史图片）

的反动报刊强加于红军头上的各种诬蔑和谎言不攻自破。第五，在书中"廉臣"表达了希望国共两党在民族危亡的紧急关头能进行第二次合作，共同打败日本帝国主义侵略军的强烈愿望。建立民族统一战线的观点从"廉臣"这样曾经先后经历过国民党所谓的"攘外必先安内"政策，以及中国共产党停止内战、全国团结、一致对外、共同抗日路线的医生口中说出，显得非常自然，宣传力度很大。

第一本问世的长征专著

《随军西行见闻录》1936年春首先在法国巴黎的《救国时报》上刊发。《救国时报》是共产国际中共代表团以巴黎反帝救国大同盟机关报的名义，在法国巴黎注册的一份中文进步报纸，其宣传的重点是中国共产党的"停止内战、联合抗日"主张。《救国时报》以其清新的笔调、明确的主题、大量有根有据翔实的报道特点赢得了较高知名度，先后发行至40多个国家和地区。后来，莫斯科中文出版社出版了《随军西行见闻录》的单行本。两年后即1938年，《随军西行见闻录》更名为《随军西征记》，后在国内由生活·读书·新知书店出版发行。

《随军西行见闻录》重点宣传了中国共产党和中国工农红军作为一支不可战胜力量的光辉形象，写得感人，刊印出版后，引起广大读者的热烈反响，取得了预期的成功。

全书以对长征中重大战斗行动像突破乌江、攻进遵义、四渡赤水、强渡金沙江、飞跃大渡河等的描写为主线，详细记述了战斗中红军指战员不怕苦、不怕死的革命精神，共产党党员、共青团团员、干部在战场上冲锋在前、带头杀敌的高尚品格，同甘共苦、融洽相处的人民军队新型官兵关系，部队机智灵活、敢打敢拼的战斗作风，以及关心群众疾苦、每过一地秋毫无犯、尊重少数民族风俗和习惯的人民军队本色。

该书作者视角独特、文字生动，让人读来兴味盎然，中间再辅以一些细节描写和感受描述，更是增加了该书的感染力。比如，对在"国统区"老百姓眼里颇有些神秘色彩的"朱、毛"等领导人的描写，插入了与战士同吃同住、甘愿自己受累也要将坐骑让给伤病员、一路上情愿自己忍饥挨饿也要给沿途遇到的贫苦百姓送衣送食等方面的情节，非常细腻、感人，令读者耳目一新、回味无穷。

此外，书中还通过"廉臣"感想的方式，向长期受国民党蒙蔽的白区人民宣传了国民党如果"继续内战与'剿共'，非但不能救国，而且适足以误国""如果停止自杀，而共同杀敌，则不仅日本不足惧，我中华民族亦将从此复兴矣"的思想，强调当前全体中国人必须不分老少、不讲先后，团结起来，共赴国难、共御外侮，国共两党应冰释前嫌，尽快建立起抗日民族统一战线。

《随军西行见闻录》这本约3万字的作品自出版发行后，不仅得到了广大读者的喜爱，而且受到学术界的高度评价，被视为研究红军长征的重要文献性资料。

许多专家学者认为，这是第一本向外界系统、全面、深刻地宣传红军长征的专著，第一次成功地打通世界人民"通往红色中国大门"的正是该书的作者陈云。这本书不仅成功地打破了国民党反动派对中国革命消息的封锁以及对中国共产党人、中国工农红军的无耻污蔑，而且对想冲破枷锁、渴望了解中国共产党与工农红军真实情况的国内人民更是一个翔实的信息来源，书中宣传的停止内战、共同抗日、共御外敌的主张得到了欲救民族于危亡的许多有识之士的共鸣。同时，对于国外关心中国革命进程的人士而言，也提供了一个观察红色政权的窗口，增进了世界人民对中国共产党和工农红军的认识。此外，全书还体现出作者高超的语言驾驭能力，作者将描写的真实性、客观性和文学艺术性很好地结合在一起。

中华人民共和国成立后,《随军西行见闻录》以各种形式重新进入党史研究专家和广大读者的视野。1955年5月,《随军西行见闻录》被收入人民出版社编辑出版的《中国工农红军第一方面军长征记》中。1958年2月,《中国工农红军第一方面军长征记》一书再版发行。次年,《中国工农红军第一方面军长征记》更名为《长征》后在莫斯科出版,《随军西行见闻录》同样被收录其中。

改革开放之后的1985年1月,中共中央的理论刊物《红旗》杂志首次明确指出,《随军西行见闻录》的作者"廉臣"就是陈云同志,并以作者的原名公开发表了全文。同年6月,红旗出版社重印发行了该书。

在抗日战争和解放战争时期,《随军西行见闻录》曾广为流传。它对于在国民党统治区人民中树立起中国共产党及其领导的革命军队伟大、光辉的形象,宣传共赴国难、全民抗日的进步主张,揭露蒋介石腐败反动的独裁统治,展示当时社会老百姓朝不保夕、苦苦挣扎于水深火热之中的残酷现实,号召中国人民奋起反抗三座大山的剥削和压迫,摘掉"东亚病夫"的帽子,唤醒"睡狮",使祖国重新崛起于世界的东方等方面都曾发挥过非常积极的作用。今天,我们重读《随军西行见闻录》,仍然有着很强的现实意义。

有理由相信,《随军西行见闻录》作为第一本向世界人民广泛宣传当时鲜为人知的红军二万五千里长征壮举的

1935年秋,陈云化名"廉臣"撰写了介绍中国工农红军长征的《随军西行见闻录》。这是中华人民共和国成立前在国内流传的三种单行本(历史图片)

著作将永载史册。也有理由相信，将来某一天，会有一本记述当代长征历程的新"随军西行见闻录"问世！

西路军总支队

亲　人

西征，是刚刚从雪山草地走过来的两万一千余名红军将士，为了早日取得人民解放事业胜利而开始的又一段艰难历程。就像以往的无数次战斗一样，他们不知道前面会遇上什么样的敌人。这些来自湖南、江西、湖北、四川等地的钢铁战士心中只有一个念头：为革命流尽最后一滴血。不管什么样的敌人，他们从来只有四个字：拼杀到底。

战斗惨烈。

半年后……

一群忍受着远征失利和失去战友巨大悲痛的西路军余部在茫茫风雪中苦苦向前摸索着，他们暂时失去了前进的方向。

没有人，包括这些血衣犹穿、忍饥挨饿的人们会想到他们即将成为人民军队第一所多兵种综合性军事技术学校的第一批学员，在他们中间将产生出人民军队未来的航空兵高级指挥员、炮兵部队高级指挥员，以及飞行、装甲、骑兵、机械等各类军事与技术的专门人才。

整整走了4天4夜，狂风也吹了4个昼夜，部队似乎连休息一下的想法都没有。李卓然将水袋贴近嘴唇，用里面仅存的一点湿气来润润喉咙。走在前面的李先念搀扶着一位腿部受伤的战士高一脚低一脚艰难地走着，走着……

突然，程世才用嘶哑的嗓音喊道："快看，前面有人！"听到这一喊声，大家不约而同抬起了头。果然，前方隐隐约约站着一个人，会不会又是幻觉？大家长时间在荒漠中跋涉，对大自然开的那些不大不小的玩笑算是体会多多，如果能像抓敌人一样抓到的话，有时真恨不得冲上去给它两拳。

兴奋、疑惑，但不管怎样，总是多了一份希望。不知从哪里来的力量，人们饱经沧桑的脸上重新焕发出光泽，脚下的步伐在不知不觉中都快了起来。

不是幻觉，造化没有捉弄人，这次是真的。

后来，他们知道，这是一个叫"星星峡"的地方。他们发现的人也不止一个而是一群，并且既非路人也非当地百姓，而是专门前来寻找、迎接大家的，是自己人、是战友、是同志。在这群人中间，有一位中等身材、精干清秀的同志，名叫"施平"，是他们的领导。

千辛万苦走到星星峡，干部战士们见到"施平"率领的中央代表团，就像流落在外多年的孩子一下子回到母亲温暖的怀抱，有的人情不自禁地哭了起来。

直到几十年后，当年走出荒漠的勇士们才意识到，那一日知道的"施平"和"星星峡"两个名字，竟从此深深地印入了脑海，成为他们戎马生涯中一段宝贵的回忆而难以忘怀。

事情还要从"施平"莫斯科受命说起。

西路军远征开始后，党中央一直非常关心这次行动的进展情况。当得知部队仓促前进，因寡不敌众仗打得十分艰苦、损失很大时，中央当机立断给西路军下达了停止"夺取宁夏，打通苏联"作战计划的指示，同时制订接应方案，并采取了一系列卓有成效的措施。其中极为重要的一步是，指示当时根据中央的安排在中共中央驻共产国际工作的陈云、滕代远等同志，做好组织代表团、前往新疆迎接西路军的必要准备，此时是1936年10月。12月，西路军的处境变得越来越不利，为此，中央给陈云、滕代远等下达了明确的

1937年5月，陈云到新疆、甘肃交界的星星峡接援红军西路军余部（对外称"新兵营"）进入迪化（今乌鲁木齐）。图为星星峡（历史图片）

任务："西路军损失惨重，应想法如何组织起来，整顿一下找个出路。"同时指示，利用新疆当地军阀头子盛世才为取得苏联援助而假装进步、伪装革命的情况，开展建立抗日民族统一战线的工作。

接到中央电报，陈云、滕代远心中沉甸甸的，他们牵挂着远方的战友，深知此次任务事关重大又非常艰巨。

情况紧急，代表团很快组建完毕，为确保完成任务，陈云化名"施平"，滕代远化名"李广"。这是一个组织精干的代表团，由陈云总负责，滕代远协助陈云工作，其他成员包括负责电台联络的段子俊、担任翻译的冯铉、负责译电的李春田等同志。不久，代表团离开莫斯科出发，辗转回到新疆，投入国内火热的民族救亡斗争之中。其间，因国内爆发震惊中外的"西安事变"，陈云一行曾在中苏边境的霍尔果斯口岸停留待命。陈云本人由于流鼻血的问题加重，在待命期间到今哈萨克斯坦共和国的主要城市阿拉木图市接受治疗。

代表团抵达新疆后，立即开展工作。1937年4月，经反复商谈，陈云以中国共产党驻新疆代表的身份与盛世才就在新疆建立抗日民族统一战线和接应红军西路军余部入疆等问题达成协议。5月1日，陈云、滕代远等率领几十辆汽车，满载着大批生活、学习等用品来到星星峡，接应李先念等几百名主要是西路军左支队的红军干部战士，从而发生了前面感人的一幕。

在乌鲁木齐的"新兵营"旧址。当年陈云曾在这里居住、办公（历史图片）

5月7日，陈云带领浩浩荡荡的队伍离开星星峡回到了迪化（今乌鲁木齐市）。为便于开展工作，经过党中央批准，陈云等对部队进行了整编，不再保留西路军左支队番号，而改称"西路军总支队"，对外则称"新兵营"，说是盛世才从内地省份招来修建兰（兰州）新（迪化）公路的部队。整编后的总支队下辖四个大队和一个干部队，机关有政治处、总务科以及医务、警卫等单位。总支队各部门和单位在陈云的直接领导下，保持和发扬红军的光荣传统，在新疆开展了大量卓有成效的工作。我军第一所多兵种综合性军事技术学校就是在总支队的基础上建立起来的。

"帝国主义不就是黄眼睛、红头发的人嘛"

随着革命形势的发展和武器装备的不断更新换代，党中央一直在考虑建立一支完全由我党领导的配备现代武器装备、掌握现代科学技术的战斗部队，尽快培养出一大批高素质的专业性人才，以适应未来战争的需要。

早先，中央曾计划安排西路军余部在新疆休整完毕后立即前往莫斯科，在苏联的帮助和支援下学习现代军事技术。该意图在当时中央发给西路军余部的一封电报中表明得非常清楚，电报说："远方对于西路军进入新疆转赴远方求学问题已决定了。为此，目前西路军必须到达星星峡，他们（陈云、滕代远）在该地迎候你们。"

在等待赴苏学习的过程中，陈云等领导干部商量，决定组织部队学习文化知识。

1937年6月，陈云按照识字多少将学员同志进行分班，以便根据不同的知识基础因材施教，取得了良好的教学效果。

接着，为使同志们在烽火连天的年代能抓住、抓好这次难得的学习机会，陈云考虑先要打牢基础，主要包括政治基础和文化基础两个方面，以便更好地完成将来的专业技术学习任务。

首先是政治课的学习，内容包括工人运动知识、共产主义基本常识、各国特别是苏联和中国革命的基本历史情况、领袖著作、经典文章介绍以及中共中央针对当前形势和任务所制定的一系列方针和政策等。

有一次上课，陈云问一位学员："请说说看，什么是帝国主义？"干部抓抓脑袋，略有些腼腆地回答道："帝国主义……帝国主义不就是黄眼睛、红头发的人嘛！"学员们听了都哈哈大笑。

陈云没有笑。他抓住这一机会立即详细分析了什么叫帝国主义以及它的

"新兵营"的部分战士(历史图片)

特征、发展、本质和必然灭亡的历史规律。同时,陈云还联系现实斗争,从理论的高度讲解了日本帝国主义侵华战争失道寡助必然失败的下场。这堂课从基础理论讲起,最后又回到实际,讲得透、讲得全,讲得大家心悦诚服,坚定了同志们抗战必胜的信心。

这也是陈云讲课的一大特点。陈云既有很高的马克思主义理论水平,又有丰富的革命斗争经验和社会阅历,并善于运用理论剖析中国的实际问题。因此,他的课既全面系统、有理论深度,又能针对听课对象用通俗易懂的语言讲清楚、讲透彻,其意义常常远远超出了一堂普普通通的政治课。许多老同志几十年之后回忆起陈云上课的风采仍然是赞不绝口。

陈云也非常重视文化课的教学。他强调指出,学好文化知识是进一步学习的基础,没有文化基础就会像盲人走路一样在学习中不断地磕磕碰碰。为此,总支队为大家开设了语文、算术、历史、地理和物理常识等文化补习课。在领导和同志们的关心与鼓励下,全体学员将艰苦奋斗的革命精神发扬到勤奋学习的实际行动中,上下齐心协力,功夫不负有心人,经过短短4个多月的学习，据不完全统计，绝大多数学员从不会写自己的名字到能进行一些简单的算术计算、能掌握两三千个单字、能记笔记、能阅读书报，有的甚至还能写一些心得体会文章，基础学习效果是非常显著的。这都为他们转入下一阶段军事技术专业知识的学习奠定了扎实的文化知识基础，也使广大学员终身受益。

不料，事情后来发生了变化。1937年"七七"卢沟桥事变爆发后，日本帝国主义开始全面侵华，国内外形势一时非常紧张。鉴于新的形势，党中央决定取消原定西路军出国学习的计划，而是让其留在新疆，利用与盛世才的抗日统一战线关系就地培养人才。于是，组织大家学习军事技术的重任就落到了以陈云为首的总支队领导同志身上。富有远见卓识的陈云对这一特殊环境中的办学事业非常重视，义无反顾全身心地投入进来。

没有挂牌仪式、没有开学典礼，甚至没有专业的教材和专门的教师，人民军队的第一所多兵种综合性军事技术学校就这样开课了。

面对极困难的办学条件，陈云尽管事前已经做了充分准备和安排，但仍然遇到了许多意想不到的问题。学员们在凳子上坐不住、坐不稳、坐得浑身不对劲，就是陈云首先要解决的。

确实，同志们大多出身贫寒，从小受尽恶霸地主、资本家的压迫和剥削，一年到头拼命干活却连糊口都难，更不用说上学堂读书了。参加革命后又持续不断地行军战斗，翻雪山、过草地，他们早已习惯于扛枪打仗、刺刀见红、痛快杀敌。而今突然要天天拿铅笔、本子，小小的铅笔握在手中转来转去却沉甸甸的，他们感觉怎么都不顺手，总觉得不如"汉阳造"听使唤。大家心中主要有两个疙瘩：一是担心自己的基础太差，可能学不好还耽误时间，不如多练拼刺刀；二是战争年代讲的是上阵杀敌，学习这些东西有用吗？会不会白费工夫？

针对这些思想顾虑，陈云专门召开了学习动员大会。在会上他为大家讲解了世界各国人民反法西斯伟大斗争的基本形势，重点分析了中国革命事业的发展情况和革命军人所肩负的历史重任，强调要从我军长远建设的战略高度来看待眼下的学习任务。他说："既要能打仗，也要能坐下来学文化。这可是为了将来更好地打仗……在中央没有新的指示前，总支队要抓紧一切时间学习，学好政治，学好军事，学好科学文化知识。"陈云鼓励大家："我们不能光靠步枪、刺刀，我们也需要有飞机、大炮、汽车、装甲车来打击敌人，现在没有这些武器，将来总会有的，等有了再去学就晚了。我们从现在起就要着手培养人才，如果我们这400多人，每人学会摆弄一两件机械化武器，再回延安，一个人带会十个八个同志，这对建设我军的技术兵种，对夺取革命战争的胜利，将是多大的贡献呀！"与此同时，陈云重点抓了干部对学习的认识问题。他认为，解决这件事上的思想问题，干部是关键。陈云对总支队的干部同志讲："我觉得对于学习的意义认识得够不够，是决定我们能否下决心学习的关键。我们过去还不曾把学习作为党员对党应尽的责任，总认为只要一天到晚不停地工作，就算尽了我们对党的全部责任。这种想法是很不全面的。一天到晚工作而不读书，不把工作和学习联系起来，工作的意义就不完整，工作也不能得到不断改进。因为学习是做好工作的条件，而且是一个必不可少的条件。"陈云要求大家充分认识到"新兵营"作为一所培养红军自己的军事技术人才学校的重要性，要把手中的铅笔看作将来克敌制胜的武器，希望同志们能拿出在战场上冲锋杀敌一样的干劲向科学文化进军，不仅完成好当前的学习任务，而且要准备学好后到各个抗日根据地去培养更多的学员！

此外，一向平易近人的陈云还经常在日常工作、生活和谈话中做大家的思想认识工作。就这样，经过陈云等总支队领导的不懈努力，同志们渐渐能静静地在教室里坐稳了。

转入学习军事技术阶段后，总支队被分成几个班。一个班学习开汽车，其中部分同志学会开汽车后继续学开装甲车。100多人学习各种火炮。干部队则重点学习军事理论和政治理论。

学员们陡然见到苏联政府提供的教学用装甲车、加油车、指挥车、弹药车、修理车等新式装备和器材,既感到新奇和兴奋,又有些惴惴不安。但是,经过这段时间陈云等同志耐心细致的工作和自身的努力,大家都已不再像几个月前刚走出星星峡时的样子了,短暂的适应期一过,学员们就像猛虎下山一样以极大的热情投入新的学习生活中。他们勤奋努力、刻苦钻研,学机械、学操炮、练射击、练战术。遇到问题或不清楚的地方不解决、不搞懂誓不罢休,结果无论是在理论学习上还是实际操作中都取得了优异的成绩,其中不少人成长为未来我军兵种建设的骨干,包括中华人民共和国成立后曾任南京军区炮兵司令员、上海警备区司令员的周纯麟以及曾任沈阳军区空军副司令员的吕黎平等同志。

1937年11月,总支队的学习进入一个新的阶段。经中共中央批准,在陈云等同志的周密部署和多方筹划下,中国共产党领导的第一支航空队正式组建完毕。"每个进航空队的同志,都是由陈云同志或邓发同志(1937年9月,陈云根据中央的安排前往延安担任中共中央组织部部长,由邓发接替陈云任驻新疆的第二任党代表)亲自谈话交代任务的。"

"经费再紧,不紧学习;条件再苦,不苦学员。"这是陈云向总支队同志们提出的办学总要求,也是陈云办学的基本方针。他强调一定要千方百计确保大家的学习条件。

没有合适的课本,陈云就组织大家编写,并自己动手编写政治理论课教材。据当年的学员吕黎平同志回忆,为了撰写"中国共产党的抗日民族统一战线"一课的教案和寻找辅导材料,陈云曾多次不辞劳苦地钻进迪化唯一的图书馆,查阅有关日本自19世纪60年代明治维新开始到1931年9月18日悍然侵占我国东北三省,几十年间曾经发生和出现过的重大事件和主要人物,重点是搜集日本侵华的资料,并作了大量的笔记,前后花了两个多月的时间。

没有专门教员,陈云就站到讲台上为大家授课。他讲过"联共(布)党史""共产主义运动中的"左"派幼稚病""论列宁主义的几个问题""中国共产党的抗日民族统一战线"等重要课程。

在经费使用上，无论多么紧张，陈云总是优先满足学员在学习用品、后勤生活保障上的需要，而其他开支则常常是一分钱掰成两半花。在专业技术学习阶段，为了组织教材、请到专业教员和保障教学设备，陈云等总支队领导与新疆地方政府反复商量，斗智斗勇，创造性地开展工作。同志们在这里能读到较为正规的专业课本，能听苏联教官介绍最新的装甲车及其战术运用，能摆弄火炮、指挥车，能上天驾驶战斗机、轰炸机翱翔，还能在地面维护修理飞机。这样的教学环境在战争年代对我军干部战士而言是非常难得的，这里面凝聚着陈云等总支队领导同志多少心血呀！

1937年，当我军尚处于"小米加步枪"的时代，陈云就从为适应未来战争的需要出发，站在我军兵种建设的战略高度，预见到在不远的将来

1986年2月9日，陈云为中国人民解放军空军党史资料征集委员会编著的《天山风云录》题写书名。该书用大量史实，记述了当年红军西路军余部在新疆的活动

部队对军事技术人才的迫切需要,并亲手把总支队创办为我军第一所多兵种综合性的军事技术学校,为我军培养了一批宝贵的军事技术骨干。1939年9月,时任中共中央副主席的周恩来由于摔伤右臂,从延安经新疆前往苏联疗伤的途中,专程到"新兵营"看望大家并讲话:"陈云同志做了件很好的事。将来建设我们自己的空军有骨干、有种子了。"

青云浦干休所

"陈元方"究竟是谁

1969年11月,南昌。

江西省南昌市青云浦干休所副所长沈玉贵做梦也没想到,他将开始一生中一段弥足珍贵的经历。

干休所位于南昌市西南郊区,人称"青云浦干休所"。干休所院前一汪湖水,清澈美丽、景色宜人,干休所也因此而得名。它的正式名称是门牌上白底黑字写着的"福州军区干休所",当时的江西省属于福州战区。干休所警备较严,周围用围墙与外部隔开,因此与当时人声鼎沸的全国形势相比,这里显得很宁静。

事情要从沈玉贵接到来自上级的一个电话开始说起。电话那头以少有的很严肃的语气告诉他,近日将从北京过来一位首长,名叫"陈元方",注意搞好接待准备工作。末了还特地叮嘱他,务必保密,出了问题后果自负。

"陈元方"究竟是谁?

放下电话,沈玉贵感到有些奇怪。他没有多想,立即开始布置人手将干休所的8号院腾出来。8号院由几间瓦房组成,之所以选择8号院,主要基于以下考虑:一是8号院在干休所内是居住条件最好的;二是院落处在干休所的最里面,便于安全保护和保密工作。

一切布置妥当,沈玉贵轻轻地松了一口气,同时心中的好奇心在不知不觉中越来越强烈,这位首长会是哪一位呢?算了,甭想那么多,北京的首长很多,估计不认识的可能性大。

令沈玉贵没有想到的是,几天以后,当看到从一辆驶进干休所的小车中走出一位中等身材、眉清目秀、脸孔棱角分明、面带微笑的老同志时,他一眼就认出来了,这不是以前经常在报纸上看到的中共中央副主席、国务院副总理陈云同志吗?怎么回事?怎么他到江西来了?不太可能吧?来不及细想,沈玉贵赶紧上前迎接,只见陈云并无一路旅途劳顿的倦容,显得神采奕奕,他亲切地握着沈玉贵的手,微笑着说:"副所长同志,给你添麻烦了。"沈玉贵很激动,紧紧握住陈云的手连声说:"欢迎首长,欢迎首长。"

随后,沈玉贵带陈云一行住进了8号院。据有关同志回忆,当时随同陈云前来居住的人员还有3人,其中两位是江苏人,即秘书萧华光、警卫员李奇,另一位是60多岁、籍贯辽宁的厨师老汪同志。

陈云在江西化工石油机械厂"蹲点"期间的住处——南昌市青云浦干休所8号院(历史图片)

后来，沈玉贵通过工作接触，悄悄地问陈云说："首长，您的名字叫'陈元方'，您是不是就是'陈云'同志？"

陈云看着沈玉贵，严肃地微微点点头，说："你猜得对，我就是陈云。"

沈玉贵打破砂锅问到底，又好奇地问："那为什么化名叫'陈元方'呢？"

陈云笑着解释道："我有两个儿子，一个叫陈元，一个叫陈方，把两个儿子的名字合在一块，就叫陈元方。"最后，陈云还叮嘱副所长："我现在不叫陈云，叫陈元方，要保密，这是纪律！"沈玉贵郑重地点了点头。

就这样，陈云在江西住下来，开始了下放蹲点生活，直至1972年4月回到北京，其间共2年零6个月。但沈玉贵直到"文化大革命"结束，才知晓了此事的来龙去脉。

千里之行不坠革命之志

1962年8月，这年的气候比较异常，即使是在北方的避暑度假胜地北戴河，仍能感到热浪一阵阵地袭来。在这里，中共中央正在召开工作会议。在第一天的发言中，毛泽东发表了措辞严厉的基调性讲话，此后会议气氛比较紧张，历时达半个月之久，会议的内容主要集中在批评包产到户上。

正是在一个多月前，陈云在与毛泽东的晤谈中，本着对党的事业负责、对人民负责的态度，郑重地提出在农村试行包产到户的观点，并向毛泽东阐述了关于个体经营与合作小组在我国农村相当长的时期内还要并存、当前要发挥个体生产的积极性、依靠广大农民群众、尽快恢复生产、以克服当前困难的意见。

这次会上毛泽东表示陈云的意见是错误的，但他有组织观念、守纪律，（意见）是向中央常委陈述的，没有对外宣传，因此陈云本人没有遭到点名批判，但此后，陈云就离开了党中央领导核心，直到"文化大革命"结束。

1966年，毛泽东在中南海贴出"炮打司令部——我的一张大字报"，史无前例的"文化大革命"开始席卷全国。与许多在这场浩劫中身不由己地蒙受了诸多苦难的老干部一样，陈云也未能幸免。

"文化大革命"刚开始，当年曾与陈云同机从苏联返回延安的康生及其一小撮人就将矛头直指陈云，对陈云进行了无端攻击，大有不打倒陈云不罢休之势。8月13日，康生在八届十一中全会华东组小组会上发言，使这种攻击到了登峰造极的地步。他说："陈云同志的思想，也是长期与主席对立的。他以经济专家自居，自认为他的经济学在主席之上。看看他1962年的报告，就懂得他的经济学是什么货色。他只讲经济，不讲政治，他讲的经济政策，据我看只是资本主义的商人经济而已。"

1968年10月，中共八届扩大的十二中全会在北京召开。会上，谢富治向陈云发难。在17日举行的第一次小组会上，谢富治对陈云在经济调整时期的重大功绩颠倒黑白，公然诬蔑说："陈云同志多年不做工作，刘少奇突然抬出他搞经济小组，收拾'残局'，就是搞修正主义。""陈云同志搞些什么，多

1966年8月，毛泽东在北京主持召开中共八届十一中全会。会议通过《关于无产阶级文化大革命的决定》。主席台左起：毛泽东、周恩来、林彪、刘少奇、朱德、邓小平（历史图片）

赚钱、卖花布、炒肉片、高价商品。陈云同志一贯反对毛主席，休息也不干好事。这些事情都要清算。"

在这些弥天大谎、造谣污蔑的煽动下，一时间，"一贯右倾""机会主义""修正主义""反对毛泽东思想"等一顶顶大帽子铺天盖地、粗暴地扣在陈云头上。更有甚者，一天晚上，一群红卫兵小将直接闯入陈云位于中南海外北长街上的家中。陈云闻讯在工作人员的帮助下，暂时躲避了起来。红卫兵闯入陈云的卧室，一摸被子，说："被子还是热的，一定有人走漏了消息！赶快！估计刚走不久！"找不到陈云，这群人就叫嚷要搬走屋内的保险柜，说是"四旧"要予以销毁，就这样左折腾、右折腾，最后还是在后来得知情况的周恩来总理出面干预下，这帮人才一无所获地悻悻而去，陈云一家在担惊受怕中度过了难熬的一夜。

后来，陈云的家再次受到冲击。不仅如此，红卫兵还想揪斗陈云，最后也是由于毛泽东、周恩来的干预，他们的图谋才未能得逞。

1968年8月，陈云被派到北京新华印刷厂蹲点调查，同行的还有陈毅、徐向前、聂荣臻等老帅。

1969年4月，中国共产党第九次代表大会在北京举行。自1932年起担任临时中央政治局常委、1934年在中共第六届五中全会上当选为中共中央政治局常委后就一直是党中央领导集体的重要成员的陈云，第一次离开了中央领导岗位，仅仅保留了一个中央委员的资格。

对此，别有用心者依然不"满足"。他们处心积虑，不仅要让老同志从职务上远离中南海，更要从地理上离开北京！1969年下半年，陈云突然接到通知，从战备的需要考虑要他前往千里之外的江西省。这名为疏散实是下放。同批前往江西省的党的高级领导人还包括邓小平、王震、何长工、萧克、陈再道等老一辈无产阶级革命家。

当时周恩来总理为国内外大事整天忙得精疲力竭，但国事再忙，他的心中仍时时挂念着他的老战友们。当陈云等还在南下的火车上颠簸时，周恩来便给江西省委打电话,要求省委同志对从北京来的这些老干部予以照顾。周恩来讲,他们都是上了年纪的人,干不了重体力活,要让他们多搞些调查,多到基层走走。周恩来特别指示江西方面,陈云同志身体不好,住的房子一定要有暖气。

真是患难见真情!

就这样,陈云在青云浦干休所正式住了下来。

在江西省两年多的时间里,陈云始终保持着一位革命者高昂的乐观主义精神。无论是在离青云浦约二里地的江西化工石油机械厂蹲点调查,参加厂里上百次的班组会,还是到江西其他厂矿企业、学校、商店、农村考察访问,了解全省的工农业生产情况、市场供销情况和教学质量、教学改革情况,陈云都不顾年届高龄,调查研究得非常仔细。他深入群众,认真听取普通工人、农民、教师、售货员等的反映和意见,努力掌握第一手材料。他在田边地头与农民亲切交谈;下到矿井深处详细考察工人采煤作业情况;在百货柜架前逐个察看商品价格,了解顾客建议和意见;在学校组织师生座谈,就重视教育问题发表自己的意见……这些都充分体现了一位老干部在困难的环境中不计个人得失,生命不息、战斗不止的崇高品质和风范。

除此之外,充分利用在那个动乱年代一块相对安静的处所抓紧时间学习是陈云在离开北京之前就计

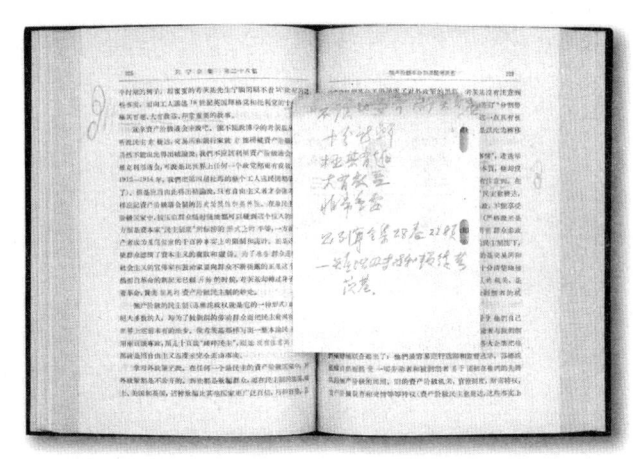

陈云在"文化大革命"期间阅读了大量马克思主义的经典著作,特别是列宁在十月革命后写的有关新经济政策方面的著作。陈云还联系中国实际,研究和思考中国建设社会主义的若干问题。这是陈云学习阅读《列宁全集》时作的批注(历史图片)

划好的。在江西，一遇空闲时间，陈云便打开特意从北京家中带来的装满书籍的三个木箱子，拿出马恩列斯等著作孜孜不倦地读起来。短短的时间内，他通读了《资本论》《马克思恩格斯选集》《毛泽东选集》，还阅读了《列宁全集》十月革命后的部分，以及《斯大林文选》《鲁迅全集》中的一些文章。陈云做事不做则已，做则非常认真，看书同样如此。在阅读无产阶级革命导师著作的过程中，陈云把凡认为重要、精辟或者值得认真领会、研究、反复看的地方，都用铅笔仔细勾画出来，并在笔记本上写下看书体会。此外，他还偶尔和身边人员包括干休所的同志交流读书的心得。

对这段"闹中取静"学习生活的收获，陈云印象很深，他曾经非常高兴地告诉身边的工作人员说，《资本论》在延安时已经看过一遍，全国解放后很想再看一遍。但是由于工作实在太忙，一直没有时间看，这次到江西才又有机会看了一遍。

"陈元方"，陈云一段难忘经历的见证，也是一位老共产党员在任何艰难困苦的环境和条件下，不坠奋进之志、不忘为国为民、始终保持革命本色的见证。

/第二章/

把学习当作责任

◎在履历表上,"文化程度"一栏陈云总是认真地填写上"小学"二字。他还讲:"像我们这样没什么底子,各种知识都很缺乏的人,要老老实实做小学生。"他实际的文化程度远不止是"小学"了。

曲曲折折，不坠求学之志

陈云出身贫苦，自幼父母双亡，是由舅舅、舅妈抚养成人的。少年陈云过早地领略到了生活的艰难，也形成了坚强、沉稳、冷静的性格，这在同龄人中显得十分突出。

陈云8岁时进入私塾接受启蒙，主要学《三字经》《百家姓》等书，同时练习毛笔字。由于陈云学习认真、专心，深受私塾刘敏安老先生的喜爱。刘先生不仅在学业上精心指导他，还利用课余时间专门给陈云讲一些历史人物故事，讲做人的道理，鼓励他像古代的岳飞、戚继光等爱国将领一样勇于在逆境中成才。近两年的生活，先生认真教，学生刻苦学。陈云不仅与刘先生，而且与刘先生的家人结下了深厚的友谊。

启蒙教育结束后，陈云进入了练塘城隍庙的贻善国民学校学习。由于学校创办不到10年，学生人数尚不多，共分四个年级。根据入学时的考评情况，陈云直接进入三年级学习。他如饥似渴地学习国语、算术等课程，遇到不懂的地方就问老师，问题不搞清楚誓不罢休。

由于舅舅廖文光家境并不宽裕，靠开一个小饭馆勉强度日，懂事的陈云每天放学回家后都要帮舅舅做家务事，尽管如此，老师布置的作业陈云从不拖到第二天。舅舅的家一边靠河，一边临街。每到晚上，路上的行人总能透过窗户纸，隐约见到房内昏暗油灯下正伏案写字的陈云瘦小的身影。而天刚蒙蒙亮，人们又会听到陈云坐在廖家铺子的门槛上诵读古文的声音，稚嫩的读书声随着晨风在古老而宁静的街道上回荡。不仅如此，陈云还热心帮助后进同学补习功课，让他们尽快赶上来。

小小的陈云是镇上大人们最喜爱的孩子。他们纷纷要求自己的孩子向陈云学习，勤奋刻苦，从小做个明事理、有志向、有毅力的人。直到1995年陈云去世后，陈云旧时邻居家的孩子、当时已84岁高龄的沈福宝老太太仍沿用小时候的习惯，尊称陈云为"大哥哥"。她泣不成声地说："大哥哥时常惦记着我们这些老乡亲，每次回到故乡，他总是把我们邀去见面叙谈，问长问短。"

初小毕业后，尽管陈云十分向往学习更多的知识，但因舅舅家境实在困难，懂事的陈云默默地告别了学校。回家后，陈云起早贪黑帮助舅舅、舅妈操持店铺，无论烧灶、洗菜，还是扫地、洗衣、端菜、送水，陈云都办得利利落落。每天空闲下来，陈云也不出去玩，而是拿出旧日课本温习学过的功课，练习毛笔字，练字最后成为陈云一生的爱好和养生之道就是在小时候形成的习惯。失学期间，陈云还曾到青浦县立乙种商业学校读书，坚持学习了一个多月时间后，终因经济条件不允许而再次离开了学校。

一天，小店来了一位客人，身材瘦削、长得清秀。他一袭长衫，一副眼镜，一根拐杖，举手投足之间显得温文尔雅。廖文光一见此人进店，赶忙上前招呼，抹抹桌子说："您来了，还是一盘油爆鳝丝、一份敲扁豆，外加一壶酒？"客人边坐边微笑着点点头。看起来这是位老顾客了，油爆鳝丝与敲扁豆是廖家饭馆的拿手菜，在附近小有名气。

酒菜上齐后，来客默默地品着，不时呷上一口酒，吃得有滋有味，只是不说话。一会儿，正在堂上帮忙的陈云见客人杯中的酒快喝干了，便悄悄上前去斟酒。

无巧不成书，客人那天的兴致似乎很高。他转头看见陈云，见小孩子个头虽小，但两眼炯炯有神，浑身透出一股子机灵劲儿，不禁有了谈兴。一番交谈下来，客人却吃了一惊。他发现陈云年龄虽小，但举止得体、谈吐不俗。客人考问所学，陈云一一道来，既不胆怯，也无骄色。"难得！"客人心中暗暗赞叹道。他让陈云把柜台一角放着的厚厚一摞草纸拿来，上面有陈云写下的字。客人边仔仔细细地翻看，边在心里打定了主意。

看毕，客人将陈云的舅舅廖文光请过来，详细询问陈云的情况，特别是进学校学习的前后经过。他听说陈云自小失去父母，目前失学在家，但仍坚持刻苦自学时，便决心帮助陈云圆求学之梦。

原来，来客系当地一位开明人士，名叫杜衡伯，时任当地的公立颜安国民学校校长。他为适应时代需要，将"四书五经"之类的经学从课程中去掉，而增加比较实用的珠算与手工等学科，办学成绩卓著，在这一带有较高的声望。

杜衡伯把陈云拉到身边，问道："怎么样，小廖同学（父母双亡后，陈云姐弟俩由舅舅廖文光抚养，陈云改姓廖，仍名陈云），想不想再回学校去学习呀？"

陈云一双清澈的眼睛看着客人，什么都没有讲，只是咬着嘴唇，重重地点了几下头。

杜衡伯一拍大腿，转头大声对廖文光讲："好！就这样定了，明天就过来吧。一切我来安排，学费全免！"

这样，陈云进入颜安国民学校的高小部学习。与以前相比，学习的任务更重了。除初小的语文、算术之外，还增加了珠算、美术、手工操作等方面的内容。但陈云学习的劲头更足了，成绩年年名列前茅，从学校领回的各种奖状、证书贴满了舅舅家的墙壁。舅舅、舅妈看到陈云的进步，都感到非常高兴。

与此同时，陈云并不读死书。从老一辈人口里，他知道了几十年前发生在这块土地上的"青浦教案"故事，对近代灾难深重的中华民族的屈辱历史有了初步认识。晚上做完作业后，他还喜欢随舅舅前往镇上的书场听评书。在说书人讲的故事中，那些反压迫、反剥削、揭竿而起的英雄人物常常让他暗暗佩服。从课堂上，陈云了解到洪秀全金田起义轰轰烈烈、震动大半个中国的故事，知道了"公车上书"的康有为和"戊戌六君子"为理想慷慨就义

原练塘颜安国民学校（现为练塘中心小学），陈云曾在这里就读（历史图片）

的壮举。

救国救民的正确道路何在？从小爱动脑筋的陈云在思考着。与此同时，星散于大江南北的毛泽东、周恩来、邓小平等人也在思索着同样的问题。在当时，他们根本想不到最后会相识，不仅走到一起，而且还会成为风雨同舟几十年的亲密战友。

1919年5月4日，为抗议北洋政府在巴黎和会上的卖国行径，北京爱国青年发起了闻名中外的五四运动。这股反帝反封建的爱国主义大浪潮很快波及全国各地。5月11日，青浦县全县各学校开始声援北京的爱国学生，颜安国民学校的师生也行动了起来。平时看书爱不释手的陈云这时毅然放下课本，全身心投入这场爱国运动中，并很快以其较强的组织能力、良好的口才和冷静成熟的性格在同学中脱颖而出，成为行动组织者中年纪最小的核心人物。

陈云首先组织童子军、救国10人团在学校、镇上街头募捐，发起救国储金会，用捐来的钱购买纸张、旗帜、传单等宣传用品。然后组成声势浩大的宣传队走出校门，到大人面前去演讲、去表演，讽刺投降卖国贼，弘扬爱国精神。陈云还组织学生队伍游行，高喊"打倒卖国贼""决不屈服""还我河山""睡狮醒来""中国人站起来""废除卖国条约"等口号。通过这次爱国运动，年仅14岁的陈云在思想和能力上得到了一次实际锤炼，也一石激起千层浪，教育了祖祖辈辈习惯于埋头耕作的穷苦乡亲，洋货在青浦第一次成为被唾弃、被老百姓拒之门外的东西。这次运动撒下的进步种子，将在8年后早已坚定投身革命的陈云重回故乡组织农民暴动时开花结果。

1919年6月，陈云从高小部以优异的成绩毕业。至此，陈云少年时代的求学生涯暂告一个段落。真是：曲曲折折，不坠求学之志；再贫再苦，誓成有用之才。

一个学习阶段的结束，只是意味着一个新的学习阶段的开始。这一观念，陈云终生未变。

值得一提的是，由于陈云深知高素质的党员干部、高质量的人才对党的事业具有举足轻重的意义，是百年大计，再加之陈云从小多次被迫辍学，切身体会过欲读不能、欲上不得的痛苦，因此，陈云无论是在战争年代还是在和平建设时期，都一直非常关心教育事业、关心人才培养，强调学习的重要性。特别是当他晚年时得知国家实施了"希望工程"、专门帮助失学儿童复学时，他对身边的工作人员连连说："好，好，这是一件大好事！"陈云除让秘书把《陈云文选》出版后的稿费拿来捐赠给新成立的北方曲艺学校和"希望工程"之外，还专门从不多的存款中拿出5000元，请秘书代自己给"希望工程"捐款。

河南省卢氏县汤河乡的16名失学孩子正是靠陈云的这笔钱重新坐进了明亮的教室里。

"老老实实做小学生"

"长期大学"

陈云一直谦虚地称自己是"小学生"。在履历表上,"文化程度"一栏他总是认真地填写上"小学"二字。他还讲:"像我们这样没有什么底子,各种知识都很缺乏的人,要老老实实做小学生。"

陈云不仅以"小学生"来自勉,而且经常鼓励大家:"各人的程度不同,环境不同,学习应该采取不同的方法,但都要老老实实,做小学生。"陈云还形象地将坚持自学比喻为进"长期大学",说学成之后就是头号的"博士"。

1935年5月底,陈云肩负党中央的绝密使命,在四川天全县告别长征队伍,行程万里,于8月下旬经海参崴辗转来到苏联首都莫斯科。在圆满完成任务之后,陈云留在了莫斯科,参加中共驻共产国际代表团的工作,化名"史平"。不久,他进入列宁学校学习。列宁学校是当时共产国际为我党培养高级干部的专门学院,除陈云外,我们党不少著名人士,如吴玉章、许光达等都曾在此学习。学院根据地区情况下设了多个学习部,像英文、德文、法文、中文部等,陈云就在其中的中文部学习。

列宁学校由没收的原沙皇贵族旧宅改建而成,礼堂、操场、教学楼一应俱全。校内宽敞、整洁、宁静,绿树成荫,是学习看书的好地方。在此期间,而立之年的陈云系统阅读了马恩列斯原著、学校编写的辅导教材以及世界其他各国无产阶级革命历史的有关文献,还包括一些无产阶级经典作家对工农运动、阶级分析与阶级斗争等方面的论述。陈云在这里抓紧一切时间学习、查阅资料，除认真做笔记外，他还刻苦钻研，结合中国革命的具体实际和自己的革命经历，特别针对过去革命实践中正反两个方面的经验和教训，从理论的高度进行深入思考和总结。

1937年10月，陈云回到延安担任中共中央组织部部长。虽然工作更忙，但陈云"老老实实做小学生"的劲头并没有减少，对陈云来说，现在反而是进入了人生另一个非常重要的学习与收获的季节。

陈云组织组织部机关干部系统学习马克思主义基本理论和毛泽东哲学著作，长期边工作、边学习，前后不中断地坚持了近5年的时间，从而成为延安时期我党在职干部学习理论的典范。他所领导的中组部读书小组是延安时期一直坚持下来的两个小组之一。这一做法既为提高领导和机关干部的素质与水平提供了理论上的依据，也为如何确有成效地达到提高的目的探索了路子。在学习中，陈云带头刻苦攻读，同时帮助大家从思想上认清在当前敌我斗争、民族抗战这一大背景下坚持学习的重要性，提高学习的自觉性，并启发同志们针对工作中的实际问题作深入思考和剖析。

陈云指出："一个共产党员难得有机会长时间在课堂上学习，因此要善于在繁忙的实际工作中自己争取时间去学习，这点必须有坚持精神才行。"为理顺工作、生产和学习三者之间的关系，陈云还摸索了一整套行之有效的学习制度和方法。

在内容上，陈云尤其强调对马克思主义哲学理论的学习。他明确讲："现在我们的干部中很多人不懂哲学，很需要从思想方法、工作方法上提高一步。只有掌握马克思主义哲学，思想上工作上才能真正提高。"同时，他要求大家学习其他一切有益于工作的知识，努力拓展知识面，以做好迎接未来多方面挑战的充分准备。他说，"要学习军事知识和军事技术""要研究中国的历史和时事政治的情况"。

其中，对经济知识和技术知识的学习问题，陈云特别指出，我们要"向全党解释，各种经济工作和技术工作是革命工作中不可缺少的部分，是具体的革命工作",因此,"应纠正某些党的组织和党员对革命工作抽象的狭隘的了解,以致轻视经济工作和技术工作,认为这些工作没有严重政治意义的错误观点"。上述观点高瞻远瞩、预见性强,与中华人民共和国成立后他强调的"要下决心学习,不学习,经济建设一窍不通,那就搞不成",是完全一致的。

陈云组织的学习活动多次受到党中央和

1937年12月,陈云在延安(历史图片)

毛泽东的高度评价。毛泽东曾充分肯定中央组织部采取一本一本学原著、做笔记,结合当时情况来进行讨论的方法,认为这个方法对头,要求在职干部的理论学习要按中央组织部的办法来办。

"客座教授"

在"长期大学"中坚持学习,陈云不仅受到了广泛赞誉,更重要的是,辛勤的劳动换来了丰硕的成果。陈云自己说:"这样系统地学习了几年马列著作,对我很有帮助,从思想理论上把王明的一套'打倒'了。"而对延安的各个院校来说,"老老实实的小学生"就是被争相聘请的"客座教授"。

作为中央组织部部长,并一度兼任中央党校校长,陈云频繁接到各单位的盛情邀请,希望他能前去给大家做报告,特别是关于党的建设方面的内容。

党中央一直高度重视人才的培养,因此当时延安设立的院校不少,既有像中国人民抗日军政大学(简称经抗大)、陕北公学这样综合性的院校,也有像中国女子大学、陕甘宁边区行政学院这样专业性的院校。陈云经常到各校去,紧密结合思想、工作和学习实际讲授党建原理,教育同志们怎样为共产主义奋斗终生,怎样全心全意为人民服务。他的课深入浅出,有理论、有实践,因此极受学员的欢迎。

当时,应邀向学员们做报告的领导同志不少,他们各有特点。像王明、博古等讲课,大多是"一、二、三"与"1、2、3",虽然便于当堂做记录,

1938年9月29日至11月6日,陈云出席在延安举行的中共扩大的六届六中全会。图为全会主席团成员。前排左起:康生、毛泽东、王稼祥、朱德、项英、王明。后排左起:陈云、博古、彭德怀、刘少奇、周恩来、张闻天(历史图片)

形式却显得死板，再加上只是在黑板上罗列出一条条原理，台下的人很容易觉得寡然无味。张闻天讲课就比他们好得多，入情入理，丝丝相扣，能够一直抓住听众的兴趣。

毛泽东也来给学员授课。他的风格总结起来就是不拘一格。每次把要讲的东西定下题目和列个提纲之后，他就信手拈来，旁征博引，滔滔不绝地讲开了。对于许多深奥难懂的问题，他既有理论，又善于结合斗争实践和当前形势来加以分析，为学员剖析个透，中间还不时夹杂一些诙谐形象的语言，或者古今乃至身边的趣事妙语。待授课人毛泽东告诉大家今天就讲到这里时，听课的同志才发现一堂课已在不知不觉中就"突然"结束了。回想起来感到收获非常大，但低头看看笔记本，除一个题目外，空空如也！再向他人借笔记本来抄摘一下，谁知竟莫不如此，只好作罢。最有意思的是，每次下来大家都暗暗告诉自己，下次一定要记好笔记，但每次又都发现，根本不可能按计划来实施。

陈云授课有自己独特的风格，据我国著名作家、《太阳照在桑干河上》的作者丁玲回忆说，她最爱听陈云讲"党的建设"。每次，他都用最实际、最生动的实例印证理论，分析问题深透，说理清楚，语言生动，态度亲切。她认为，要做到这一点，既需要有真知灼见，又要能够从现实的、复杂的实际生活中准确地抓住关键性的环节来剖析。通过讲课，陈云以头脑清楚、思维敏捷、声望极高而又平易近人给丁玲留下了极深的印象。

在陈云的听众中，既有众多来自大城市的青年大学生，也有回国参加抗战的知识分子和各类专业人才。他们通过陈云的讲课和课下的面对面交谈，感到他"看问题看得透，抓得准。既有理论分析，又有实际经验"。由于陈云渊博的学识和丰富的经验，再加上清清秀秀的外表，好奇心重的同志特别是刚刚从敌占区过来的同志总是不禁悄悄地向人打听，陈"教授"是从哪所大学毕业的。熟悉陈云的同志告诉说，陈部长在家乡小学毕业以后就投身中国革命，所讲的知识都是他经过多年的革命实践、坚持不懈的理论学习和勤奋

陈云在延安（历史图片）

思考形成的。他并非哪个大学的"教授"，但他的理论和实际水平大家确实是公认的。他具有很强的理解能力、分析能力和判断能力，这都是许多大学生无法相提并论的。询问的同志听完介绍，望着讲台上的陈云仍不敢相信，心中暗暗钦佩不已。

除此之外，这一时期陈云还著述甚丰。

工作中的许多文件、报告、电报甚至社论都是陈云起草的。像中央制定的《关于吸收知识分子的决定》就是由陈云代为起草的。他个人的讲话、发言稿更是自己动手，从不让其他同志代劳。凡事坚持自己动手、绝不轻易麻烦他人是陈云一贯的工作作风。即使到晚年，由于身体日渐虚弱，部分文稿虽然由秘书根据他的意思先行起草，但定稿时他总还要逐字逐句地推敲修改。

在延安期间，从1938年到1945年，陈云共发表重要文章25篇，如《论干部政策》《怎样做一个共产党员》《党的支部》《学会领导方法》《要讲真理，不要讲面子》等。《怎样做一个共产党员》一文后来被编入印发全党的《整风文献》中。陈云文章的一大特点就是言简意赅、逻辑性强，善于用朴素的语言来论述深刻的思想，所阐述的观点从战略思维的角度着眼，层次很高、立意深远、高瞻远瞩、统揽全局。陈云在这些文章中还提出了许多影响深远的精辟论断，如"不唯上、不唯书、只唯实""谁抢了知识分子，谁就抢到了天下"等，使读到的人回味无穷、很受启迪。

陈云"老老实实做小学生"是一贯的、长期的，不论是战争时期还是和平年代，不论工作繁忙与否，不论身体状况如何，也不论是否已到高龄，这一精神总是不变的。即便是在"文化大革命"期间"靠边站"被下放到江西，陈云也是许多日常生活用品不带，却带了《马克思恩格斯选集》《资本论》《列宁全集》《斯大林文选》《毛泽东选集》《鲁迅全集》等。在近3年的时间内，他除了去工厂蹲点和外出搞社会调研，其他时间都是在居所看书。

到了晚年，陈云依然笔耕不辍。1981年5月8日，陈云以一篇《提拔培养中青年干部是当务之急》，提出并论证了在新的历史时期，成千上万地提拔培养中青年干部是当务之急的重大命题。他强调，对此问题，每个同志尤其是每个老同志，都应该认识到它的严重性和迫切性，切实将其当作第一位的

1939年5月30日，陈云在延安撰写了《怎样做一个共产党员》。图为在解放区出版发行的四种版本（历史图片）

1953年9月15日，陈云在北京（历史图片）

任务来解决，因为"这个问题实在是大"。

到了晚年，陈云依然强调学习。1983年2月25日，陈云在写给时任中共中央党校校长王震的一封信中强调指出："党校学员既要学习马列主义、毛泽东思想的基本理论和党的方针、政策，以此作为主课，又要学习一些现代科学文化知识和必要的专业知识，以提高领导水平和实际工作能力。"

"学好哲学，终身受用"

"学习哲学，可以使人开窍"

陈云从1937年年底到1945年在延安工作的7年多时间，是一生好学的他学习最紧张的时期之一，也是学习收获最大的时期之一。

刚从新疆返回不久，毛泽东就同陈云先后三次谈话，在谈及学习问题时，还特地建议他学哲学，尤其是马克思主义哲学。毛泽东对陈云讲，学哲学很有用。此前，毛泽东在党的六届六中全会上强调指出："在担负主要领导责任的观点上说，如果我们的党有一百个到两百个系统地而不是零碎地、实际地而不是空洞地学会了马克思列宁主义的同志，就会大大提高我们的战斗力量，并加速我们战胜日本帝国主义的工作。"为此，中央还曾组织在延安的党政军主要负责同志共四五十人，历时半年多，研究中国古代的哲学思想。

受毛泽东谈话的启发，陈云此后认真钻研了毛泽东的《矛盾论》《实践论》《论持久战》《中国革命的战略问题》等重要论述，通过学习这些将马克思主义与中国革命的具体实践紧密结合的典范性文章，陈云感到受益很大，更加深化了对理论特别是哲学理论学习重要性的认识。按照1981年他本人的说法："毛泽东同志亲自给我讲过三次要学哲学。在延安的时候，有一段我身体不大好，把毛泽东同志的主要著作和他起草的重要电报认真读了一遍，受益很大。我由此深刻地领会到，工作要做好，一定要实事求是。"

当时陈云是这样给同志们讲的："我党是马克思列宁主义的战斗的党，首先我们要学习马克思、恩格斯、列宁、斯大林的理论，才能培养自己成为一个真正有能力有坚强党性的共产党员。"陈云说："在党内，在干部中，在青年中，提倡学哲学，有根本的意义。现在我们的干部中很多人不懂哲学，很需要从思想方法、工作方法上提高一步。只有掌握马克思主义哲学，思想上、工作上才能真正提高。"

陈云还把学习理论提高到党的建设、干部队伍建设的高度来看待，要求广大党员干部要把学习马列主义理论当作自身的职责，以不断提高学习的自觉性和主动性。他多次对大家讲，毛泽东讲长征到了延安，尽管生活条件仍很艰苦，但暂时摆脱了颠沛流离，能相对安稳下来看一些书、写一些东西了。我们也要向毛泽东学习。

1942年10月7日，陈云在延安军事干部工作会议上再次指出："现在我们的毛病，是马列主义不够。要反对教条主义和经验主义，都需要认真学习马列主义。"

《抗日游击战争的战略问题》和《论持久战》的早期版本（历史图片）

  而在马克思主义理论的学习中，陈云尤为强调对马克思主义哲学理论的学习。因为，"学习理论，最要紧的，是把思想方法搞对头。因此，首先要学哲学，学习正确观察问题的思想方法，如果对辩证唯物主义一窍不通，就总是要犯错误"。"马克思主义哲学是一种科学的世界观和方法论。学习马克思主义哲学很重要。"他的观点是，"学习哲学，可以使人开窍"。

  经过统一思想认识，从1938年起，担任中央组织部部长的陈云把中央组织部的机关干部组织成一个学习小组，开始进行系统学习，其中的重点是学习哲学理论。该小组由陈云任组长、李富春任副组长，正式参加的领导干部有10人左右，参加旁听的同志前后加起来有三十几名。大家在一起不间断地学习了5年多，是当时延安两个坚持下来的学习小组之一。

  同志们都学得很认真刻苦，陈云更是带头钻研。为此，他曾在纸上写下"从我做起""从现在做起"。陈云的工作再忙，即使有时从书记处开会回来天已蒙蒙亮，当天照旧参加学习讨论。平时则是白天处理公务、上山搞生

1939年，陈云同部分中共中央委员在延安。左起：陈云、王稼祥、刘少奇、邓发、王明、毛泽东、张闻天（历史图片）

产，晚上在油灯下学习。据陈云自己回忆："延安时代，我在中央组织部工作的时候，有一个很好的风气，就是组织干部学习哲学。那时规定每周要看几十页书，每星期六用半天时间进行讨论。"

小组除认真学习毛泽东哲学著作外，还学了《资本论》《列宁选集》《马克思恩格斯选集》等。为扩大知识面，同志们还阅读了一些参考书，如我国早期革命家李达写的《新社会学大纲》、日本哲学家河上肇的著作等。此外，陈云还经常带领大家学习其他方面的政治书籍、中央有关文件和指示、现代自然科学技术基础知识、社会科学知识等。

"正确的道路都是人走出来的"

中组部的学习小组后来之所以学习效果十分显著，并得到党中央、毛泽东的高度评价和充分肯定，这与陈云探索并实施的一整套行之有效的学习方法是分不开的。

陈云在学习中非常强调结合实际来学习。他说，学习不能空洞，不要务虚而要务实，不能"言必称希腊"，而一定要与中国革命的丰富实践结合起来，一定要与国内外、省内外、县内外、区内外的实际工作结合起来。

陈云认为，在工作中学习是最主要的办法、最靠得住的办法。他强调："实际工作是更重要的教育武器。实际工作的过程，就是教育干部的过程。"在一次与从事地方工作的同志进行谈话时，他对此有过精辟的阐述："在延安学习的马列主义基本理论，是马列主义的基本知识，这些知识每一个参加革命的同志都要学一学，对你的一生是有好处的。但要想用好它，是不容易的。你必须学习它的精神，也就是马列主义的立场、观点、方法，在实践中反复运用，去认识事物的规律，去处理问题，久而久之，就可以有所体会，就一定会感觉到它真正起作用了。要反复学习它的立场、观点和方法，慢慢就行了。"他总结道："正确的道路都是人走出来的。""真正政治上高明的革命家，只能在高明斗争中培养，不能专从学校里训练。"

这种在工作中学习、以学习促进工作的学习方法在战争背景下是非常切实有效的。同志们将工作中遇到的难题带到学习中去解决，将工作中的经验和体会通过学习加以提炼和深化，将学习中学到的理论和方法与具体的工作实践紧密结合起来，让理论在实践中结出果实，这样学用并举，相得益彰。

同时，陈云还提出要坚持一本一本地读马列原著和毛泽东著作的学习方法。陈云讲："要将现在的主要教科书一本一本地读，既不懈怠，也不用着急，一步一步来。"并且在阅读中一定要注意加强领会精神实质，要多想、多思索，总之一定要读懂。他说："要读就读懂，不要一知半解。这是达到融会贯通的必经步骤。""现在慢，将来用起来才快、才准、才不出偏差。"

陈云要求大家在自学中一定要做好读书笔记。他说："（做好笔记）有两个好处，一是让你多读几遍，一是逼你聚精会神，认真思考，使你了解得更深刻些,而不是随便看,像过去那样模模糊糊。"

除此之外,陈云总结出的最重要的方法之一是"领导干部带头学",这被当年亲历此事的老同志认为是中组部学习小组能坚持下来并学有成效的关键。陈云指出:"党内的老干部、高级干部首先要努力学习,成为学习的模范。""党要培养大批理论联系实际的干部,也首先寄托在老干部、高级干部身上。"他说:"因为你是老干部,因为你常常担负独当一面的领导工作,你更有责任而且更有必要提高自己的理论水平。"

陈云就是带头学习的模范。他从不打扑克,也不跳舞,一有空就看书学习,原著、参考书无不认真读,并记下大量的笔记。在学到一些经典性的文章像《共产党宣言》《反杜林论》等时,他都带领大家一起学。每学习一段,他就结合心得讨论一段,还鼓励大家提问,力求彻底搞清所学内容。有时遇到某些段落理论上比较深奥,陈云还给大家列出一些问题来启发思路,以加深同志们的理解。

据当年的学习小组成员、中华人民共和国成立后曾担任广东省委书记的王德回忆:"当时陈云同志学习认真,打破砂锅问到底,工作也一样认真细致,考虑问题正面反面翻来覆去考虑,站得住脚,立于不败之地。学习和工作中都认真听取别的同志的发言,从不打断别人发言。这种考虑问题的精神,永远值得钦佩和学习。"

此外,陈云在学习时间上也务求保证。除上级任务或特殊任务需要紧急处理之外,他每周至少用一个完整的上午来学习,风雨无阻,不轻易改变。有时他还根据学习进度和工作情况将学习时间改为两个上午。

坚忍不拔的学习毅力再加上科学有效的学习方法,使陈云及其所领导的学习小组内的同志们都取得了丰硕的成果。陈云对中国革命许多重大问题的认识从理论上得到了进一步升华,他深刻批判了王明等人的"左"倾教条主义错误路线,按照陈云自己的说法就是,"从思想理论上把王明的一套'打倒'了"。他指出,王明等人的做法是"用切断历史和生搬硬套的办法,把书本上的抽象概念套到中国来，把生动的中国看成僵硬的中国，把复杂的社会看成简单的社会"，为此，"必须彻底无保留地打破主观主义、公式主义和生搬硬套书本上的概念，从具体的中国情况出发，抓住中国的特点"。

而当时在中组部担任干部科科长的王鹤寿后来对这一段学习的评价是："通过学习，看问题更全面了。遇到问题，就会从各方面去考虑，既考虑这一面，又考虑那一面，全面来考虑问题，这在工作上是很有用的，对我帮助很大。"

1959年5月15日，陈云在中南海（历史图片）

经过多年的实践和理论学习，陈云不仅成为我党杰出的马克思主义经济理论家、党建理论家，而且也是杰出的马克思主义哲学家。有学者指出，陈云哲学思想的最大特色在于他把哲学的理论思维与中国革命和建设的具体实践内在地、完美地结合起来，体现了学与用、知与行、坚持和发展的辩证统一。

中华人民共和国成立后，特别是十一届三中全会以来，陈云仍不断提倡学习理论，学习哲学。他指出："要把我们的党和国家领导好，最要紧的，是要使领导干部的思想方法搞对头，这就要学习马克思主义哲学。"

第二章
把学习当作责任

1981年春，陈云提出建立第一、第二、第三梯队，使党保有一支老中青相结合的、能够适应现代化建设的干部队伍，是决定党和国家前途的一项战略任务。图为1982年12月20日，邓小平、陈云出席共青团十一大开幕式（历史图片）

1981年3月，陈云在《对起草〈关于建国以来党的若干历史问题的决议〉的几点意见》中，再次强调了加强哲学理论学习的重要性。他说："现在我们的干部中很多人不懂哲学，很需要从思想方法、工作方法上提高一步。只有掌握马克思主义哲学，思想上、工作上才能真正提高。"

这些意见对于加强新的历史条件下党的建设，提高干部特别是中高级领导干部的思想政治素质和领导工作水平，加强党性观念，增强分析问题、解决问题和把握全局的能力，高举邓小平理论伟大旗帜把改革开放事业进一步推向深入，都具有极其重要的指导意义。

陈云说过，"学好哲学，终身受用"。

/第三章/

毛泽东眼中的能人

◎陈云最后说:"你们是让我来拍板的,那我拍板就是要坚持南满!一个人都不能走。坚持就是胜利。"

◎对于陈云的这"一板",许多当年经历此事的老同志在后来都深有感触地说:"要是没有陈云同志的英明决策,南满差一点就给放弃了。"萧劲光也高度评价道:"这是关键时刻决定性的一板,这是陈云对坚持南满斗争的一大贡献。"

"关键时刻决定性的一板"

"12月指示"

抗日战争胜利后,中共中央确定了"向北发展,向南防御"的战略方针,指出:"只要我能控制东北及热察两省,并有全国各解放区及全国人民配合斗争,即能保障中国人民的胜利。"后来还根据国内外形势的发展变化进而提出了"独占东北"的计划。

历史业已证明,党中央这一决策以及随后实施的进军东北、经略东北、决战东北的方略都是十分英明、正确和及时的。东北最后成为全国第一个全部解放的大区,解放战争胜利的进程也由此而大大加速了。

一场从关内向关外的大进军开始了。

这场大进军的基本概貌可以从后来陈云对东北干部特点的概括中见其一斑。陈云是以"山南海北,先来后到,空手带兵"这12个字来描述他在东北的战友

解放战争时期的陈云(历史图片)

们的。所谓"山南海北",是指五湖四海,干部从各抗日根据地抽调,籍贯分布于全国各地区,有南方的广东人、湖南人,也有北方的陕西人、河北人,各有独特的口音和生活习惯。所谓"先来后到",则是指由于接收出关命令有先后之别,采取的交通手段、行走路线也各自不同,路程也是有长有短。有乘船越海而达,有徒步穿山越岭到达,也有边战斗穿越敌人封锁线边完成行军任务的。因此,最后汇集到关外目的地的干部战士是陆续到达、逐渐聚齐的。而所谓"空手带兵",是指有的干部特别是高级领导干部接收中央指示后,只带了必要的随行人员就离开老部队出发了,到关外后再组建、带领新的部队,因此叫"空手带兵"。

来自包括延安在内的各个抗日根据地的十余万军队和两万多名干部以多种方式奔向同一个目的地——东北。这里面包含了一大批党的高级领导干部,计有21名在中共第七次代表大会上选出的中央委员及候补中央委员(约占委员总数的28%)、4名中共中央政治局委员(约占委员总数的三分之一)会聚在东北与热河地区。陈云也在其中。作为中共中央政治局委员和东北局常委,陈云自始至终参加领导和指挥了东北的解放战争。

1945年9月,中共中央东北局在沈阳开始工作。最初只有5名委员,即彭真、陈云、程子华、伍修权和林枫,彭真任书记。为加强北满广大地区党政与军队工作,中央又决定于11月16日在哈尔滨成立北满分局和北满军区,分局委员共有5人,陈云任书记兼北满军区政委。当时有5个省委和一个市委在北满分局领导下工作,即松江省委、黑龙江省委、嫩江省委、合江省委、牡丹江省委和哈尔滨市委。

蒋介石很快反应了过来,包括由全部美式武器装备起来的所谓"王牌"部队在内的国民党大批军队,或空运、或船载、或走铁路纷纷从抗战后方扑向东北地区,情势已发生变化。

11月20日,刘少奇致电东北局,提出了"让开大路,占领两厢"、建立并巩固东北根据地的方针。11月下旬,陈云召集北满分局在哈尔滨召开了3

天会议，经过集思广益，最后起草了关于党在东北的战略方针的建议，并在《对满洲工作的几点意见》中向上级做了汇报。这份报告提出，我党我军独占沈阳、长春、哈尔滨三大城市及长春铁路干线以独占东北的可能性现在是没有的。中央迅速复电表示完全同意上述意见，并于12月7日电示东北局，"独占东北"计划调整，"我独占东北已经是肯定的不可能，因此，不应以争夺沈阳、长春为目标来布置一切工作。而应以控制长春铁路两侧地区，建立根据地……来布置一切"。12月28日，中共中央发出了《建立巩固的东北根据地的指示》。这就是东北解放史上有名的"12月指示"。后来证明，这一指示是完全符合东北当时的实际情况的，它确立了党在东北的正确方针，为夺取东北的胜利指明了方向。

陈云在北满工作期间带领大家开展了大量卓有成效的工作，包括加强各级基层组织、建立人民政权，剿匪除霸、打击敌伪残余势力，发动群众、实

中共北满分局旧址及史迹陈列馆，现位于哈尔滨市宾县县城三为路宾县教育局院内（历史图片）

施初步的土地改革运动等。这些都为开辟和建立起巩固的北满根据地、为以后的东北解放战争的胜利奠定了坚实基础。据不完全统计，1947年北满5省和哈尔滨市缴纳公粮100多万吨，为支援1948年辽沈战役，直接前送兵员到主力部队达41万余人，支前民工累计130余万人次。

此是后话。当时的形势十分紧张，国民党军队已经推进到四平一线。陈云知道，更为残酷的斗争开始了。

临危受命

在顽强抗击沿四平、长春、吉林一线进犯的国民党杜聿明集团，并予以沉重打击之后，根据既定方针，我军主动撤出了四平。1946年5月18日，国民党军队占领四平，并进而占领长春、吉林，一时间敌人气焰十分嚣张。10月中旬，蒋介石飞抵沈阳指导东北战局。当时国民党东北保安司令长官部的打算是，目前自身的战线已拉得比较长，以现有兵力无力对北满展开大规模、战略性的攻势行动，同时由于被我其他解放区所牵制，要求关内战场对东北战区大规模增兵也不现实。为此，国民党制定了"先南后北，南攻北守"的战略方针，即先集中优势兵力，围攻我南满民主联军，直至消灭我南满的军事力量。待解除"后顾之忧"，然后全力北上，再消灭我北满主力。以求达到各个击破、"分而治之"，进而占领东北全境的险恶企图。

战略方针调整后，国民党军队从10月中旬开始集中8个师10余万人的兵力重点进攻南满解放区。这一仗，敌人蓄谋已久，来势十分凶猛。到11月初，国民党军已占领南满大部分地区，并将南满我军主力压缩于临江、长白、抚松、辑安等狭小地区。

一时间，整个东北乃至全国战局的焦点集中到了南满。中共中央与东北局曾先后多次发出电报，就如何搞好军事斗争准备工作作出了重要部署。为

陈云（左四）在中共中央东北局、东北民主联军高级干部会议上（历史图片）

适应当前严重态势，东北局还制定了"坚持南满，巩固北满，南打北拉，北打南拉"的战略方针，其关键是南满能坚持得下来。

情形严重的另一面是，此时也正是我南满根据地最为艰难的一个时期。在南满，我军主力当时只有第三、第四两个纵队，总共不足4万人。辽东分局、军区机关及主力部队被压缩在长白山脚下的狭长地带。外有大敌当前，敌人虎视眈眈，随时可能来犯；而根据地内部由于解放不久，人民群众还未被广泛发动起来。与此同时，敌情、社情十分复杂，残存的土匪、地主武装不断骚扰、暗害甚至公然围攻杀害我工作队员、地方政府干部和进步群众，反革命活动在某些地区十分猖獗。此外，个别反正过来的部队经不起困难的考验而发生哗变。在客观困难方面，南满根据地地处贫困山区，当前仅剩下4个小的山区贫困县和两道大沟。根据地内又沟壑遍布、地势狭长，人口不足23万，老百姓生活贫穷，使开展地方支前工作和为战斗部队提供给养非常困难。部队常常缺衣少粮，露宿寒冷的东北野外，靠烤火取暖；缺医少药，致使伤病员得不到有效治疗，非战斗减员严重。

考虑到上述情况，军区领导在能否坚持南满的对敌斗争，以及如何坚持南满的斗争这两个问题上分歧较大，认识不统一。普通干部和群众对南满的前途与命运更是议论纷纷、莫衷一是。

就在这时，担任东北局副书记、东北民主联军副政委的陈云自告奋勇，请求前往南满工作。经东北局同意，报请中央批准，最后于10月31日决定，为加强南满的领导工作，由陈云兼任中共辽东分局（亦称南满分局）书记、辽东军区政委，由萧劲光任分局副书记、辽东军区司令员。分局下面共领导辽宁、安东、辽南3个省委。

1946年10月27日，陈云与萧劲光及其随行人员从哈尔滨出发，一路乘火车经牡丹江、图们，后转道朝鲜，终于在11月27日抵达辽东军区所在地临江，并立即投入紧张的工作。

当时，尽管存在的困难很多，但最为迫切的问题是要不要在南满坚持下

1946年，陈云出席中共中央东北局、东北民主联军总部在哈尔滨举行的高级干部会议。右起：陈云、林枫、吕正操、李立三（历史图片）

去，究竟何去何从。为此，12月11日，由萧劲光司令员主持在七道江召开了辽东军区军事会议，分析南满所面临的严峻形势，制定今后作战的方针。会议首先讨论的是，是否坚持南满根据地的问题。

"关键时刻决定性的一板"

　　1946年12月13日下午5时，东北临江，东北民主联军辽东军区所在地。

　　陈云披着一件已洗得有些泛白的军大衣，望着窗外鹅毛般的大雪和远处连绵起伏的山峦，一言不发已经10多分钟了。警卫员今天的脚步走得特别轻，他知道，首长每逢此时，必然是正在考虑重大问题。

　　桌上早已摆好晚饭，警卫员想了想鼓起勇气上前对陈云轻声说："首长，吃饭吧，再不吃就都凉透了。"陈云闻声回头一看，"嗯"了一声，便缓缓走到桌前坐下，拿起窝头默默地咬着，不时喝上一口粥。

　　若在平时，陈云喜欢在饭桌上与身边工作人员边吃边聊，询问他们的工作、生活情况，了解存在什么困难，帮助解开他们心中的疙瘩。同时也通过他们了解下面部队的一些情况，此外，有时还给大家讲述自己革命生涯中经历过的一些趣事，经常逗得大家情不自禁地笑起来。但今天的饭桌却显得格外清静，陈云只是咬着窝头、喝着粥。外面不时传来呼啸的风声和积雪从树枝上掉下来的声音。

　　天渐渐黑了。放下碗，陈云拿着油灯，再次来到挂着那张敌我态势图的土墙面前。警卫员已经记不清这是首长第几次察看地图了。就在这时，一阵电话铃声响起，在静谧的屋子中显得格外刺耳。警卫员赶紧上前，拿起话筒，是军区司令员萧劲光紧急找陈云。

　　陈云一听，健步上前拿过话筒。原来辽东军区正在七道江召开师以上干部会议，主要讨论南满所面临的严峻形势及今后作战方针问题。特别是要决定是否在南满继续坚持斗争,并制定出相应的对策和措施。

在电话里,萧劲光向陈云详细介绍了会议情况。他说,会议一开始就在是否坚持南满根据地的问题上发生了严重分歧。多数意见认为长白山区地形狭窄,我大兵团作战没有回旋的余地,同时,兵员、武器装备不足,寡不敌众,并鉴于我主力部队三纵、四纵已做了在必要时向北开过松花江与北满部队会合的准备,因此主张撤出南满、主力撤往松花江北,以保存力量,准备日后反攻。也有少数同志同意军区领导的报告,主张在南满坚持下去,做长期斗争打算,不能让国民党的阴谋得逞,不被敌人牵着鼻子转,确保战略上的主动权。双方各持己见,相互都难以说服对方,致使会议连开两天没有结果。昨晚,军区又获悉敌一个师已进至梅河口地区,另以一个师的兵力进犯辑安,军情万分危急。萧劲光表示,现在会议对去留问题已经到了非拍板解决不可的地步,否则会影响作战方针的最终确定。最后,萧劲光请陈云前来参加会议并作最后决定。

陈云听完情况介绍,语气坚定地讲:我马上就赶过来。放下电话,陈云转头对警卫员说,收拾一下马上出发。警卫员望着外面漆黑的天空和地上的厚厚积雪,想说什么,但看着首长那坚毅的面孔,马上进屋利索地收拾起来。

13日晚11时许,陈云抵达七道江。

萧司令员和同志们将陈云接入屋后,萧劲光望着陈云浸透雪水的鞋子和帽子、大衣上厚厚的积雪,关心地说:"陈政委,是不是先休息一下,喝点热水,暖暖手?"陈云笑着说:"没关系,今年的雪还没有我在北满的时候大呢!"说着他与萧劲光一道坐下,开始交谈起来。

陈云在对会议情况特别是目前大家的思想状况做了更为详细的了解之后,就战略指导思想和作战方针与萧司令员交换了意见。陈云平时在考虑、处置问题时常常以"做文章"来比喻,现在两人讨论的焦点按照陈云的说法就是:"我们在南满究竟还有没有文章可做?"接着,陈云听取了大家的意见。他鼓励同志们各抒己见,以对党的事业高度负责的精神将各自的看法毫

1947年，陈云同萧劲光在中共中央南满分局（又称辽东分局）、东北民主联军辽东军区总部所在地——临江（现为吉林省白山市）（历史图片）

无保留地讲出来。在大家发言的过程中，陈云一直默不作声，不时在笔记本上写些什么，直到对方讲完才偶尔问一两个问题。

次日凌晨3时，陈云回屋。凌晨4时，陈云屋内的灯熄灭。早晨8时，辽东军区军事会议召开，陈云政委主持会议并发表重要讲话。

陈云首先抓住最为关键的"留不留下来"问题谈了自己的意见。他说："东北的敌人就好比一头牛，牛头牛身子是向北满去的，在南满留了一条尾巴。"既然如此，陈云讲道："如果我们松开了这条尾巴，那就不得了，这头牛就要横冲直闯，南满保不住，北满也就危险了；如果我们抓住了牛尾巴，那就了不得，敌人就进退两难。因此，抓住牛尾巴是个关键。"说到这里，陈云话音一转："我们不走了，都留在南满，一个人也不走！留下来打，要在长白山上打红旗，摇旗呐喊！"

此言一出，与会的同志，无论原本持何种观点，顿时都有拨云见日、落锤定音之感。

陈云继续分析道："今天我们要不要在南满坚持，只要把现在坚持所带来的牺牲与将来退到长白山可能造成的牺牲，大小轻重，有无价值，加以比较，就容易作出必须坚持南满斗争的决定了。总结起来，南满的战略地位相当重要，坚决不能丢！权衡利弊，还是在南满大有作为。当前东北我军斗争的关键是能否在南满站住脚,保卫南满是中心任务。"

陈云最后说:"你们是让我来拍板的,那我拍板就是要坚持南满!一个人都不能走。坚持就是胜利。"

这是关系到南满乃至整个东北战局的"一板"。

这便是陈云的风格:每当遇有大事,绝不轻易下决心,之前一定要秉持谦虚谨慎的态度,广泛听取多方面的意见;而一旦情况摸清、形势判明,则毫不犹豫地下定决心,绝不动摇,坚决把决心贯彻到底。

这种风格正如那些熟悉、了解陈云的老同志常常评价的那样,他具有"高度的革命坚定性、原则性和实事求是的科学态度,临危不惧,遇险不惊,多谋善断"。

陈云富于说服力的分析和干脆果敢的拍板统一了大家的思想认识,彻底结束了争论,在关键时刻为南满根据地的未来指明了方向,也得到了同志们的一致拥护和赞成。

1947年,陈云(前排右三)在临江同辽东军区机关工作人员合影(历史图片)

1946年，陈云出席中共中央东北局、东北民主联军总部在哈尔滨举行的高级干部会议。右起：陈云、彭真、林彪、刘亚楼（历史图片）

在方向明确之后，会议很快通过了"巩固长白山区、坚持敌后斗争"的战略指导思想，制定出为坚持南满斗争要采取正面与敌后战场相配合、内线与外线相配合、运动战与游击战相结合的作战方针。后来的实践证明，七道江会议解决了要不要在南满坚持和如何坚持两大核心问题，对于确保南满、打破敌人的战略图谋意义深远，所作的决策是完全正确的。

对于陈云的这"一板"，许多当年经历此事的老同志在后来都深有感触地说："要是没有陈云同志的英明决策，南满差一点就给放弃了。"萧劲光也高度评价道："这是关键时刻决定性的一板，这是陈云对坚持南满斗争的一大贡献。"

七道江会议结束后，中共辽东分局将会议主要情况向中共东北局做了汇报，会议作出的坚持南满根据地的决议也得到了充分肯定。12月，辽东分局给所属各省委、各纵队发出《关于坚持南满敌后斗争的几点指示》。

12月17日敌人来势汹汹，以6个师的兵力向我临江地区发动第一次进攻。我军保卫南满的战斗开始了。此后经过108天连续奋战，到1947年4月上旬，南满我军在东、西、北满民主联军的战役配合下，特别在北满部队"三下江南"强有力的支援下，粉碎了敌人4次进攻，取得了东北解放战争史上著名的"四保临江"战役的巨大胜利，共歼敌3万余人。

战斗是惊心动魄的，决心总要经受考验。在第4次也即最后一次临江保卫战中，局面变得非常危急，个别同志对是否坚持下去的问题在思想上再次发生了摇摆。此时，陈云又一次站出来"拍了板"，重申坚持南满根据地的决心绝不改变。他说，无论什么样的恶仗、硬仗，只要我们有充分的思想准备，就一定能够取得最后的胜利。结果，我军在这次作战中照旧干净利落地

1947年8月，陈云在通化同中共中央南满分局、辽东军区领导人合影。前排右起：罗舜初、陈云、萧华、沙克。后排右起：吴克华、韩先楚、萧劲光、曾国华、谢福生（历史图片）

1947年，四保临江时，三纵九师二十五团在柳河阻击敌人（历史图片）

歼灭了敌人。

"四保临江"的胜利，不仅保卫、巩固和扩大了南满根据地，而且彻底粉碎了敌人的战略意图，从根本上改变了战略态势，扭转了战局，此后我军在东北便由战略防御转入战略进攻。1947年的夏季，辽东部队乘胜出击，利用夏季攻势将我辽东根据地进一步扩大，把辽宁、辽南、安东三块根据地连成了一片，解放区总人口达930余万人。

正如陈云在战役胜利结束后辽东军区隆重召开的庆功大会上发表的热情洋溢的讲话中所说："由于四保临江、三下江南的胜利，完全改变了东北地区敌我斗争的形势。现在，敌人由重点进攻变成了重点防御，像乌龟一样把头缩进了壳里。我们呢？则从运动战变成攻坚战了。我们要向大城市进军，把敌人的乌龟壳一个一个地敲碎，把东北境内的敌人消灭在东北！"

对这一胜利，中共东北局曾这样评价道："以陈云为首的辽东分局，正确地分析了当时辽东的形势，确定了明确的方针，团结了全党全军，进行了艰苦斗争，扭转了局面，坚持与发展了辽东根据地……以陈云为首的南满分局……扭转了辽东在一个时期内的严重形势，完成了党给予的任务，成绩很大。"

值得一提的是，这段故事后来被搬上了荧屏。1998年4月，各大新闻媒体相继报道了10集电视连续剧《四保临江》于10日在人民大会堂举行首映式的消息。这部由中央电视台影视部、海军政治部电视艺术中心、吉林省白山市委市政府、临江市委市政府联合摄制的作品，是中华人民共和国成立以来第一部以艺术的形式展示陈云光辉形象的电视剧。

电视剧取得了巨大成功。该剧取材于革命史实，故事扣人心弦、人物塑造生动，再加上娴熟、平实的艺术描写手法，每晚8时在央视黄金时段连续播出后，在广大观众中引起了强烈反响。人们纷纷以电话、来信等方式向有关部门表示，这是一部描写老一辈革命家的优秀作品，特别是当敌人大军压境、情况危在旦夕之时，陈云临危受命、冷静果敢的鲜明个性，尤其是陈云那"关键时刻决定性的一板"给人们留下了深刻印象。

从1946年12月到1947年4月，东北民主联军举行了"四保临江""三下江南"的战役，基本上粉碎了国民党军在东北的战略进攻。图为我军部队冒严寒向松花江南岸挺进（历史图片）

说话风格反映做事风格

一针见血，直指要害的说话风格

陈云说话的风格很有个人特色，富有吸引力，总是给人留下深刻的印象。除慎思慎说，不讲则已、讲则落地有声，语言丰富、风趣幽默，喜欢用形象化、比喻性的句子等之外，说话干净利落、不绕弯子，一针见血、直指要害也是陈云说话风格的一个非常突出的特点。

陈云长期以来一直强调农业在中国经济发展中的基础性地位，其中的粮食生产问题又是"重中之重"。他认为，发展农业是头等大事，农业是基础，工业是主导，粮食则是关键。

1955年，他曾对

陈云在全国人大会上做关于计划收购和计划供应问题的报告（历史图片）

某地方的领导同志讲："农村一切问题，无论是生产、互助组、党的建设，都要围绕粮食这一中心环节来进行。"

1984年，陈云在浙江省考察农业情况，在与中共浙江省委书记铁瑛谈话时，再次强调说："铁瑛同志，当百姓的父母官，什么时候都要牢记这个道理：手中有粮，心中不慌，无农不稳，无粮则乱……要重视农业，重视粮食问题，民以食为天嘛！我们的财政应该是，一是吃饭，一是建设。首先保证吃饭，另外建设，看每年有多少钱，办多少事。如果光搞建设，群众生活过不去了，这不行。"

因此，中华人民共和国成立以后，尽管陈云领导国家经济工作的担子很重，但无论事务多么繁忙，或者有时不一定能立即得到所有同志的理解，他对农业问题尤其是粮食问题的高度重视都从来没有放松过，可以说，他制定或参与制定的许多重大经济决策绝大多数要么直接与农业、与粮食相关，要么是在粮食供求这一大背景下实施的。如像中华人民共和国成立初期成功进行的经济领域中的"三大战役"，有两个即"稳定物价、统一财经"和"对粮食实行统购统销"就属于上述情况。

他说话简明扼要，不绕弯子

沈鸿，一位充满传奇色彩的老同志。

在抗战时期，沈鸿穿过敌、伪等的层层封锁，冒着枪林弹雨，硬是将一个完整的工厂从上海带到了延安。沈鸿抵达延安后，组织对他高昂的革命热情给予了高度评价，并任命他为陕甘宁边区机械厂（兵工厂）的总工程师。在此期间，沈鸿按照"抗日需要什么，就设计制造什么"的原则，因陋就简，自力更生，以富于创造性的精神，在极其艰难的环境条件下，先后设计研制出共计134种型号的数百台套机器设备，包括延安的第一台造币机。由于工作成绩十分突出、功勋卓著,他曾三次被评为边区特等劳动模范,并荣获毛泽东主席亲笔题写的"无限忠诚"奖状。

中华人民共和国成立后,沈鸿在陈云的直接领导下工作,在陈云任主任的中央财经委员会计划局重工业处任处长,曾作为政府代表团成员随周恩来、陈云、李富春等一道赴莫斯科,讨论在我国国民经济第一个五年计划期间,苏联政府援助我国156个项目等方面的事宜。从1953年起,沈鸿先后担任第三机械工业部部长助理、电机工业部副部长、煤炭工业部副部长、农业机械部副部长、第一机械工业部副部长等职。

1958年,沈鸿作为总设计师,在中央领导的亲切关怀和各有关部门的密切配合下,带领大批科技人员和工人,在当时极端困难的条件下,用以小拼大、蚂蚁啃骨头的方式,设计、研制出新中国第一台12000吨级自由锻造水压机,填补了我国大型锻压设备的空白,振奋了民族精神,为祖国争得了荣誉。

就在这时发生了一件小事,让沈鸿感想甚多。

研制第一台万吨水压机在某种意义上是一项"志气"工程,毛泽东主席本人也甚为关心,经常询问工程的进展情况。当时,沈鸿一直蹲在上海的制造现场负责整项工程工作。碰巧,有一次陈云来到了上海。

陈云在工地见到沈鸿之后的第一句话就问:"你要造万吨水压机,有把握吗?"

沈鸿一愣,因为当时万吨水压机已得到毛泽东首肯,现在已经是如何尽快造出来的问题了,至于能不能造出来则不再有人关心了。但作为我国机械工业老一代的专家型领导,沈鸿很快明白了陈云问话的意思,便以一位专家的口吻滔滔不绝地向陈云汇报起可行性来。他说:"第一,我选定上海,因为这里工业基础好;第二,我选定江南造船厂,这里老工人多,技术力量雄厚;第三,我要先造一台小的,如果成功,总结经验,再造大的。如不成功,也不硬造,避免浪费国家财物。"仔细听完介绍,陈云才放心地频频点头，说："好，你这个做法对。"

陈云就是这样，不搞客套，话语一出口，便单刀直入，紧扣主题，抓住要领。

在提问题的时候，陈云说话的风格如此，在介绍情况时也照样，绝不搞"虚"的，哪怕情况并不一定是好情况。

解放战争时期，陈云在东北工作时曾担任刚刚解放后的沈阳特别市管理委员会主任，负责沈阳的接管与重建工作。

在采取一系列有效措施之后，沈阳各方面情况很快稳定下来，并开始转入发展的正轨。特别是事关社会全局的粮食供应状况，经过对私商、投机分子等的有力打击，加强对市场的整顿管理，粮食供销平稳，人心稳定。有的单位还以粮代工，发放部分粮食给群众。就在这时，有些市民反映从国营渠道买的或代工领来的粮，在质量上不如在市场上从私人那里买的好。

在一次群众大会上，陈云对此问题作了专门解释。在讲话中，陈云实事求是地将真实情况给大家交了底。他诚恳地说："这件事也是个困难，政府的粮食都是农民缴的公粮……少数觉悟较差的农民，缴的粮不大好。公粮太多

沈阳特别市军事管制委员会旧址（陈云旧居）（历史图片）

不易保管，特别是苞米容易生热发霉……所以发的粮食总难像市场上私人卖的那样好。"

陈云的这番讲话在群众中产生了良好反响，人们在搞清楚真实原因后，表现出极高的觉悟，对新生的人民政权眼下暂时的困难表示充分理解，并相信组织一定能妥善处理好此事。在广大群众的支持下，随着后续相应措施的推出，这个问题也很快得以解决了。

实际上，一个人说话的风格从一定程度上也会反映出其做事的风格。陈云说话时主题抓得紧，在调查研究中也是这样，凡属重大的问题，他必定"要打破砂锅问到底"。为此，陈云总是事必躬亲，无论是通过仔细调查访问，还是与大家交流思想看法，都力求掌握第一手的情况，并基于丰富的素材进行深入思考，既搞清问题的性质，也研究解决问题的科学办法，对困难他不回避，对有利条件也要充分利用，坚持量力而行，有多大的力量，办多大的事。

"坚持真理，改正错误，就将无敌于天下"

陈云是坚持真理的模范，他说，"要讲真理，不讲面子"。为了真理，陈云敢于顶住来自各方的压力和各种风险，包括政治上的风险，对认准了的，就坚决"咬定青山不放松"，决不随"风"摇摆、见"机"行事。

陈云长期从事我国的经济领导工作，在他处置、对待许多重大经济问题时，这一点体现得非常明显，尤其是在20世纪60年代初期的"包产到户"之争上。

自从中华人民共和国成立后开始在农村搞合作化，特别是1958年"大跃进"中的人民公社化运动之后,出现了严重的平均主义现象,广大农民的生产积极性得不到充分发挥,农业生产特别是粮食生产水平一直不能提高。鉴于"大锅饭"的种种弊端,浙江、江苏和河南等地的部分乡村开始实行一种联系产量、责任分田到农户的生产责任制形式,并且在实际操作中取得了比较显著的效果。三年困难时期,部分农村地区在天灾人祸的双重打击下,发生了逃荒甚至饿死人的情况。为应对眼前严峻的形势,这种生产责任制形式得到了进一步的发展。无论是在内容上、方式上,还是在规模上、涉及的省区上,都有所扩大。湖南、陕西、甘肃、贵州等省也相继出现了适应当地实际情况的生产责任制形式。

出于多种考虑,当时在这一方面涉及的地区范围相对大一些的安徽省委领导采取了不事张扬、不公开支持的态度。一方面,对这些自发的、确有成效的包产到户做法给予默许,认为在极其困难的局面下值得一试,主要是注意加强引导的问题。同时,农民从这些做法中得到了实实在在的好收成,想陡然刹车并不容易。另一方面,特别强调不是"包产到户",而解释为"定产到田、责任到人",以取得上级的理解和支持。

此时的陈云离开北京正在江苏、浙江等地搞调查研究,重点思考如何调动起农民生产自救的积极性,以便尽快恢复和发展农业生产的问题。

实际上,陈云一直对不切实际的"冒进"行为表示反对。1956年11月,他在某部的一次部务会议上就曾指出:"经济建设,1953年是小冒,今年又是小冒,比1953年冒的还大一点,暴露的问题也就更明显一些。"

陈云还非常强调农业在整个国民经济中的基础性地位。他认为,"我国农业对经济建设的规模有很大的约束力"。农业问题是"民生问题",千万不可等闲视之,"解决这个问题,应该成为重要的国策"。并且指出,应坚持"先生活,后建设"的原则,为此,"工业不能挤农业,城市不能挤农村,而要让农业,让农村"。"为了农业、市场,其他的方面'牺牲'一点,是完全必要的。"

1957年9月，陈云又从农业生产从遭受损失到恢复过来并转为发展，其间必然需要较长的时间这一基本思想出发，再次说明了农业生产的突出重要性。他指出，农业形势一旦发生重大问题，它对国家国民经济的影响不仅会十分严重，而且这种影响将是长期的、有滞后性的，恢复的过程可能远比大家想象的还要长。陈云进一步说明，如果农业耽误5年，对国民经济的影响就要耽误15年。因此他强调，必须未雨绸缪，必须先搞农业，必须对农业生产时刻保持高度重视，必须在省吃省穿的基础上搞经济建设。

这时，有关责任田的报告材料，引起了陈云的高度重视。陈云随后便派人前往安徽等省进行深入、细致的调查，务必把情况彻底搞清楚。最后，陈云就"包产到户"问题形成了自己的看法，他认为这不失为一种见效快的好办法。通过让农民重新分田，也就是"包产到户"或"大包干"的办法，可以刺激农民的生产积极性，迅速提高农业尤其是当前最为紧缺的粮食的产量。

想着各地正翘首以待中央政策的农村群众和基层干部，陈云果断决定中止在外地的停留，尽快返回北京向中央直接陈述此事。当时有些同志包括身边的工作人员，出于好心曾劝说道，此事关系重大，也很敏感，是否再慎重一些？并提醒说，在党的高级领导层内部，对"包产到户"问题一直存在不同看法，毛泽东在同意对人民公社化运动中一些明显的偏差进行局部调整的同时，仍然坚持认为包产到户是违背集体化路线的，基本核算单位下放到生产队是最后的政策界限，不能再退。他曾明确表示过，"我们是要走群众路线的，但有的时候，也不能完全听群众的，比如搞包产到户就不能听"。对同志们的关心和提醒，陈云慨然答道："我担负全国经济工作的领导任务，要对党负责，对人民负责。此事既然看准了，找到了办法，提与不提，变与不变，关系到党的声誉，关系到人心向背，怎能延误时机！"

6月24日，风尘仆仆的陈云从上海抵达北京，立即找到了刘少奇、邓小平等中央政治局常委，并就此事交换了意见，几人的看法基本一致。此后，陈云决心当面向毛泽东直陈想法。7月6日，他给毛泽东写了一封信，里面

第三章
毛泽东眼中的能人

陈云在毛泽东主持的第六次最高国务会议上做关于公私合营中应注意的问题及农业生产问题的报告（历史图片）

说："对于农业恢复问题的办法，我想了一些意见，希望与你谈一谈，估计一小时够了。我可以走路了，可以到你处来。"

7月9日，毛泽东回到北京，秘书田家英也向他汇报说，全国各地已经实行包产到户和分田到户的农民约占30%，而且还在继续发展。他认为，领导农民搞比自发搞好，同时强调这只是临时性的措施、权宜之计，等生产恢复了，再把他们重新引导到集体经济上来。

毛泽东默默无语地听着田家英的述说，烟一支接着一支。突然，毛泽东微微扬起头，眼睛看着对方问道："你的主张是以集体经济为主还是以个体经济为主？是你个人的意见，还是有其他人的意见？"

是日夜，陈云如约来到中南海。这次晤谈持续了一个多小时。在谈话中，陈云就包产到户问题谈了个人的看法。他认为，个体经营与合作小组在我国农村相当长的一个时期内还是要并存的。为克服当前的经济困难，应强

103

调发挥个体生产的积极性，可以作为非常时期的非常办法，在农村实行包产到户。毛泽东认真听取了陈云的意见，同时未就此事明确表示自己的意见。事后，陈云听说，毛泽东很生气，严厉批评了陈云、田家英等同志的建议，并说："'分田单干'是瓦解农村集体经济，解散人民公社，是中国式的修正主义，是走哪一条道路的问题。"陈云闻听之后，陷入了长久的深思。

过了不久，中央正式通知在北戴河召开中央工作会议。在会议第一天，毛泽东就当前形势、矛盾和阶级斗争问题发表了讲话，这一讲话精神一直主导着本次会议。毛泽东在会议讲话中从是无产阶级专政还是资产阶级专政、是走社会主义道路还是走资本主义道路这样的政治角度，强调了对"包产到户"的认识，集中批评了"反对人民公社"，搞"包产到户"和"分田单干"的思想。顿时，会议气氛显得有些紧张。会上，中央农村工作部部长邓子恢因未经中央同意，在中央党校等处多次宣传包产到户思想，而受到严厉

陈云同刘少奇等在一起交谈。左起：刘仁、李先念、彭涛、林铁、刘少奇、陈云、柯庆施、黄欧东（历史图片）

第三章
毛泽东眼中的能人

1961年1月，陈云同毛泽东交谈（历史图片）

批判。而陈云则因毛泽东表示"陈云的意见是错误的，但他有组织观念，守纪律，是向中央常委陈述的，没有对外宣传"，所以在会上没有被点名批判。

此后，突破传统观念的"包产到户"说法不再被提及，陈云也就此离开了中央领导工作岗位，遭到长时期的冷遇，一直到"文化大革命"结束。

后来的历史发展已经雄辩地证明，当时由邓子恢、陈云、邓小平等主张的"包产到户"，以及后来以邓小平同志为核心、以陈云等同志为重要成员的中央第二代领导集体在全国范围内推行的"联产计酬、家庭承包"等生产责任制形式，实际上后来在中国农业经济体制改革乃至整个国家的经济体制改革中担当了开路先锋的重任。以此为契机，我国经济结束了长期倒退、徘徊不前的局面，各项事业蓬勃发展，国内生产总值创造了连续多年以两位数高速增长的世界奇迹，即使在亚洲发生金融风暴、俄罗斯出现严重经济危机的时候，我们的经济增长目标仍是全球较高的。

新的世纪、新的机遇、新的挑战，我们靠什么在世界的强国之林中占有自己应得的一席之地？面对或明或暗的敌对势力，我们怎样才能够"无敌于天下"？

"共产党人只要有勇于开展批评和自我批评这一条，坚持真理，改正错误，就将无敌于天下。"在著名的"七千人大会"上，陈云曾经这样讲。

这就是答案。

"抓而不死，活而不乱"

1995年4月10日，陈云因病医治无效在北京逝世。噩耗传来，全党全国人民陷入沉痛的哀思之中。与此同时，外国有关国家、领导人和国际友好人士纷纷致电表示哀悼，外国通讯社也大量报道了这一消息，并发表介绍和评论陈云的重要文章。在这些报道中，陈云生前关于"鸟"与"笼子"的比喻被视为陈云经济工作指导思想的重要内容，常常被置于显要位置，极其引人注目。

陈云是卓越的、具有丰富实践经验的马克思主义经济学家。中华人民共和国成立后，他长期担任我国经济建设的领导工作。作为全国人民"柴米油盐酱醋茶"的运筹者之一，陈云一直非常重视计划与市场的关系问题。他深知，这一关系处理不好，将给国家建设、人民生活带来极大的影响，其教训是深刻的、惨痛的。

1982年12月2日，陈云在出席五届全国人大五次会议时，与来自上海的部分代表团成员进行了座谈。在会上的发言中，陈云就国家计划和市场活动的关系问题，作了形象而富有哲理的描述。他把商品市场比作"鸟"，而把国家计划比作"笼子"，这两者"就像鸟与笼子的关系一样，鸟不能捏在手里,捏在手里会死,要让它飞,但只能让它在笼子里飞。没有笼子,它就飞跑了。如果说鸟是搞活经济的话,那么,笼子就是国家计划"。陈云强调指出:"搞活经济是在计划指导下搞活,不是离开计划的指导搞活。"

当时陈云这样讲是有其针对性的。一段时间内,在国家的经济生活中曾经反复出现过一个奇怪的现象,这就是"一抓就死,一放就乱,一乱就抓"在各地市场不同程度地循环出现。结果,无论是市场管理工作者还是市场经营者都感到比较棘手,不知该如何认识和处理。这次会议陈云提出"鸟"与"笼子"的观点,就是要从理论的高度来解决上述问题,使市场活动"抓而不死,活而不乱",能够健康有序地长期发展下去。

"快了就是慢了,慢了就是快了。"这是陈云在"反冒进"中说过的一句名言,也是他经济指导思想的一大基本点。这就是要坚持稳中求进、踏踏实实走路,尽量避免经济上大的折腾,要努力探索"在不再折腾的条件下有较快的发展速度"。

1980年12月16日,陈云曾经讲道:"我们要改革,但是步子要稳,因为我们的改革,问题复杂,不能要求过急。改革固然要靠一定的理论研究、经济统计和经济预测,更重要的还是要从试点着手,随时总结经验,也就是要'摸着石头过河'。开始时步子要小,缓缓而行。"他在与李先念同志联名写给中共中央的一封信中也说过:"前进的步子要稳,不要再折腾,必须避免反复和出现大的'马鞍形'。"

陈云以"笼子"与"鸟"的比喻阐述了他的经济思想,非常辩证地剖析了计划与市场的关系问题。在党中央决定将党的重点转到以经济建设为中心的大好形势下,陈云提出要有一个"笼子"的思想,目的是强调既要开放搞活,又要抓好宏观管理,使社会主义现代化建设能快速、持续、健康地进行下去。"笼子"与"鸟"的关系,就是要使国民经济在宏观管理下微观搞活。

为此,这里的"笼子"指的不是那种僵化的、不变的"笼子",而是随着市场经济活动的扩展而不断变化,具有可塑性的"笼子","笼子"本身也

陈云从中国国情出发，大胆探索计划与市场的关系。这是1979年3月8日陈云撰写的《计划与市场问题》提纲

需要经常调整。陈云曾经就保持计划的灵活性与市场经济运行的必要性问题专门发表过意见，他说："'笼子'的大小要适度，该多大就多大。经济活动不一定限于一个省、一个地区，在国家计划指导下，也可以跨省、跨地区，甚至不一定限于国内，也可以跨国跨洲。"

应该看到，我们国家在对宏观调控的认识、形式和方法上，在宏观调控能力上有一个逐步发展的过程。

"文化大革命"后，中国经济仍出现了几次大的起伏。先是人们将参加政治运动的热情转到经济建设上来，恨不得一口气就把耽误的时光弥补回来，尽快改变落后的面貌，缩小与周边发达国家和地区之间的差距。于是，"大跃进"变成"洋跃进"，一些偏高的、不切国情的口号和计划被制订出来，各部门将基本建设规模进一步扩大。

对采取财政赤字预算、加大货币发行量的办法来搞基本建设，陈云一直持反对意见。他曾经在《经济建设要脚踏实地》一文中写道："可否发票子来弥补基建投资赤字？不可能，而且决不能这样做。因为这将无以为继。基建投资年年有赤字是不行的，因为年年用发票子来搞基建，到了一定的时候，就会'爆炸'。"他说，你们不怕通货膨胀，我给你们讲，我害怕，我害怕，我害怕。

第三章 毛泽东眼中的能人

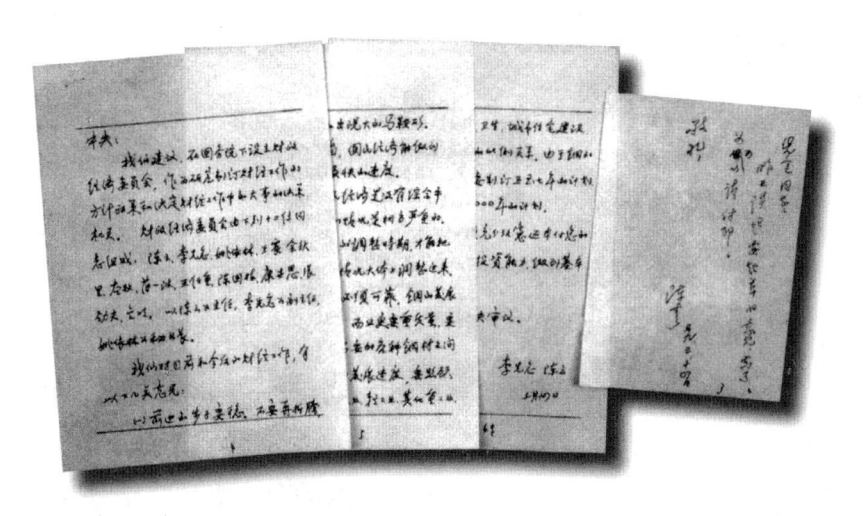

1979年3月14日,陈云、李先念针对当时我国国民经济比例严重失调的情况,联名写信给中共中央,提出用两三年时间依照按比例发展原则调整国民经济的比例关系

战争年代,斗争再残酷、敌人再凶恶,陈云从未皱过眉头,从未言过一个"怕"字;革命胜利后的建设年代,陈云连发三声"我害怕",真是动之于情、发乎于心。这三声,向世人展现出一颗对国家、对人民高度负责的心!

"洋跃进"的结果是,综合平衡又一次被严重打破,国家财政经济困难进一步加重,致使到1980年就被迫开始进行大调整。

通过不懈的努力和调整,国家经济逐步步入正常的发展轨道。但时隔不久,从1984年开始又出现经济过热,陆续采取的一些"软着陆"措施也未奏效。据资料显示,从1984年到1988年,尽管国民收入增加70%,但与此同时全社会的固定资产投资总额增长214%,城乡居民的货币收入增长200%,致使社会总需求大大超过社会总供给,供求关系严重失衡,各种经济比例严重失调,经济结构不合理状况加剧。最后延续到1988年发生了共和国历史上一次非常严重的通货膨胀,通货膨胀率高达18.5%,各地商品流通秩序混乱,抢购和挤兑成风,老百姓纷纷购入各种物品置于家中,尽管其中有些完全属于"长线"性购买。国家后续的进一步改革的政策和措施也暂时无法

109

陈云一贯主张在国民收入分配中，积累和消费的比例要适当。图为1982年1月25日，陈云同国家计委主任姚依林（中）、副主任宋平（左）交谈（历史图片）

推出。

国家不得不再次将注意力从发展转移到治理整顿工作中。在采取措施后，经济运行刚刚进入正常轨道，1992年又开始了新的一轮经济过热，物价上涨指数长期保持在两位数以上，群众反响十分强烈。这次过热刚一"露头"，党中央就及时发现并从1993年6月开始实施调整方针。由于加强宏观调控的措施比较奏效，物价持续上涨的趋势得以遏制，经济过热状况有效缓解。可惜的是，这次调整未能贯彻到底。到第四季度，出于多个方面的考虑，又陆续出台了像放松银根等一些刺激经济增长的措施，1994年国民经济增长速度预计在1993年的基础上再高出一个百分点，改革、发展和稳定三者之间的综合协调再次被打破。结果，到1994年全国爆发了高通货膨胀，零售物价上涨了21.7%，创造了中华人民共和国成立以来的纪录，而且有继续攀升之势。

连续两年居高不下的物价上涨率已经对我国经济发展和人民生活产生了极为消极的影响,"物价"成为社会各方面关注的焦点。这可以从当年召开的全国人民代表大会和全国政治协商会议上,人大代表和政协委员的发言中充分反映出来。他们纷纷表示,物价问题涉及千家万户,非常敏感,而且关系到社会稳定的大局。严重的通货膨胀会搞乱政府的经济关系,扭曲利益格局,给后续改革和发展措施的出台带来不利的外部环境。代表和委员们提出,政府要通过运用财政政策和货币政策等经济手段来调节经济,降低物价水平,并保持物价的基本稳定。

在此情况下,在1994年年底召开的中央经济工作会议上决定,把抑制通货膨胀列为1995年经济工作的一件大事与宏观调控的主要任务,切实加强农业基础地位。

在1995年3月召开的八届人大第三次会议上也决定,要采取坚决措施,严格控制货币供应量、信贷规模和固定资产投资规模,抑制消费基金过快增长,确保物价涨幅有明显回落。要把发展经济的重点切实转到调整结构、增加效益、提高经济增长质量上来。

在之后的一段时期,中国经济成功地实现了"软着陆",连续保持"低通胀""高增长"。在泰国,印度尼西亚、韩国等国经济大面积遭受亚洲金融风暴的冲击而货币大幅贬值的情况下,中国保持了经济的健康、平稳发展,中国国家领导人多次在各种重要场合郑重承诺"人民币不贬值"。中国经济发展所取得的这些成绩得到了国际社会的普遍认可,中国在金融风暴中对亚洲乃至全球经济所采取的负责任的态度更是得到一致好评和广泛赞誉。

这些举世瞩目的巨大成就与几年来国家宏观调控的能力已大大增强、手段日益多样的客观情况是分不开的。

"90% 与 10%"

"磨刀不误砍柴工"

陈云从事领导工作的一个显著风格是一切从实际出发，实事求是。而要做到这点，他认为最重要的是要把实际情况弄清楚，一定要搞好调查研究，使决策始终建立在事实的基础上、客观的基础上。他对同志们讲："所有正确的政策，都是根据对实际情况的科学分析而来的。有的同志却反过来，天天忙于决定这个，决定那个，很少调查研究实际情况。这种工作方法必须改变。这样看起来快，但由于决策后不断地改变，实际可能更慢。要看到，片面性总是来自忙于决定政策而忽视研究实际情况。"他说："过去我们犯了不少错误，究其原因最重要一点就是看问题片面性，把片面的实际当成了全面的实际。"

在多年的革命实践活动中，陈云身体力行，总结形成了一套比较完整科学的调查方法。简单地讲，就是陈云常说的，"调查研究一定要打破砂锅问到底"。如何"到底"？陈云认为有两种方法是行之有效的：一种是亲自率工作组或派工作组下乡、下厂蹲点调查，以便听到各种意见和反映；一种是通过敢讲真话的知心朋友和曾在身边工作的人员，同他们建立固定的、长期的联系，这样就可以经常听到基层干部、群众的真实呼声。

毛泽东对此问题也十分重视，他曾说过一句名言，"没有调查就没有发言权"。历来喜欢用数字说话的陈云则以独特的风格从另一个角度谈了自己对这句话的认识，他说："要用 90% 以上的时间做调查研究工作，最后讨论作决定

第三章
毛泽东眼中的能人

不到10%的时间就够了。"

这便是著名的"90%与10%"这一说法的来历。

中华人民共和国成立初期，全国经济形势严峻。受中央委托，陈云赶赴上海，解决稳定物价、恢复金融秩序的问题。当时时间很紧迫，大西南、大西北的进军正在迅速取得进展，需要后方物资的大力支援。而上海本地从旧社会遗留下来的一批投机分子企图"螳臂当车"，摆开一副与人民政府对阵的架势，囤积居奇、哄抬物价、大肆扰乱市场秩序，致使人心浮动，不时出现抢购之风。

时间再紧，也不能乱了手脚。陈云到上海后并没有一来就"抓"，而是首先搞清楚"如何抓"，为此，他展开了深入细致的调查研究，听取来自各个方面的意见。他既找各经济管理部门的同志谈话，也找普通群众、商店店主、银行职员等了解情况；既找从事实际工作的同志交流看法，也与进行经济理论研究的学者商谈；既注意倾听刚刚从各个解放区调来上海工作的同志

陈云视察某工厂（历史图片）

的建议，也与具有比较丰富的大城市经济工作经验的同志讨论。

总之，调查研究是"磨刀不误砍柴工"。陈云讲，研究问题，对问题的面要考虑得宽一些，各方面意见特别是不同的意见都可以讲，防止陷入片面性。结果，很快"对症下药"，并且"药到病除"，社会局面稳定下来，人民民主专政也从经济上得以巩固。对此，党中央、毛泽东曾给予高度评价，称其在经济上的意义"不亚于淮海战役"。

陈云重视调查研究是长期的、一贯的，即使是在"文化大革命"时期，他因坚持实事求是的思想路线而"靠边站"并被下放到江西省时依然如此。

1970年5月，在陈云的要求下，经过江西省革命委员会办事组安排，他开始了一次范围较广的社会调查。陈云首先就近参观了坐落于南昌市的一些具有代表性的重点企业和单位，包括工业系统的江西氨厂、南昌钢铁厂、井冈山汽车制造厂、南昌电缆厂、洪都机械厂（飞机制造厂），商业系统的南昌市百货公司、南昌菜市场，教育系统的南昌第19中学等。后经省委同意，他又到江西新余县、萍乡市和南昌县等地参观了新余钢铁厂、萍乡钢铁厂、安源煤矿总平巷、萍乡市的冷轧钢厂。

每到一个地方，陈云都看得非常仔细和认真。在位于南昌市郊区的南昌县八一公社淡溪大队淡溪村和大昌村参观了解农业生产情况时，陈云详细询问了近几年粮食的生产情况、农副业状况、还存在哪些问题、如何解决的、今后的生产计划等，他不但听公社、大队干部汇报，还到田间地头和农民交谈，了解庄稼的长势如何，到农民家里察看生活情况。

在煤矿考察时，65岁高龄的陈云戴上安全帽，坐电梯下到几百米的深处，看望了长期战斗在采煤第一线的煤矿工人。他还到车间班组参观，就关心的话题和工人师傅们讨论。

在南昌市百货公司，陈云爬上楼梯，仔细观看陈列商品的类型、产地、质量、价格与销售等情况。为了解商品的市场反应和老百姓对商业的想法，他还与商场内的顾客亲切交谈，询问他们对搞好商业工作的意见和建议。在

第三章
毛泽东眼中的能人

陈云在基层调研（历史图片）

南昌菜市场，他非常关心这一与老百姓日常生活密切相关的"菜篮子"问题，特地详细询问菜市场工作人员蔬菜种类是否齐全、供应是否充足、价格是否合适、老百姓是否满意、在供销上还存在什么样的问题等。陈云说，看了百货公司和菜市场，就可以知道南昌的市场供应情况了。

陈云一直关心下一代的教育问题。1971年6月20日，他来到了南昌市第19中学实地考察了解教学改革情况，并发表了重要讲话。

陈云在基层考察（历史图片）

陈云在北京参观人民生活消费品分类展览会（历史图片）

在那个大唱"读书无用论""交白卷光荣"的时代，陈云每到一处都要坚定不移地向人们强调读书的重要性。在该中学召开的有教职员工代表参加的座谈会上，陈云强调指出："我们党是重视知识分子的。学校要提高教学质量，教师的业务和政治水平都要提高。"他说："要使学生在德智体三个方面全面发展。要建设，就要培养有本领的人才。"如何做到这一点，陈云认为："关键有三条：一是党的领导，二是教师队伍，三是课本。"

当了解到现在学校实行的是军事建制，即连、排、班时，陈云当即明确表示："今后还是会以班的建制上课的。"陈云非常重视教材的改革问题，他说课本是个大问题。在拿过一套课本仔细翻看后，陈云认真地说："这个教材还要不断修正，现在看内容是浅了点，要加深。编教材不是你们学校的事，不过，教师在讲课时可以发挥，补充一些知识进去。"

"要弄清事实并不容易。"陈云这样说。

经过多年的摸索和思考，陈云总结出进行调查研究的几种主要方法。一是抓重点、抓典型，通过对典型的解剖、分析来发现问题、研究问题、探索解决问题的办法。并坚持"先试验，后推广"的方针，以减少盲动和不必要的损失。二是要学会算账，在调查中要有数量观念，善于采用数量分析的方法，以数字来说明问题。三是要通过比较来进行调研，即学会通过比较，特别是通过将两种相互对立的观点和做法进行比较来掌握事物的内在规律。陈云认为，通过比较容易发现问题，说服不同意见。

实际上，除需要进行一定深度和广度的调查研究之外，还有一个如何对待、如何处置调查结果的问题。如果说前者涉及的主要是一个人对待工作的方法和态度问题，那么后者就关系到一个人在工作中的原则和立场问题。在这方面，陈云同样是我们学习的楷模。

"不能患得患失"

20世纪60年代，陈云回到青浦老家进行社会调查。当时我国正处于经济困难时期，这次调查的目的就是为了寻找恢复经济、克服困难切实可行的办法。

在陈云曾经战斗过的小蒸公社的15个养猪场中，陈云去察看了10个，还到农民家里了解私养猪的情况，并为此专门召开了几次座谈会。为了扩大调查的范围，避免调查的片面性，他还到与青浦自然地理情况和耕作习惯比较接近的浙江嘉兴和嘉善，江苏的吴县、吴江、昆山等地区，以及与青浦在土地、人口、气候等方面差异较大的萧山和无锡两县进行了实地考察，并与当地领导深入交流看法，目的是通过思考、比较的方法，来全面研究农作物的种植安排特别是种双季稻还是种单季稻、母猪的"私养"与"公养"，以及农村自留地等方面的问题。

通过这种"解剖麻雀"的方法,陈云最后得出了结论性的看法。但是,这些结论得出来是一回事,正式提出来又是另一回事。特别是母猪的"公养"与"私养"问题,比较敏感,新中国成立后已经几次反复,最后还是定为"公养"。而"自留地"也很容易被上纲上线到"走资本主义道路"。怎么办?答案对陈云来讲很简单,他没有犹豫,实事求是地向中央反映。他提笔写下了《母猪也应该下放给农民私养》《种双季稻不如种蚕豆和单季稻》《按中央规定留足自留地》三份调查报告。在上述报告中所涉及的问题和解决问题的意见与建议,被以后的经验和教训从正反两方面都证明是完全正确的,其中陈云提到的"包产落实、超产奖励、多劳多得"等思想,更具有极大的前瞻性,与后来"文化大革命"结束后我党在农村所采取的一系列政策和措施完全一致。

1961年6月27日至7月11日,陈云在上海市青浦县小蒸公社作农村调查。图为陈云与公社干部合影。二排左四为陈云,左五为薛暮桥(历史图片)

如果说这次调查在母猪"公养"与"私养"结论问题上的"风险"还不够大的话,那么在"包产到户"问题上就大为不同了,而且,对可能的结果,陈云事前也非常清楚。

三年自然灾害给国家造成了巨大损失。看着各地上报的情况和数字,陈云异常焦急。中华人民共和国成立10多年了,又出现了饿死人的问题,投身革命几十年的陈云心情很沉重。"一定要想出办法来。"他对自己讲。

就在他奔波于南方各地进行调研时,他听说一个新情况:先是在一些灾情比较严重的农村地区,农民自发采取了一种落实生产责任、"包产到户"的办法,并很快取得了明显效果;后来在此示范效应的影响下,部分省份也陆续搞了适合当地特点的、各种形式的农业生产责任制。有数据显示,这类地区的比例已经上升到约20%。

善于在调查研究中走群众路线、历来尊重和重视人民群众发明创造的陈云对这一新生事物表现出极大的兴趣,他感到这可能是尽快恢复农业生产的一个路子。于是,陈云立即派身边的工作人员前往推行"包产到户"比较突出的安徽省进行调查,同时,他对有关材料作了认真研究,并与同志们进行了深入讨论。

结果,陈云在这件事上形成了自己的看法。他认为,这是非常时期的非常办法。依靠广大农民的力量,充分发挥他们生产自救的积极性是解决当前天灾人祸的可行办法。陈云考虑,此事关系重大,必须亲自向毛泽东提出建议,力争在更大的范围内甚至在全国普遍推广"包产到户"的做法。

当时的情况是,党内对"包产到户"问题存在着较大的分歧。陈云身边的工作人员提醒他说,要考虑到毛泽东对这一重大建议可能不会接受,因此是不是暂不急着提出来。

对于大家的好意,陈云斩钉截铁地讲:"不能患得患失!我担负全国经济工作的领导任务,要对党对人民负责。遇到大事,既然看准了,找到了办法,就要尽快提。这关系到党的事业的成败,关系到人心向背,怎能延误

第三章
毛泽东眼中的能人

深入基层了解实际情况的陈云（历史图片）

陈云在调研中（历史图片）

时机？"

1962年7月初，陈云赶回北京，在和中央政治局常委的同志交换意见后，本着对党、对人民高度负责的精神，当面向毛泽东陈述了个人的意见。陈云认为，个体经营与合作小组在我国农村相当长的时期内还要并存，当前要发挥个体生产的积极性，以克服经济困难。

毛泽东在谈话时没有更多的表态，但事后严厉批评上述意见是主张"分田干"，是瓦解集体经济，是修正主义。在随后不久召开的北戴河中央工作会议及中共八届十中全会上，毛泽东发表了关于形势、矛盾和阶级斗争的重点讲话，集中批评了邓子恢、陈云等支持的"包产到户"观点，说是刮"单干风"。

此后，"包产到户"在中国的政治舞台上暂时销声匿迹了。陈云也离开了中央领导工作岗位，遭到长时期的冷遇，直到"文化大革命"结束。

"党的事业重于泰山,个人得失轻如鸿毛",陈云对自己当时将实事求是调查得出的结论向中央反映的做法无怨无悔。他坚持认为,在某个历史阶段,在农村实行包产到户,是从实际情况出发提出的一种有效办法,确实可以提高农民的生产积极性,应当向中央提出建议。

"实践是检验真理的唯一标准。"

党的十一届三中全会后,全国农村普遍实行了"包产到户""联产计酬"的责任制形式,取得了举世瞩目的巨大成就。农民生产积极性空前高涨,粮食产量一改以往徘徊不前的局面,连年大丰收,国家的粮仓、农民自己的粮仓充实了起来,农村的各项事业也随之蓬勃发展,乡镇企业层出不穷,并带动了国民经济的改革和发展。

看到这一喜人形势,陈云在1982年的一次政治局会议上兴奋地讲:"(当

1961年1月,陈云在北京同毛泽东、刘少奇交谈(历史图片)

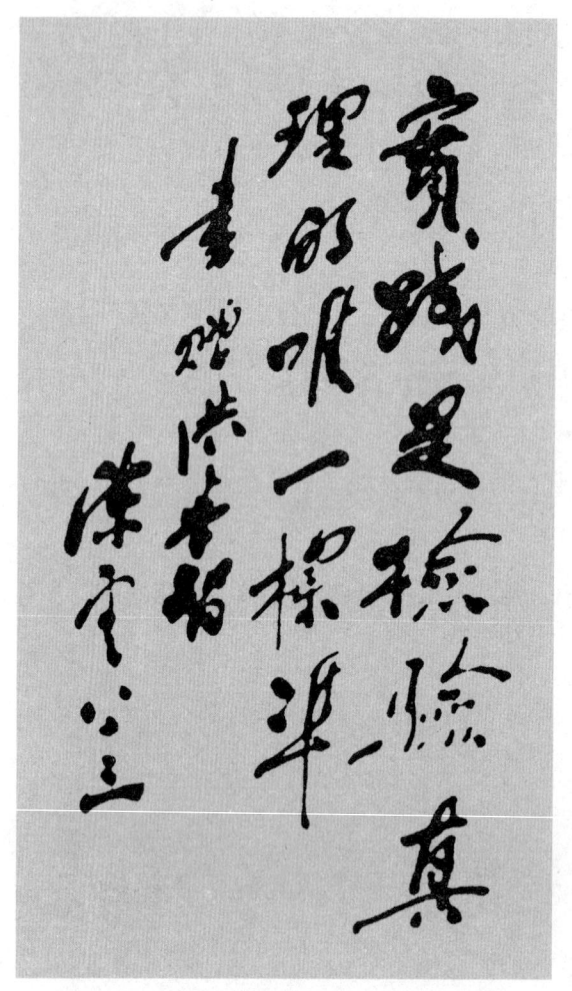

陈云积极支持对"两个凡是"错误方针的批评，积极支持关于真理标准问题的讨论，非常赞赏"实践是检验真理的唯一标准"这个提法，经常书写赠送传播

时）我只是根据嘉兴调查的结果，觉得个人搞积极性高一点。现在比以前大进了一步，比我那个时候大进了一步。"

进入20世纪80年代，中国走上了建设有中国特色的社会主义现代化强国之路。在改革开放进程中，相继出现了许多前所未有的问题，陈云对调查研究工作也更加重视了。

有一次，已70多岁的他不顾年高体弱，到上海对国家大型基建项目宝钢工程进行了调研。陈云对宝钢工程设计规划和生产计划进行了深入了解，并到建设工地现场考察，与建设者们亲切交谈并向大家表示慰问。他确实看得仔细，从原料到成品的各个生产环节、工程实施中存在的主要问题和解决措施等，都是他密切关注的。

陈云还经常向各级领导同志强调调查研究在实际工作中的重要性，并介绍实施的办法。1990年，陈云在浙江省考察时，曾对省里的负责同志说："搞调查研究有两种方法，一种是亲自率工作组或派工作组下乡、下厂，这当然

第三章
毛泽东眼中的能人

陈云视察上海宝山钢铁公司。右二为陈国栋，右一为黎明（历史图片）

陈云在杭州同浙江省党政军领导同志在一起（历史图片）

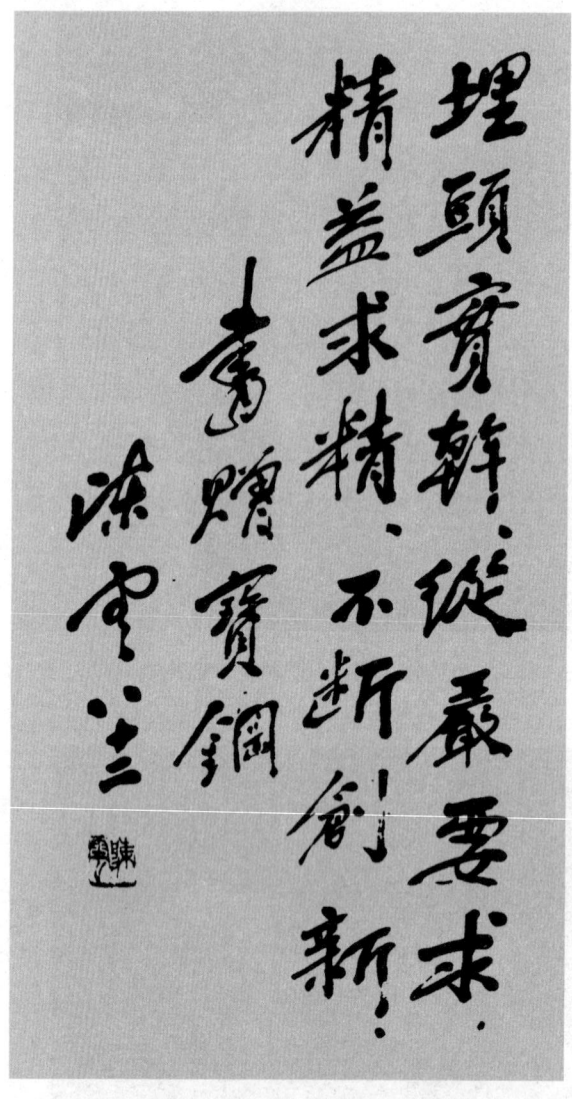

埋头苦干，精益求精，不断创新。
书赠宝钢
陈云

1986年5月18日，陈云为宝钢题词

是十分必要的；另一种是每个高中级领导干部都有敢讲真话的知心朋友和身边工作人员，通过他们可以经常听到基层干部、群众的呼声。"他指出，两种调查研究都有必要，缺一不可。

陈云被公认为是党内领导经济工作的权威。他的理论造诣深厚，但他更重实践。在国家经济各个重大关头，他都坚持调查研究的工作方法，对经过自己周密调查、反复研究而形成的实事求是的观点绝不轻易放弃，哪怕会"靠边站"。这就是陈云在调查研究问题上的基本态度。实践证明，这种科学态度是正确的、经得起检验的。这是一位无产阶级革命家的本色所在。

"我们做工作要用90%的时间研究情况，用不到10%的时间决定政策。所有正确的政策都是根据对实际情况的科学分析而来的。"

现在重温陈云的这句话，相信会引起我们更深入的思考。

第三章
毛泽东眼中的能人

"不唯上、不唯书、只唯实"

"不唯上、不唯书、只唯实",这是陈云的一句至理名言。

陈云在延安担任中组部部长期间,充分抓住相对稳定的环境,坚持自学了大量理论著作,特别是仔细研读了毛泽东的一系列重要论述,并且系统总结了土地革命时期以王明为代表的"左"倾机会主义错误给革命事业造成的惨痛教训。经过学习,陈云感到收获颇大,他说:"我体会,主席思想的核心是实事求是,精髓是实事求是。"

在延安整风运动后,陈云得出了上述科学论断。对此,他解释道:"'不唯上',不是不执行上级指示,但是不能'唯上',还是要根据上级指示和你这里的实际情况相结合;'不唯书',就是不能完全按书本上、文件里的去做;'只唯实'就是一定要理论联系实际,换句话说,就是实践是检验真理的唯一标准。"

这句话是陈云经过反复思考、精心提炼出来的,用词精当而准确。尽管提出得较早,但在实践中得以反复印证,成为陈云的心得。

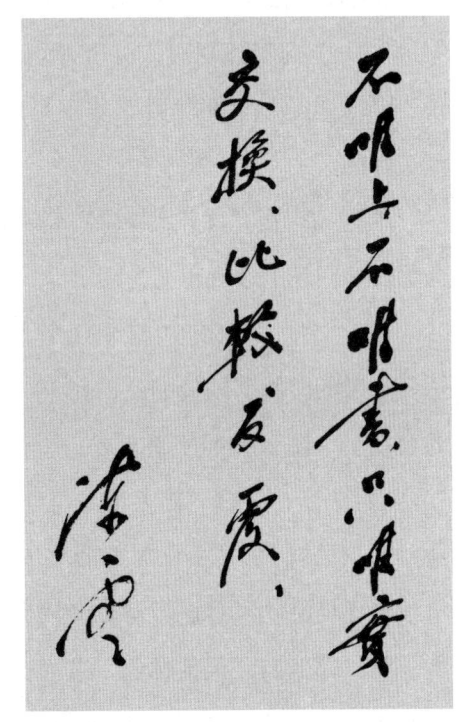

陈云的题词——不唯上、不唯书、只唯实;交换、比较、反复

在20世纪80年代，陈云就农业问题又一次进行大范围的调查研究之后，他说："过去我在嘉兴、青浦搞过调查，我是不赞成一年三熟的，赞成两熟。现在看来，浙江三熟制还是好的，是可以的。确实，这些年来，我自己有一条很深的体会，那就是'不唯上、不唯书、只唯实'。"

陈云如此喜欢这句话，以致在别人谈到它时常常会"咬文嚼字"。在他晚年的时候曾经发生过这样一件小事。由于多年操劳，陈云晚年的身体变得比较虚弱，视力不太好，听力后来也出现了问题。为此，组织上为他专门配备了一名保健医生。有一天，这位医生对他讲："您教导我们要'不唯上、不唯书、要唯实'……"听到这里，陈云没等医生把话说完，就纠正说："不对，你说错了，不是'要唯实'，是'只唯实'！"

陈云坚持实事求是的思想原则是长期的、一贯的。早在中华人民共和国成立初期，陈云担任中央财经委员会主任时，人们就评价说："由中财委主持编制第一个五年计划时，对于计划经济模式并没有照搬苏联的。"毛泽东也说："陈云同志所管的财经工作不是教条主义的，是按照中国情况办事的，有创造性的。"

而这一点在"文化大革命"结束后，如何处理林彪、"四人帮"两个反革命集团的问题上表现得尤为突出。

在"文化大革命"中，陈云曾经遭受迫害和打击，并被下放到江西省长达两年半的时间。即使如此，在1979年召开的一次中央政治局关于上述问题的会议上，陈云按照实事求是、全面客观的原则，谈了自己的意见。他说："我的看法是，处理'四人帮'与处理林彪反革命集团要有区别。'四人帮'这些人祸国殃民，'文化大革命'10年，干尽坏事。而且在战争年代，他们也没有任何战功。林彪反革命集团则有些不同，他们主要是部队的，像黄、吴、李、邱他们，包括林彪，过去这些人都打过许多仗，也立过各种战功。他们现在犯了罪，应该处理，但与'四人帮'应该有所区别。"

出于同样的原则性立场，陈云在1977年3月的中央工作会议上，不顾

第三章
毛泽东眼中的能人

粉碎"四人帮"后,陈云多次郑重提出和坚决支持邓小平重新参加党中央领导工作。图为邓小平、陈云在一起(历史图片)

"两个凡是"的巨大压力,郑重提出并坚决支持让邓小平重新出来工作,并主张正确认识和重新评价1976年4月5日的天安门事件,为天安门事件平反。之后他又在1978年年底中共十一届三中全会之前召开的中央工作会议上,进行了长篇发言,他针对"文化大革命"中的一些重大政治性事件明确提出,为薄一波、陶铸、彭德怀等同志的冤假错案平反,彻底调查康生犯下的罪行等。他还非常支持关于真理标准问题的大讨论,非常赞赏"实践是检验真理的唯一标准"这一提法。陈云的这些做法为全党顺利实现拨乱反正、将工作转移到以经济建设为中心上来发挥了历史性的作用。

陈云曾经讲:"讲实事求是,先要把'实事'搞清楚。这个问题不搞清楚,什么事情也搞不好。"

为了捍卫上述思想,陈云在1958年的"大跃进"运动中曾不惜承担个人政治生涯中的重大风险。

"大跃进"原本是设想通过政治挂帅、"以钢为纲"和人民公社化运动等方式,来达到促进工业、农业等各项事业高速发展,以在尽可能短的时间内使社会主义力量发展壮大起来，在主要工业产品质量方面提前赶上甚至超过西方某些资本主义国家的目的。但它的根本问题是脱离实际，不讲科学，只讲蛮干；只讲决心，不讲条件，违背了经济发展的客观规律。结果，国民经济各部门"为钢起舞"，致使综合比例严重失调，工农业生产连续大幅度滑坡，财政情况极度恶化，经济全面紧张，国家遭受到重大挫折。正如陈云所预见的那样，"慢了就是快了，快了就是慢了"。

实际上，早在"冒进"的苗头出现之时，陈云在1957年1月中央召开的一次有全国各省、自治区、直辖市党委书记参加的会议上，就指出："1956年经济建设成绩是主要的，但财政和信贷方面多支出了近30亿元，生产资料和生活资料供应都很紧张。为此，在下一年适当压缩基本建设的投资额，这样做的目的是使1957年基本建设的规模，适应于国家财力和物力的可能。"他强调："建设规模要和国力相适应，要保持经济稳定。对中国这样的人口大国，经济稳定极为重要。建设的规模超过国家财力物力的可能，就是冒了，就会出现经济混乱；两者合适，经济就稳定……纠正保守比纠正冒进要容易些。"

实践证明，陈云反"冒进"的意见是正确的，是搞清了"实事"的。但当时的毛泽东对此另有看法，他借用"寻寻觅觅，冷冷清清，凄凄惨惨戚戚"这句古语来形容"反冒进"思想，"统一"了全党思想。之后，正式通过了毛泽东倡议的"鼓足干劲、力争上游、多快好省地建设社会主义"的总路线，并围绕这一总路线提出了钢铁、粮食等一系列经济建设的高指标。

"大跃进"开始了。

在这种情况下，陈云的想法是，对"实事"的判断并没有错，反"冒进"是符合实际的。

1959年3月，陈云在《红旗》杂志上发表了题为《当前基本建设工作中的几个重大问题》的重要文章。该文对"大跃进"中出现的种种错误做法提出了批评，强调应使各个经济部门能够协调、按比例地发展。

第三章
毛泽东眼中的能人

"实事"总是最有说服力的。从 1961 年年初开始，全国被迫进行调整，并根据中央几位主要领导的一致推荐，仍由陈云具体负责此项艰巨任务。此次调整按照"站稳后再前进"的基本原则，经过全国上下齐心协力最后取得了明显成效，到 1964 年年底国民经济已转入正常发展轨道。

在此期间，仍有个别对当时农业方面的困难估计不足或盲目乐观的情况，说"农民吃

陈云题字："闻鸡晨舞剑，借萤夜读书。"（历史图片）

得好，鸡鸭成群"。就这一非"实事"性的看法，陈云在一次会议上有针对性地指出，这样的乡村是极少数，全国大多数地区还不是如此，大多数农民的粮食不够吃。

陈云就是这样，无论在什么情况下，始终坚持的是唯物主义的科学态度。

在某些人看来，为了坚持信念，陈云是付出了相当大的"代价"的。这次调整并不意味着国家在经济建设指导思想上的彻底改变。随着"文化大革命"的爆发，"左"的错误思潮重新抬头并愈演愈烈，国家生活陷入混乱，陈云也"靠边站"，离开领导工作岗位长达 10 余年，并长期遭受不公正的待遇，直至粉碎"四人帮"后才复出工作。

陈云曾经讲:"我们要坚持实事求是,就是要根据现状找出解决问题的办法。首先要弄清事实,这是关键问题。"

而曾长期与陈云共事的薄一波则评论道:"他的工作原则和工作方法是务实的。"

"个人名利淡如水,党的事业重如山"

一份检讨

在《陈云文选》中,有一篇陈云于1948年4月写就的报告,这是一份给中央的检讨性报告。

事情要追溯到陈云担任中共南满分局书记兼辽东军区政委的时候。当时,整个东北解放区正在开展声势浩大的土地改革运动。祖祖辈辈耕耘在黑土地上的人们斗土豪恶霸,愤怒声讨旧社会的罪恶,开始成为大地的真正主人。辽东地区也于1947年秋开始了土改,全区先后有2000多名干部组成工作队下乡。他们分散到各地农村,与农民同吃同住,做了大量宣传鼓动工作。结果,农民纷纷被发动起来,土改运动得以蓬勃发展。

在运动之初,各地干部根据"点点前进、求透不求快"的预定方针,讲政策、讲方法,积极稳妥,成效也很大。但是到后来,随着规模越来越扩大,个别地方开始出现了一些简单化倾向,存在过急过猛的做法。1947年年底陈云了解到发生的这些偏差之后,尽管当时他已经调离辽东回到北满,并担任中共北满分局书记兼北满军区政委,但他仍然主动站出来,写了上述报告,表示自己应该承担责任。

还有另外一件事。

在三年"大跃进"中,根据"以钢为纲"的号召,从1958年下半年开始,全国范围内掀起了大炼钢铁的热潮。在这一时期,陈云坚持实事求是的作风,本着向党和人民负责的精神,多次对"冒进"、高指标、浮夸风、"放卫星"提出不同意见,认为站稳脚跟再前进才是可取的。

"大跃进"的结果是综合平衡遭到严重破坏,国民经济出现了巨大困难,连续三年国家入不敷出,财政赤字高,虚盈实亏,赤字分别占了当年财政支出的5.3%、11.9%和12.5%,到1960年年末货币流通量增加了81.7%。

为此,中央不得不决定开始转入调整,并指定陈云为调整工作的具体负责人。1962年,陈云重新担任恢复后的中央财经小组组长。此时的陈云丝毫没有介意往日遭受的不公正待遇,心中只有一个念头,那就是尽快把局面扭转过来,尽快恢复国民经济,尽快使整个国民经济重新走上健康发展的轨道,表现出高度的党性原则和开阔的政治胸怀。

此后,陈云按照"调整、巩固、充实、提高"的八字方针,围绕控制供求总量平衡这一中心点,抓住市场供应、城市职工下放、物价上涨、货币贬值等关键性环节,为迅速改变局面做了大量卓有成效的工作。陈云还创造性地提出今后10年国家经济建设可以划分为恢复与发展两个阶段来实施的战略性构想,从而在根本上解决了一直困扰决策层的发展还是下马、扩大规模还是搞"精兵简政"之

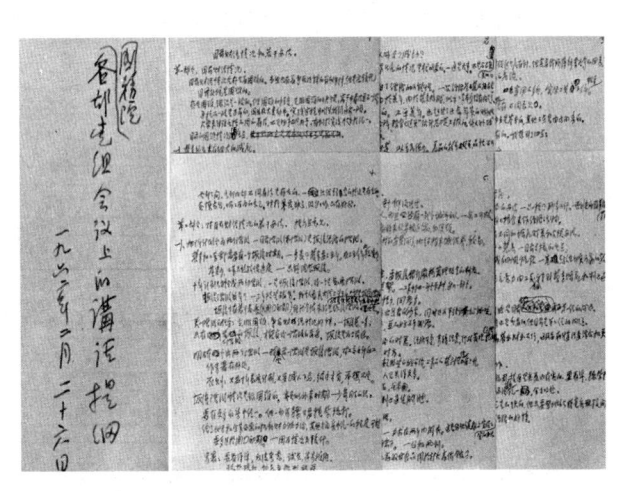

陈云在国务院各部委党组会议上的讲话提纲手稿。这次讲话记录整理稿后来作为中共中央文件下发,题目是《目前财政经济的情况和克服困难的若干办法》

间的矛盾。经过全党和全国人民的共同努力，经济调整工作在1962年进入决定性阶段，并在1963年至1965年继续得到全面推进，经济形势发生了显著的可喜变化，经济在度过了1961年至1962年的下降阶段之后，从1963年开始转变为上升趋势。据统计，1961年至1965年，每年工农业生产总值分别比上年增长30.9%、10.1%、9.5%、17.5%和20.4%。在1964年年底召开的三届全国人大一次会议上，周恩来总理正式宣布，调整国民经济的任务已经基本完成，整个国民经济将进入一个新的发展时期。

为事业荣辱不计，胸中高度责任心；对自己睚眦必较，严格要求近苛刻。这便是陈云。

勇闯禁区

20世纪60年代初期，公社化、共产风、浮夸风，再加上全国连续三年的大面积干旱，使我国农业元气大伤。据统计，从1959年到1961年，粮食产量大幅度下滑，三年平均产量3073亿斤，比1957年减产21亿斤，同时由于人口的增加，人均占有产量下降趋势更明显，从1957年的603斤减到后来的433斤。尽管"敞开肚皮吃饭"的口号仍不绝于耳，但国家的战略性粮食储备已频频告急。对此，人们不能不忧心忡忡。

就在国内粮食供应日趋紧张的情况下，1960年7月16日，苏联政府又背信弃义，撤走专家，撕毁合同，逼还旧债。一时间，在国家并不富足的情况下，各地、各行业投入大量人力、物力铺开的工程建设项目被迫纷纷中途停工、下马，使本就处于困难之中的中国经济雪上加霜。

经历天灾人祸，中国从似乎已近在眼前的"共产主义"回到了三年困难的严峻现实之中。随着全国性大饥荒的延续，个别地区开始出现逃荒、饿死人的情况。

在北京的中央领导人看着各地汇报上来的情况报告，急在心头，随即采取了一系列应急措施，包括"以早济晚"和"以晚济早"，即利用南北方粮食成熟有早有晚的特点，由中央统一部署，进行全国范围内跨区的季节性粮食调节。具体做法是每到夏秋季节，当南方收获之后，就将小麦、大麦、早稻等调往北方特别是东北地区，再将东北晚熟粮食返调给关内缺粮地区度过青黄不接之时。除此之外，中央于1960年9月还发出通知，要求各地采取"低标准，瓜菜代"等过渡性的办法，以应付粮食供应暂时不足的局面。

尽管如此，"冰冻三尺非一日之寒"，就像一位患病得上感冒的巨人，正是"病来如山倒，病去如抽丝"。到1960年年底，严峻的局面继续发展。因为肚子吃不饱，浮肿病开始大面积蔓延。有的地方，情况更糟一些，人们为解决一时之饥，竟吃起了"观音土"（一种软质黏土）。尽管这只是极个别的现象，但从全国范围来看，粮食供应形势确实难以让人乐观。

危急当头，必须想出其他更加有效的办法。经过周密调查和深思熟虑，陈云毅然提出，进口粮食以解燃眉之急！

粮食进口对于20世纪90年代的中国人来讲既不陌生，也不会感到奇怪。改革开放以来，我国粮食连年丰收，屡创历史新高。但国家不时会出口一部分粮食，同时进口一批粮食，如来自美国、澳大利亚、加拿大的小麦等，以加强粮食生产的宏观调控能力，对某些粮食品种进行调剂。但在那个"左"倾思潮泛滥的年代，报纸上天天宣传"大跃进"的巨大成就，人们早已习惯了粮食问题过关的提法。现在，"突然"出现了"从国外进口粮食"的提议，可以想象这需要冒多大的政治风险！轻者质疑一番，重者帽子、批判一起上。

但是，一向以人民利益为重、不计个人荣辱得失的陈云不仅毅然提出了这一建议，而且反复向人们阐述当前进口粮食的必要性。他说："进口粮食，有没有危险？我看，再咬紧牙关搞几年，对我们有利……我看宁肯每人减少1尺布，也要多进口10亿斤粮食。这样做是错的还是对的呢？恐怕是对的，应该这样做。"

陈云出席中共八届九中全会。主席台左起：陈云、周恩来、刘少奇、毛泽东、朱德、邓小平（历史图片）

1961年1月19日，陈云在中央工作会议上就粮食问题发表了重要讲话："我们这个国家，在粮食问题上的立脚点，当然要摆在自给上面。但是，现在有进口200万吨粮食的可能，已经快签合同了；如果能再多进来一些，我们也要……如果有400万吨粮食进来，那我们今年的日子就比较好过一些了。明年、后年如果再多进一点，那我们就能够稍微有点存粮了。进口粮食这一条，我们现在大体已经这样做了。"在另一次会议上，陈云再次向同志们说明了进口粮食的必要性。他说："稳定市场，关键是进口一些粮食……把粮食拿进来，这是关系全局的一个重大问题。进口粮食，就可以向农民少拿粮食，稳定农民的生产情绪，提高农民的生产积极性。用两三年的时间把农业生产发展起来，国内市场问题也就可以得到解决。农民手头的粮食宽裕了，可以多养鸡、鸭、猪，多生产经济作物和各种农副产品，增加出口。总之，当前只有首先抓好粮食，整个局势才能稳定，同农民的关系才能缓和，而且多种经营也才能好转。没有粮食是最危险的。市场上其他商品少了当然不好看，现在已经不好看了……但是比较起来，还是粮食重要得多。"

进口粮食的建议合情合理，一经提出便得到了党中央的批准，也获得了广大干部群众的有力支持。根据统一安排，1961年2月，来自澳大利亚的第一批进口粮食运抵中国。紧接着，1961年3月在广州召开的中共中央工作会议上进一步作出决定，增加粮食进口，数量达到500万吨。

一场进口粮食的大行动迅速展开了。截至1961年6月30日，从多种渠道进口到国内的粮食累计达215万吨，缓解了部分重要城市的粮食供应紧张状况。受这件事的影响，此后，进口粮食不再被视为一个不可逾越的禁区。国家从1961年至1965年，一直保持着每年进口粮食500万吨左右的水平，而且进口的地区也多了起来，包括加拿大、法国、澳大利亚、美国（陈云建议经法国转口）等资本主义国家，这样，从事具体进口操作的同志在进口粮食时也能货比三家，拥有更大的选择余地。而中央也利用这批粮食在国家的粮食调度上发挥了重大作用，同时随着国内生产情况的好转，全国粮食供应局面基本稳定，国民经济得以迅速恢复和发展。

"第三才轮到个人"

陈云一生淡泊。他曾经书写下这样一副条幅："个人名利淡如水，党的事业重如山。"

中华人民共和国成立后，陈云曾任中共中央政治局委员、中央副主席、国务院副总理等党和国家的重要领导职务。

有关部门在为中央领导人确定工资级别时，原定方案是毛泽东、周恩来、朱德、刘少奇和陈云这五位书记都一律定为一级。但此方案报到陈云那里时，他把自己降了一级。

1951年，苏联政府为表示友好，送给我国政府5辆"吉斯"牌高级防弹车，有关部门决定分配给中央5位书记使用。当陈云有一天发现自己乘的车被换成了崭新的"吉斯"，并了解到事情的来龙去脉之后，他坚决要求换回来。他表示，我不能同毛主席、周总理、朱总司令和少奇同志一样。

陈云不喜欢抛头露面，对各种公开活动、场面活动，只要可以不参加，

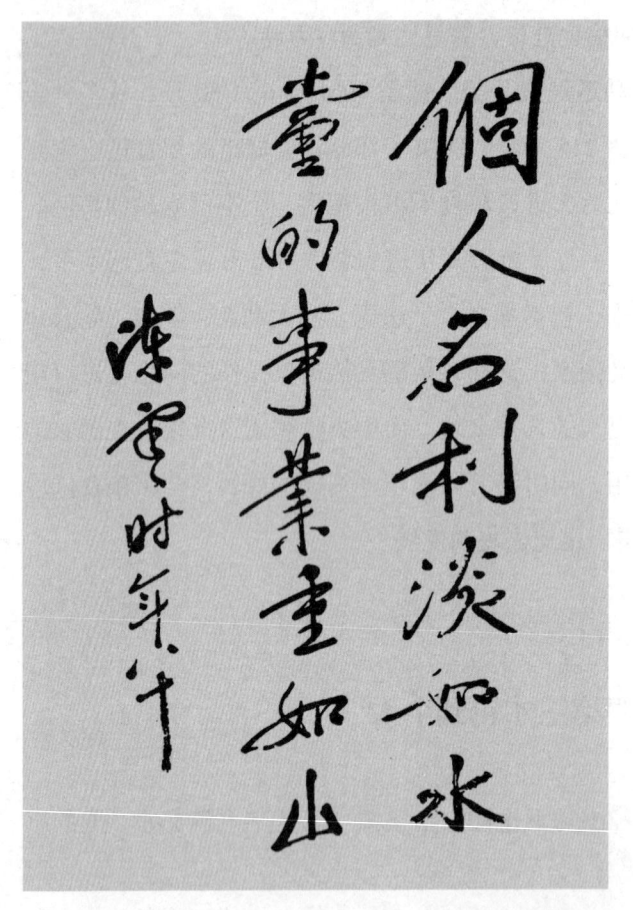

陈云的题词——个人名利淡如水，党的事业重如山（历史图片）

他一概不出席。而有关宣传他的材料，无论是报道还是书籍，他更是铁面无私，只要报到他那里，结果只会有一种："枪毙"。因此，本书也只能在他身后完成。

在三年困难时期，毛泽东与百姓共苦，不吃肉，将自己的生活标准主动降了下来，并精简身边的工作人员。陈云也是如此，当时他身边的工作人员数量最少，只留下一名司机，说是司机，其实是一人包揽司机、卫士、管理员和服务员的全部工作。另有一名女服务员兼做饭，并由陈云自己出钱支付给她劳动报酬。不仅如此，他还提出取消小灶厨房，换用蜂窝煤炉来做饭。

在1945年召开的党的第七次代表大会上，陈云曾经讲道："假设你在党的领导下做一点工作，做得还不错，对这个功劳怎样看法？我说这里有三个因素：头一个是人民的力量，第二是党的领导，第三才轮到个人。可不可以把次序倒转一下，第一是个人，第二是党，第三是老百姓？我说不能这样看。"他认为，人民群众是创造历史的决定性力量，任何英雄好汉离开了人民群众都将一事无成。任何个人的作用都离不开党的领导。党是领导群众前进的，但是党也必须依靠群众。

陈云不仅这样说，而且是这样做的。

1982年，有关部门编辑出版陈云从1949年至1956年期间的文稿。其间他特别嘱咐大家，在后记中一定要说明，他在主持中央财政经济委员会工作期间，所有的重大决策都是在调查研究包括他做的必要的调查研究基础上，经过集体讨论作出，并报请党中央批准的。在具体工作中，薄一波（当时任中财委副主任）起了重要的作用。陈云强调指出，大家在阅读这卷文稿时，如果觉得哪一段工作有成功之处，绝不要把功劳记在他一个人的账上。

同时，陈云对党内在这方面出现的个别不良现象总是十分关注。1986年1月，针对个别高级领导干部向下属部门索要新的高级轿车的情况，陈云严肃指出，中央要求北京的党、政、军机关，在实现党风和社会风气根本好转中作出表率。我建议，作表率首先从中央政治局、书记处和国务院的各位同志

陈云校阅中共中央文献编辑委员会即将出版的《陈云文稿选编》（历史图片）

做起。他还建议，凡是别人（或单位）送的和个人调换的汽车（行政机关配备的不算），不论是谁，一律退回，坐原来配备的车。

"青浦县革命历史陈列馆"的故事

鉴于陈云为党的事业所建立的丰功伟绩，为表达家乡人民对陈云深深崇敬的心情，为了向世人介绍陈云几十年来的革命足迹、让后代牢记革命先辈的光辉业绩、继承和发扬老一代共产党人的光荣传统，青浦县和练塘镇于1990年决定在陈云旧居基础上，建立"陈云同志革命历史陈列馆"。

陈云知道了这一情况，专门带信给当地有关部门，要求不要搞个人的革命业绩陈列馆。他强调一切归功于党的正确领导、归功于革命人民的艰苦奋斗。离开了党、离开了群众，个人的能耐再大，也势必会一事无成。

陈云总是这样谦逊。

粉碎"四人帮"以后的一段时间，政治动乱中止了，但急于求成的思想仍然贯穿在经济工作中，从以前的"大跃进"转为依然没有按照经济规律办事、不符合国情的"洋跃进"。形势迫切要求再次对国民经济进行全面调整，将多年来"左"的错误观点和做法彻底

青浦县革命历史陈列馆（历史图片）

消除，改革现有的经济体制，重振国家经济。为此，中央希望仍由陈云出任财经委员会主任，再挑领导全国经济工作的重担。

1979年3月21日，在中共中央政治局召开的一次会议上，陈云就此表达了自己的看法。他说，要他当国务院财政经济委员会主任是有问题的。一方面，面对当时濒临崩溃的国民经济状况，他担心

陈云在中共十一届三中全会上（历史图片）

自己的身体难以胜任重大而艰巨的工作，可能会耽误国家大事。另一方面，陈云谦虚地表示，现在的经济无论是规模还是内容，都非中华人民共和国成立初期可比。他担心自己经验有限，应付不了。在此次会上，他还坦诚地为过去领导经济工作中的一些决策失误承担了责任。他说，不要把我说得这么好，也有很多反面教训。156个大型工程项目中，三门峡工程是经过我手的，就不能说是成功的，是一次失败的教训。

党对陈云是充分信任的，陈云的领导才能也总是让党放心的。在陈云的运筹帷幄下，历时3年比较全面、彻底的调整和整顿，国家经济建设又一次回到了持续、稳定、快速、健康发展的轨道。陈云以其对国情深邃的洞察力和善于驾驭、把握全局的能力，以及充分调研、深思熟虑、果敢决断、精心部署实施的领导风格和工作方法，为党的事业立下了新的功勋。

1978年2月26日至3月5日，陈云出席五届全国人大一次会议。图为陈云（中）在小组会上同宋庆龄、苏振华、袁雪芬交谈（历史图片）

1984年3月3日，陈云用显微镜观看科研成果。左为江泽民（历史图片）

根据陈云的意见，青浦县和练塘镇将已建成的陈列馆在展出内容和范围上进行了调整，改为陈列青浦县各个时代的所有革命先驱的斗争历史和业绩的场所，并正式命名为"青浦县革命历史陈列馆"。

青浦县革命历史陈列馆成为青浦县两个文明建设的一个重要基地和窗口，对大众开放至今，已接待无数参观者。他们中既有本地普通百姓，也有来自祖国各地的客人。有的是陈云的老战友、老同事，有的曾在陈云领导下工作过一段时间，也有的是慕名而来。当然，参观者中人数最多、最显眼的当数来自各个学校的青少年队伍。他们排得整整齐齐，在此隆重举行队日、团日活动，进行爱国主义教育和革命传统教育。

陈云说，一个人的成就，要经群众的判断和历史的考验，不是自称的。

1995年6月，江泽民总书记在陈云去世后的一次重要会议上这样说："陈云同志是伟大的无产阶级革命家、政治家，杰出的马克思主义者，中国社会主义经济建设的开创者和奠基人之一，党和国家久经考验的卓越领导人。他为中国人民解放和社会主义建设事业奋斗70多年，功勋卓著，永载史册。"

"有钱难买反对自己意见的人"

陈云爱听真话，爱听反对意见。他说："有钱难买反对自己意见的人。"

为什么"反对意见"在陈云眼里会如此受青睐？他解释道："对于一件事，我有了一个意见之后，可以先放一放，再考虑考虑，听听有没有不同意见。如果有不同意见，就要认真听取，展开讨论，吸取正确的，驳倒错误的，使自己的意见更加完整。驳倒错误的过程，也就是使自己意见更加完整的过程……有了反对意见，可以引起自己思考问题。常常是有不同意见的人，他不讲出来。能够听到不同声音，绝不是坏事。"

因此，在陈云看来，"肯用脑筋想问题、发议论的同志，是很好的同志。不想问题，不发议论，天天搞五福布的，就要差一点"。"不怕人家讲错话，就怕人家不说话。讲错话不要紧，要是开起会来，大家都不说话，那就天下不妙。有同志提不同意见，党组织应该允许，这是党的事业兴旺发达的好现象。"

陈云说:"天天挨骂好不好?我看没有什么不好。我不是提倡天天犯错误,而是说,挨了骂,可以提高我们的警惕性,从而发现工作中的错误,并加以改正,这有什么不好呢?"他进一步指出:"一有错误就有人骂,容易改正。如果人家天天喊万岁,一出错就是大错。"

尽管这句话是陈云在一次商业工作会议上,针对商业系统中的一些不良现象而说的,但在当时振聋发聩,现在回头看,他有着惊人的准确性和预见性。

因此每次在主持讨论工作的时候,陈云或者先不发表个人观点,而是启发大家讲,他认真倾听、仔细思考,汲取其中的合理成分;或者讲出自己已经形成的意见,然后鼓励同志们从多个方面进行反驳,反驳得越多、越全,

1984年2月2日,陈云在办公室看报纸(历史图片)

甚至驳倒了，陈云越高兴。因为只有充分考虑到各种不同的、反对的意见之后，才能够作出比较科学、客观和正确的决策。他说："就是事情定了以后还要摆一摆，想一想，听一听不同意见。即使没有不同意见，还要自己设想出可能有的反对意见。我们反复进行研究，目的是弄清情况，把事情办好。"

而要想听到反对意见、听到真心话，并不是一件轻而易举的事，对领导干部尤其是中高级领导干部来说就更是如此。

陈云认为，这需要来自两方面的配合。首先是领导本身在这一问题上的态度和观念，在这件事情上领导的态度是关键。

"大智兴邦，不过集众思；大愚误国，只为好自用。"陈云指出，"我们的干部，特别是高中级领导干部，能够交一点敢于反映情况的知心朋友，多听到些真话，是很有些好处的……用通信、谈话的形式，多向知心朋友了解情况，好处是'真、快、广'。"

而影响领导采取何种态度的因素比较多，主要有两个方面：面子思想和地位问题。陈云要求大家对此一定要有清醒的认识，采取虚怀若谷、兼听则明的科学态度。他说，只有领导干部虚心，人家才会说话。不要以为虚心请教、广纳众言会丢面子，似乎自己的权威性、地位也下降了；不要以为只有上面的话好听，下面的话不好听，上面好，下面坏；上面的经是好经，就是小和尚念坏了，小和尚的嘴是歪的，歪嘴和尚念不出好经。这种说法是不对的。正相反，一个处事慎重、虚心听取四方意见、科学决策的领导，只会越来越得到上级的信任和下级的尊重，只有敢于放下"正确"的包袱，才会真正"正确"，才能将可能的失误控制在最小的范围内和最低的程度上，否则就要跌跟头。

针对面子思想，陈云直言不讳地说："共产党员参加革命，丢了一切，准备牺牲性命干革命，还计较什么面子？把面子丢开，讲真理，怎样对于老百姓有利，怎样对于革命有利，就怎样办。"他指出："其实光说好话的人都是拍马屁的，拍马屁绝不是件好事；不客气批评别人的人，才是好人，才够得上

1954年9月，陈云同张闻天在中南海（历史图片）

是革命同志。"

与此同时，陈云也指出，除领导干部的认识之外，有能说真心话的同志也很重要。

"千人之诺诺，不如一士之谔谔。"首先，要在党内形成敢讲真话、只讲真话的良好风气。

在"左"的错误泛滥的年代，党内正常的生活秩序遭到严重破坏。一些同志不敢实事求是地反映问题，对领导的意见常常随声附和，不敢独立提出自己不同的观点和想法，不敢汇报一些真实情况。更有甚者，由于担心打击报复、无限上纲而被扣上"右倾""反党""反社会主义"等种种沉甸甸、莫须有的帽子，而投领导所好，欺上瞒下，上面需要什么样的成绩，下面就有什么样的数字和报告，报喜不报忧，掩盖错误和问题，到处一片叫好声，致使上级领导难以准确、全面地了解实情，建立在浮夸统计之上的决策计划也就难免不切实际。如此循环往复，给经济发展带来巨大损害。陈云对这种现象感到非常痛心，他在1962年的一次工作会议上曾尖锐指出："这几年我们党内生活不正常。'逢人只说三分话，未可全抛一片心'，这种现象是非常危险的。""应该讲真话，有问题就提出，有意见就发表，认真地进行讨论。"

第三章
毛泽东眼中的能人

在1962年"七千人大会"陕西省干部会议上,陈云再次指出:"见面打'官腔',不相互交心,这种情况继续下去,革命是会失败的。我们干革命的,应该讲真话,有问题就提出,有意见就发表,认真地进行讨论……人是好人,心是好心,就是做错了事。讲清楚了,改正了错误,把工作做好了,人民是会原谅我们的。"

1962年1月,陈云同刘少奇、邓小平出席中共中央召开的扩大的中央工作会议(历史图片)

此外,领导干部还要善于"寻找"真话、"启发"反对意见、鼓励"讲错话"。

陈云总结出来的一个有效方法就是向自己熟悉的人调查了解。他认为自己熟悉的人没有乌纱帽的问题,敢于讲真话,从他们那里最容易了解到真实情况。

1961年,陈云在关于化肥工作的一次座谈会上,就如何搞好我国化肥工业建设时说:"你们不要怕讲话,有些人讲话不痛不痒,怕犯错误,讲话总是要有些机会主义或盲动主义的,讨论问题一边倒不行。不要怕'左'或右,如果有人说你们右了,我来承担;将来要开除党籍,就找我好了!"

1955年1月、5月,1957年3月和1961年6月,陈云先后4次回故乡上海市青浦县的小蒸公社进行农村社会调查。他专门邀请了顾复生(时任中国农科院江苏分院院长)与陆铨(长期搞工会工作的领导人)两位老战友同行。当年陈云与他们一道在这里组织过农民暴动,陈云的日常吃住就在陆铨的家里,新中国成立后也常有联系。陈云之所以这样做,就是因为彼此熟悉,相互间能直言不讳。同时,对要去的青浦县的情况也比较熟悉,农民也熟悉、认识他们,对工作组会感到很亲切、能够信任,也就敢讲出心里话了,能调查到实际的情况。

在调查过程中,陈云深入农民家里观察他们养猪、种自留地、住房和吃饭等。当他看到被废止的私养猪实际上比公养猪效益好,当前采取的生猪公养办法存在很多问题,出栏少、浪费严重、农民养猪积极性不高时,陈云诚恳地讲,我们党犯了错误,必须向农民承认,不然就是改正了,农民还是不相信我们的正确政策。

他还了解到这样一个情况。由于农民吃不饱饭,无力插秧,导致插秧无

陈云在北京会见农业劳动模范。图为陈云同殷维臣握手(历史图片)

法进行。为此,公社只好决定,将插秧任务分解到各个农户,对不完成者则给予相应处罚。这样才终于把秧插下去了。谁知,紧接着出现了新的情况。任务看似完成,但实际上插的质量并不高,人们敷衍了事。陈云就此向一位老乡询问,看有什么更好的解决办法。老乡直言不讳地讲,只有联系产量,实行包产到户,大家才会专心干农活,否则秧插不好,到时产量不高,直接影响的将是自己的收入。这一反映后来经过深入思考被吸收进了陈云郑重向中央提出实行"包产到户"的建议之中。

了解就是要了解到实情,调查就是要调查到真相。这就是陈云的风格。

"出人、出书、走正路"

评弹是陈云一生的爱好。

陈云说:"曲艺这种有历史传统又有群众基础的艺术,应该好好发展。"中华人民共和国成立后,陈云曾充满感情地对曲艺界的同志讲,他的姐姐陈星、舅父廖文光在旧社会生活贫寒,尽管并不识字,但他们通过镇上听书打开了视野、了解了历史,也获得了欢乐。

像陈云这样深深地关心着评弹事业的著名政治家并不多见。

陈云这样做,不仅仅是因为他欣赏这门艺术,更在于他把抓好评弹的发展工作看作党的文艺宣传事业的一个有机组成部分。他说:"文艺是意识形态的东西。"陈云要通过对评弹艺术的研究、关心和指导来体现马克思主义文艺思想原理、党的文艺工作方针和政策,从而以点带面、由此及彼,促进党的整个文艺事业不断健康发展、更加繁荣昌盛。

正如中共中央宣传部在关于学习《陈云同志关于评弹的谈话和通信》的

通知中所指出的那样，陈云在关于评弹的论述中，"不仅对我国评弹艺术在新中国成立后的发展过程和经验教训作出了科学的总结，而且对党和国家的整个文艺工作，对整个社会主义文艺事业，发表了许多重要的意见"。

"出人、出书、走正路"是陈云于1981年向评弹界同志提出的指示和要求。这也是保存和发展评弹艺术的正确方向所在。这句话的内涵，陈云曾作过详细说明。他说："出人，就是要热心积极培养年轻优秀的创作人员和演员，使他们尽快跟上甚至超过老的。出书，就是要一手整理传统的书目，一手编写反映新时代、新社会、新事物的书目，特别是要多写多编新书。走正路，就是要在书目和表演上，既讲娱乐性，又讲思想性，不搞低级趣味和歪门邪道。"

"出人"

评弹艺术的发展，人才是关键。

评弹是一门百年民间艺术，拥有一批经验丰富的老艺人。陈云指出，对"评弹艺人一定要组织起来。组织起来之

中国曲艺出版社出版的《陈云同志关于评弹的谈话和通信》一书

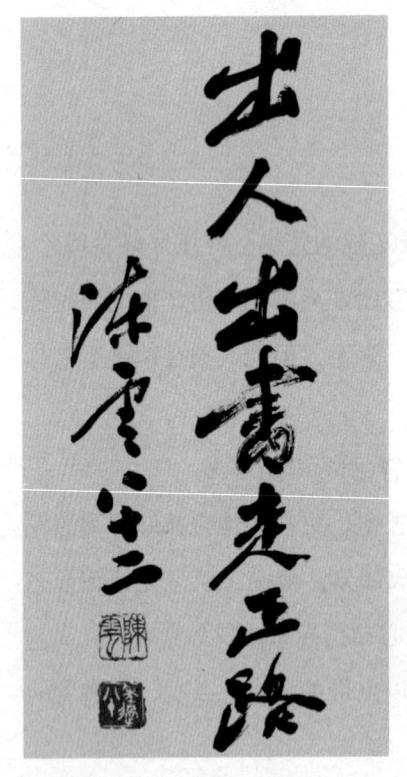

陈云为评弹界题词

后，可以逐步实行固定工资，享受劳保福利"。在学术上，陈云对他们十分尊重，在研究、评价书目时，总是以商量、探讨的语气。在生活上，陈云除要求有关单位要注意保障好之外，还应考虑对那些因年老不能从事第一线演出的艺人，安排做些整旧、研究或顾问性的工作，以发挥他们的余热。他说："要组织老艺人和艺术水平较高的艺人帮助他们加工、提高。有经验的老艺人，可以集中起来，到学馆去当教师，也可以整理传统书目。买些沙发，不要坐长板凳，泡一壶浓茶，让他们多一些时间聊聊，不要老拖住他们开会。"

青年演员是评弹的未来和希望，陈云对他们一向是"严格要求、格外关心"的。他曾说："青年富有朝气，可以组织一批人说唱新书，以推动中、老艺人。对青年要多鼓励，但表扬要恰如其分，不要捧。报上登载关于艺人的文章，也不要捧。"陈云强调："不要让青年就评弹，而要让评弹就青年。就青年，不能停顿于迁就，要逐步提高他们。在就青年中去锻炼，出人才，出艺术。"

陈云一直关心青年演员的成长，鼓励他们在艺术的殿堂上大胆进取、勇于创新。在这个问题上，陈云的观点是，要向青年敞开评弹

陈云在苏州（历史图片）

艺术的大门，在艺术的园地中，"百花齐放、百家争鸣"。他说："后来必须居上，才能发展；后来不居上，就要倒退。这是发展规律。"

1959年陈云在苏州听说，江苏省曲艺团的弹词演员侯莉君在演唱中对原有唱腔做了一些改动，由此引起业内人士较大的争论。陈云了解到这一情况后，按照一切从实际出发、先调查后发言的一贯作风，先拿来她的演唱录音带听了。1960年2月，陈云在苏州说："唱腔允许各有风格，但要保持评弹特点。侯莉君的唱腔，我不反对。"11月，陈云在南京观看了她的演出。听后，陈云对这名青年演员肯动脑筋、敢于探索的精神予以了肯定，夸奖她这次演出与上次相比在艺术上有了进步。他明确表态说："侯莉君的新唱腔我是赞成的，哪怕将来能保持一二分也是好的。"

陈云的鼓励和支持使侯莉君感动不已，她表示，决不辜负老首长的期望，自己一定在评弹艺术发展创新的道路上坚定不移地走下去。

1961年6月，陈云在北京会见小曲艺演员（历史图片）

侯莉君确实实现了她的承诺。经过多年的努力，侯莉君的唱腔自成流派，她以自己独特的评弹艺术风格赢得了一批忠实的听众，也培养出了新的青年评弹人才。

陈云认为，评弹艺术"出人"的另一项核心内容是评弹艺术新苗如何茁壮成长。为此，他说，"评弹界也应该有自己的学校"。

20世纪60年代，我国评弹界发生了一件值得纪念的大事，这就是在评弹的故乡苏州正式挂牌成立了"苏州评弹学校"。这包含着欣然应聘为名誉校长的陈云对评弹事业后继有人的关切之情和殷切希望。

学校成立后，陈云曾多次前往视察和指导。他说："评弹学校培养学生，要着重说表，提高说表艺术。说、噱、弹、唱不灵光，书就不好听。"1982年，他鼓励学校的学员们："要有事业心，要好好学习。"

"出书"

评弹的书目类型按照"新""老"来分："老书"即传统书，是经过民间艺人代代传下来的；"新书"即现代题材的书，是中华人民共和国成立后新创作编写的。按照篇幅来分，则有长篇、中篇和短篇之别。按照语言来分，又有以苏州方言来说唱的评弹和以其他地方方言来说唱的评弹。除此之外，还有"开篇"和"小唱"等短小、可独立弹唱演出的节目。

好书既要能教育广大群众，树立正确的道德风尚，又能为群众喜闻乐见，易于接受和喜爱。关于如何出好书，陈云发表过许多精辟的见解。

陈云一直强调要加强对古书的整理工作。他说："整理古籍，把祖国宝贵的文化遗产继承下来，是一项关系到子孙后代的重要工作。""整理古籍是一件大事，得搞上百年。"对于评弹的传统剧目，"可以全部学下来，但演出要经过整理"。因为这些书"毒素多，但精华也不少。如果不整理，精华部分也就不会被广大听众特别是新的一代接受。精华部分如果失传了,很可惜"。

关于如何进行整理,陈云强调要积极稳妥,"要就力之所及,采取积极的态度,逐步地搞,过急了不好。这是一个牵涉许多人吃饭的问题,必须慎重。有些毒素多的书,可以考虑暂不开说"。

同时,陈云鼓励对一些传统长篇在整理时可以采用几种方案来试,以便对究竟是"大改"还是"小改"好作出判断。这样一来,"大家动手,各人唱各人的《珍珠塔》,百家争鸣。出来的东西愈多,愈是容易改好,可以把好的东西都吸收进来"。

在"出书"问题上,陈云尤其大力支持新书目的创作。他说,不能"老说老书,老书老说"。1959年,陈云在一次谈话中强调指出:"对待现代题材的新书,要采取积极支持的态度。新事物开始时,往往不像样子,但有强盛的生命力。对老书,有七分好才鼓掌;对新书,有三分好就要鼓掌。"

每当评弹界出现艺术性、思想性都比较高的新作品时,陈云就格外高兴。1982年,他对上海评弹团创作的《真情假意》给予了高度评价,说这部书"是评弹中的一个好的中篇,是适合青年、提高青年的作品,有切合现实的时代气息,对广大青年有教育意义"。

针对个别新书的艺术水平比传

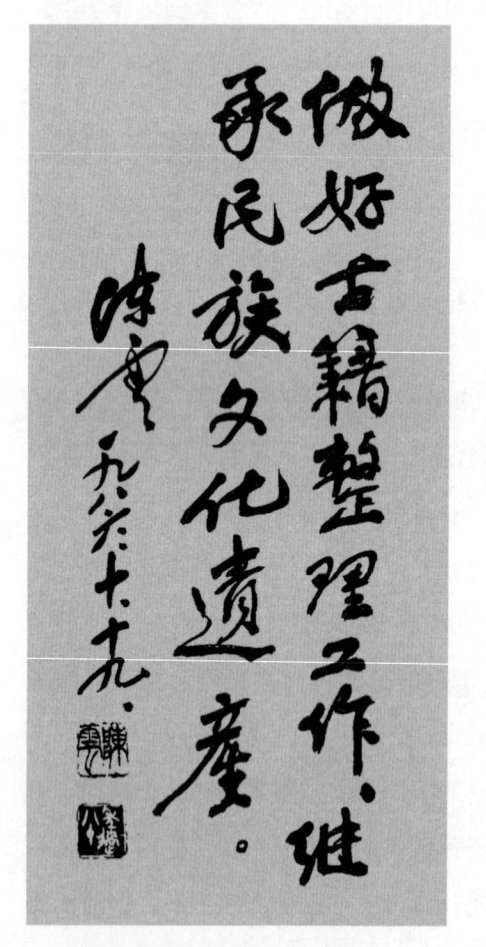

陈云关于整理古籍工作的题词

统书要低的问题,陈云非常重视,曾经多次与评弹界人士探讨解决的办法和思路。

陈云指出:"思想教育的目的要通过艺术手段来达到。目前,对评弹节目中噱头、穿插的作用注意不够,旧节目中原有的删得太多,新节目中则比较少,失之于过分严肃。"为此,陈云提出,一是要重视新书的加工问题,增加加工次数;二是适当在演出中增加噱头,在强调政治内容的同时,也不能忽略文化娱乐的一面;三是编创人员要更加深入生活,充实各方面的知识。

陈云(前排左四)在杭州会见上海、江苏、浙江评弹界著名人士(历史图片)

"走正路"

如何走正路?陈云认为编创人员、说唱演员是关键。

陈云讲道:"说书是教育人的,艺人要有责任心。"只有提高他们的思想水平、加强对他们的教育、提高他们的责任感,才能使演出的书目对群众起到积极作用。陈云要求大家:"平日除了看业务书,也要抽空读点马列的理论书籍,特别是要学点马克思主义的哲学。唯物辩证法和历史唯物论是最正确最科学的世界观和思想方法,一个人,无论从事什么工作,有还是没有这个世界观和思想方法,工作起来就会大不一样。"

此外,陈云也希望有关同志加强对抗战前后评弹发展历史的研究工作,他说:"不研究这段历史,就不能了解评弹艺术发展的全过程。在这一段时间,评弹艺术趋向商业化,庸俗、黄色的噱头泛滥。"

在作品创作上,陈云希望,评弹艺人"努力搞些新作品,反映新时代"。为此,要"提高演员的文化水平,包括地理、历史知识。要扩大眼界,增长见识,尽可能地让他们到处走走"。而对创作中的疑难问题,则"可以用争辩的方式逐步取得一致意见,这也就是走群众路线"。

陈云还强调了开展批评和自我批评在文艺创作中的重要性问题,他说:"批评也罢,自我批评也罢,都是我们党解决思想性质问题的行之有效的老方法。我们在文艺界也要提倡这个方法,使它形成风气,逐渐为人们所习惯。应当相信,只要是充分说理、实事求是的批评和自我批评,不仅不会妨碍文

1977年6月15日至17日,陈云在杭州召开评弹座谈会,研究评弹改革、发展问题。图为陈云与参会者合影(历史图片)

艺的繁荣，而且是文艺繁荣所不可缺少的重要条件。"

在书目内容上，衡量是否"走正路"要看"能否教育人民，对大多数人是否有好处"。陈云指出："我们要用走正路的艺术去打掉歪门邪道，去引导和提高听众。""群众喜欢听的书，不一定就是好的。这要看是多数群众喜欢，还是少数群众喜欢；是合乎群众的长远利益，还是不合乎群众的长远利益。"他进一步强调："那些黄色的内容，过去很能卖钱，现在仍会有人欢迎，但危害是很大的，其害处不下于传播封建思想。所以，调情的、下流的、色情的都要不得，这种传统不能挖掘。群众欢迎，也不能要。这一点绝对不能让步……过去，节目太政治化了，所以现在要轻松一点，但不是把什么都搬出来。"反过来，整理传统书目，在剔除封建、迷信和色情内容的同时，"对什么是'封建'，要好好分析，不能过激。如果过激了，狭隘地运用阶级观点，就要脱离群众"。"不能忽视曲艺的娱乐作用。"

对评弹在艺术上的"正路"问题，陈云的基本看法是"评弹应该不断改革、发展，但评弹仍然应该是评弹，评弹艺术的特点不能丢掉"。

1976年粉碎"四人帮"后，陈云在一次评弹座谈会上发表了重要讲话，他说："评弹要像个评弹的样子。可以有所改进，但不要像张春桥那样的'大改革'。各种东西都可以改进，评弹也可以改进，但不能改掉评弹的特色。""评弹还应是评弹，不应该是相声或其他。"

"出人、出书、走正路"，是陈云对发展和繁荣评弹艺术指导思想的集中体现。它既是陈云对评弹艺术的贡献，更是对我党文艺事业的贡献。

陈云曾经在20世纪80年代初对评弹学校的学员们讲，"评弹是有希望的"，其情殷殷。

"我们不能老是心中无数"

众里寻他千百度

中华人民共和国建立之初，陈云担任政务院副总理兼中央财政经济委员会主任，主管全国财政金融、基本建设与经济管理事务。当时的情况是中国共产党领导全国人民浴血奋战推翻了三座大山，受尽反动派压迫和剥削的劳动人民从此真正成了国家的主人。面对国民党腐败政权留下的千疮百孔、百废待兴的家园，举国上下齐心协力建设新中国、彻底改变家园一穷二白旧面貌的愿望非常迫切，从领导到群众，投身革命工作的干劲都非常大。在全国人民共同努力以及在苏联政府的大力支持和帮助下，三年经济恢复和第一个五年计划期间，国家的各项基础建设事业都取得了巨大成就。

在这场热火朝天的全国范围内的基础建设大会战中，陈云带领大家忘我地投入工作。作为全国财经工作和经济建设的主要负责人，他运筹帷幄、精心计划、精心组织，希望尽快通过实干，让饱经沧桑的祖国强大、富足起来。但是，陈云的头脑又始终保持着一份清醒，强调无论何时都要在工作中注重数量观、科学观。

1952年，陈云在薄一波、李富春两位中央财经委员会的副主任主持全国工业会议时讲道："我们不能老是心中无数。打仗要心中有数，搞经济工作更要心中有数。可是我们的有些干部总是习惯讲什么'差不多''大概'，什么'左右'。和苏联专家讨论说不出具体数字。"他精辟地指出："数字可以反映'量'，也可以反映'质'。"

一汽的厂址就是这样"众里挑一"被"选中"的。

中华人民共和国成立后，党中央即作出建设我国自己的汽车工业体系、改变国内各类汽车依赖国外进口的决定。从共和国后来风风雨雨几十年的发展历程看，这一使我国汽车工业从此走上自力更生、稳步前进道路的决策是非常英明的。当时的问题是如何贯彻落实好中央的规划。在国家财政实力总体上仍不强大的情况下，由于该项目的资金投入大、牵涉面广，身兼新中国第一任重工业部部长的陈云对此一直非常重视，参与了项目初期的不少重大决策。

第一个重大问题就是汽车制造厂的选址。众所周知，第一汽车制造厂坐落在东北的长春市。长春已成为我国著名的汽车城。但大家可能不知道，当年陈云等新中国经济建设的设计师们为此费过许多周折。关于选址问题，他语重心长地告诫大家："搞工业要有战略眼光。选择地点要注意资源条件，摆在什么地方，不能不慎重。"

长春并非第一候选方案，甚至刚开始在"排行榜"上还踪影难觅。

最初讨论比较集中的方案有两个方向，一是建在首都北京附近，一是建在西部地区特大型城市西安附近。这两个方案各有各的理由，参与决策的领导和专家同志们也都有各自的倾向性意见。赞成第一个方案的主要是毛泽东主席和周恩来总理专程到莫斯科请来给我国设计第一个汽车工厂的苏联专家，我方一部分同志也表示赞同。

主要理由是苏联的大型汽车制造厂就是这样布局的，以建在首都或其附近地区为宜。陈云最初倾向于后一方案，一来建在富饶的八百里秦川之侧，社会物质生活条件依托较好，二是可以借此机会增大在西部的投资，使这块工业发展水平相对落后的革命老区能尽快赶上其他兄弟省区。此外，西安地处交通要道，铁路干线纵横其间也是考虑的重要因素。

除上述方案之外，还有些同志提出河北的石家庄、山西的太原等地也值得考虑。当时的情景正如陈云后来回忆所说："专家……对汽车工厂设在什么

第一汽车制造厂（历史图片）

地方，争论很多，有的说设在北京，有的说设在石家庄，有的说设在太原，我说是不是可放远一点，设在西安。后来才知道，这些根本不对头。"

究竟孰优孰劣？陈云最后是怎么得出上述方案都"根本不对头"的结论的？

正如长征途中在金沙江畔精心计算渡江时间，以7条小船历时9天9夜，最后在有强敌尾追的情况下，将3万余名红军人马秩序井然地组织抢渡过了天险一样，陈云开始了广泛的调查研究，他要用踏踏实实的数据来说话，他要为一汽的选址问题算细账。

此后，从北京西郊的衙门口、河北的石家庄、山西的太原到西部的西安、东北的长春等地都留下了陈云考察的身影。最后，胸有成竹的陈云再次将大家召集到一起，并对在座的中外专家发表了经过深思熟虑后的观点。他说："如果这个汽车厂全年的生产量是3万辆汽车，电力就需要2万4千千瓦，西安只有9千千瓦，光修电站就需要几年时间。还需要钢铁，一年要二十几万吨，而石景山钢铁厂生产这么多钢铁，要在5年或者6年以后。木材要2万立方米，在西北砍木头，山都要砍光。还有运输问题，每年的运输量是100万吨，而西安到潼关铁路的运输量不超过200万吨，光汽车工厂就够它运的了……讨论结果，中国的第一个汽车工厂只能够设在东北。"

对此方案，苏联专家组刚开始并不以为然，在北京住了两个多月后，才到东北进行现场勘察。最后，他们也在大量令人信服的数据面前，表示了赞成意见。

"算账派不一定是政治家，但政治家不能不算账"

1953年7月15日，是位于东北的四平市与长春市之间一个叫孟家屯的地方有史以来最热闹的日子。那天这里人山人海，锦旗招展，锣鼓喧天，人们脸上洋溢着欢快的笑容，精神显得格外振奋。随着第一铲土被高高扬起，新中国的第一个汽车制造厂开工典礼正式开始了。

三年后即1956年7月15日，在各级领导的关怀和各路建设大军的艰苦奋斗下，又是在这里，新中国第一批自行生产的"解放牌"汽车组装完毕，在人们的欢呼声中"昂首挺胸"地开了出来。这不仅标志着党中央三年完成投产的指示胜利实现，更标志着作为古老泱泱大国没有自己汽车工业的历史宣告彻底结束，历史的瞬间被记者、摄影师永远载入史册，也深深地印在了中国人民的心上。

此后，"解放牌"汽车驰骋在祖国大江南北，不仅成为一个家喻户晓的名字，而且在某种意义上成为一个火红的大建设时代的象征。一汽也与共和国一道走过了几十年的发展历程，不断壮大，相继开发推出了多种类型、多种用途的"解放牌"。进入20世纪80年代，改革开放为这个共和国汽车工业的元老型企业注入了新的活力。后来，引进国外先进生产线制造的"奥迪"、新型"红旗"牌轿车成为我国新时代轿车工业中的两颗新星。而"一汽金杯""一汽轿车"在上海证券交易所和深圳证券交易所的成功发行上市，并受到广大极具眼光的投资者的青睐，更为企业树立了良好的市场形象。

一汽，在几代一汽人的不懈努力下，在改革开放的大潮中正成为国有特大型企业改革与发展的典范，几十年的老企业在新的历史时期焕发出青春的

早期"解放牌"汽车（历史图片）

活力，兼并联合，规模化、集团化，建立现代企业制度，一汽正以崭新的姿态昂然于新世纪。一汽的明天必定更加美好！

"必须学会经济核算，算一算账，力求省一点。要计算成本，出一个成品要多少工，市场上是什么价格，等等，都要计算好。"

面对今日一汽令人欢欣鼓舞的发展局面，想象当年陈云南下北上为它选址的情景，我们对陈云这段讲话的理解会更加深入。

对人民高度负责，为国家精打细算，陈云堪称楷模。对此，陈云本人也颇为自豪。有一次，当他听说有人批评他是算账派时，他曾言简意赅又风趣地这样回应："算账派不一定是政治家，但政治家不能不算账。"

这段精辟语言，至今仍有着很强的生命力。

春节的故事

"你们的父亲就是我们党的亲人"

1983年正月初一,一向比较安静的陈云家中呈现出非同寻常的热闹,屋子里不时传出笑声,你一言我一语,似乎人不少。

原来是9位革命烈士的子女应邀来到陈云的家里一起欢度春节。他们中间包括曾担任中共高级领导职务、后被国民党反动派残酷杀害的瞿秋白烈士的女儿瞿独伊,曾与周恩来、邓小平等一起在法国留学的中共早期著名活动家蔡和森烈士的女儿蔡妮与儿子蔡博,中共早期著名活动家、广州起义领袖之一张太雷烈士的女儿张西蕾,早年曾与周恩来、陈云并肩在上海从事地下斗争的中共著名活动家赵世炎烈士的儿子赵施格,曾与彭德怀、杨尚昆等一道在红一方面军中担任重要领导职务的刘伯坚烈士的女儿秦燕士、儿子刘虎生,以及罗亦农烈士的儿子罗西北和郭亮烈士的儿子郭志成。在陈云眼中,这些年龄都在半百以上的烈士后代,就像是自己的孩子一样,永远都是那么年轻。

陈云一边招呼大家坐下,一边和蔼可亲地详细询问各人现在的工作与生活情况。他们当中有的在从事新闻宣传工作,担任杂志编辑;有的以教学研究或科技管理为业,被评为讲师、副教授、高级工程师,或被任命为研究所的副所长;也有的在经济大潮中开拓进取出任了公司副总经理职务;等等。当得知他们继承父辈遗志,在祖国各条建设战线上勤勤恳恳、忘我工作,不断取得新的成绩时,陈云十分高兴。他说:"中国有句老话,'每逢佳节倍

陈云在北京会见革命烈士子女（历史图片）

思亲'，你们的父亲就是我们党的亲人，是我们民族的亲人，今天把你们请来，共度春节。"

大家也纷纷向陈云致以节日的祝福，祝他老人家身体健康，并请陈云放心，一定牢记嘱托，继承和发扬老一代共产党人的革命精神和优秀传统，立足本职岗位把各项工作搞得更好。

听到这里，陈云频频点头。他勉励大家说："你们都是革命的后代，是党的儿女。你们应当像自己的父辈那样，处处从党的利益出发，为了维护党的利益，不惜牺牲自己的一切。我看到你们健康成长非常高兴。现在，我们党和国家的形势很好，你们要和周围的同志一道，爱护这个好形势，发展这个好形势，为把我们国家建设得更富强，继续贡献自己的力量。"

陈云手指面前几案上摆放着的水果和糖果对大家说："今天是大年初一，我招待你们每人两个橘子、一个苹果、二两糖果，大家把它瓜分了吧。"

陈云不时向大家讲述自己当年与他们的父辈在一起风雨战斗的往事。谈起为革命牺牲的烈士，陈云显得有些激动，思绪联翩。他说："我们的新中国，是他们和千千万万个革命先烈用生命换来的。今天的每一个胜利，都有他们的一份功劳。我们这些活着的人，没有忘记他们，也不会忘记他们。我相信，我们的后人，以及后人的后人，也是不会忘记他们的。"

这天，大家感到十分温馨感人。

这天，陈云也显得年轻了许多。

"要好好地干"

在应邀与陈云共度佳节的客人当中，次数较多的恐怕要算被人们誉为辛勤的"园丁"和"人类工程师"的教师了。

无论是在战争年代还是在和平时期，陈云都一直非常重视党的教育事业，将其视为"百年大计"。

陈云小时候因家境贫寒曾多次失学，深深体会过有学不能上的滋味。参加革命后，他长期坚持自学，使自己不仅具有丰富的实践经验，而且具有深厚的马列主义理论功底。在抗日战争时期，陈云担任中共中央组织部部长，就曾多次应邀在抗大、马列学院等各大专院校进行理论辅导。1937年，在极其艰难困苦的环境中，陈云还在新疆创办了我军第一所多兵种军事技术学校，为我党培养出一批高素质的专业技术人才，得到了党中央、毛泽东的高度评价。

1981年的正月初一，陈云在中南海怀仁堂参加了由中共中央书记处组织的中小学教师和幼儿园教育工作者座谈会。

在座谈会上，陈云就当前的教育形势、教学工作中存在的问题、出现的新情况、学生当前的思想、学习状况等所关心的内容进行了广泛了解，听取了代表们的介绍。他还对在十一届三中全会胜利召开之后，如何进一步贯彻党的教育方针、抓好四化建设人才的培养工作以及切实改善和提高教师的待遇与社会地位等重大问题提出了意见。陈云强调指出："要不断地提高教师的社会地位,逐步使教师工作真正成为社会上最受人尊敬、最值得羡慕的职业之一。"

1983年8月4日,陈云在北京会见参加夏令营活动的少先队员(历史图片)

陈云的谈话使大家深受鼓舞,代表们纷纷表示,决不辜负首长的殷切期望,回去后勤奋努力,扎实工作,一定把党和人民所赋予的教育下一代的光荣使命完成好。陈云听后欣慰地笑了。

1986年,仍然是大年初一的上午,陈云在他中南海的住所里愉快地与来自北京市中小学校和幼儿园教师中的9位优秀代表一起欢度节日。

已经年届80高龄的陈云这天精神焕发,神采奕奕。他亲切地向长期战斗在祖国教育第一线的园丁们致以最热烈的节日问候,并高度称赞了他们多年来特别是自从粉碎"四人帮"以后,"讲奉献,不讲索取",克服生活上的许多困难,为实现四个现代化,忘我工作、精心育人所取得的显著成绩。陈云说:"办好中、小学教育,是关系到提高中华民族素质的一项根本大计。(你们在)自己的岗位上,勤勤恳恳,任劳任怨,数十年如一日,为我国社会主义建设事业培育了一批又一批人才。"

在聚会中,陈云还指出:"全国中、小学校和幼教教师今后的工作如何,在一定程度上,将决定 21 世纪中国的面貌。所以,你们肩负的责任是艰巨的,从事的职业是崇高的,也应该是受人尊敬的。"

陈云最后勉励大家:"要好好地干。"

如今,陈云已经离开了我们。但令人欣慰的是,社会在飞速进步,教师正在成为或在某些地方已经成为"最受人尊敬、最值得羡慕的职业之一"。

特殊的春节礼物

1950 年,除夕。

来自西伯利亚的寒流呼啸着穿过北京的大街小巷,长安街上人们行色匆匆,大家忙着采办年货赶回家中与亲人团聚。几十年的革命奋斗,人民终于翻身解放、当家做主了,这个春节一定要好好庆贺一番。

此时在中央财经委员会的一间办公室里,工作的气氛却依旧十分热烈。担任财经委员会主任的陈云与部分部长同志们还在办公室内开会研究工作。中华人民共和国成立不久,事情千头万绪,经济方面的新课题尤其多,事关国计民生、社会安定、人民政权的巩固,责任重大,只有加班加点了。

终于,会议结束了。

就在大家收拾笔记、文件,准备离开时,陈云抬起头来,环视大家,然后讲道:"明天就是大年初一了,我建议大家春节不要拜年,你们也不要给我拜年,互相之间也不要拜了。放假几天干什么呢?我建议大家待在家里,泡上一杯清茶,坐在沙发上,闭上眼睛想一想,过去这一年干了几件什么事情,哪些做对了,哪些做得不对或不完全对,有些什么经验教训?很好地总结一下。也想一想明年抓几件什么事,怎么干法?"末了,他还诙谐地说:"不总结没有交代,做了若干年的工作老是糊里糊涂,死了也不好见马克思,后代的人也要责怪我们。"

这就是陈云平时经常教导大家的要学会"踱方步"。同志们望着陈云那亲切、诚恳的面容，心头感到暖洋洋的。新的一年就要开始了，老首长没有客套，而是将自己多年总结出来并行之有效的工作方法介绍给大家。这既是陈云对人们的新春祝福，也体现出陈云无论是在工作上还是在思想方法上对同志们的亲切关怀，希望大家总结过去一年的经验和教训，在下一个年度里为党和人民办更多的事、更好地办事。

对首长的良苦用心，部长们纷纷表示，一定好好利用春节这段休息时间，多思考、多回顾、多总结，力争在来年为新生的人民共和国早日发展壮大多出一份力。

时至今日，一些曾经历此事的老同志回忆起当年陈云的音容笑貌，仍旧对那年的春节记忆犹新。

晚年情怀

"要维护和加强以江泽民同志为核心的党中央的权威"

在党的十一届三中全会上，陈云被补选为中共中央副主席。

在此之前的共和国发展历程中，每当国家经济情况变得十分危急的时候，党中央和毛泽东总是会请陈云出任中央财经小组组长或国家财政经济委员会主任，主持经济事务，解决经济难题，尽快把国家纳入正常的发展轨道。这次也不例外。受长期动乱的影响，国家的经济已经到了崩溃的边缘，发展经济成为摆在强烈希望励精图治、秉持"发展是硬道理"理念的第二代中央领导集体面前的燃眉之急。不久，继中华人民共和国成立初期即担任财

陈云出席中共十一届三中全会。右为邓小平，左为王震（历史图片）

政经济委员会主任之后，陈云第二次被任命为财经委主任，再次肩负起历史的重任。

在以后的工作中，陈云作为以邓小平为核心的第二代中央领导集体成员之一、党和国家的主要决策人之一，同中央领导集体的其他成员一道，纠正"左"的错误，拨乱反正，平反了大批冤假错案；统一全党思想认识，正确评价毛泽东的历史地位和坚持发展毛泽东思想，正确解决中华人民共和国成立以来的许多历史遗留问题；把全党的工作重点转到经济建设上来，制定和执行以经济建设为中心，坚持四项基本原则、坚持改革开放（即"一个中心、两个基本点"）的基本路线，成功开创了我国社会主义建设的新局面，使国家呈现出欣欣向荣的喜人景象。

党的十三大以后，陈云退出党中央的领导工作，担任中央顾问委员会主任委员。

1989年6月，党的十三届四中全会确立了以江泽民为核心的中央领导集体，陈云一直明确地、坚定地支持新的中央领导集体的工作。在以邓小平为核心的第二代中央领导集体向以江泽民为核心的第三代中央领导集体的顺利过渡、保持党和国家的稳定过程中，陈云发挥了十分重要的作用。他多次发

党的十三大以后，陈云退出党中央的领导工作，担任中央顾问委员会主任。在以邓小平为核心的第二代中央领导集体向以江泽民为核心的第三代中央领导集体顺利过渡、保持党和国家稳定的过程中，他发挥了十分重要的作用。图为1986年10月30日，陈云同邓小平、李先念在一起（历史图片）

1989年10月1日晚，陈云同江泽民、李鹏、西哈努克等在天安门城楼上（历史图片）

表谈话,表示殷切希望全党同志和全国各族人民要维护和加强以江泽民为核心的党中央的权威。

1994年1月30日,全国政协副主席洪学智在上海看望陈云,陈云说:"我对以江泽民同志为核心的中央第三代领导集体满怀信心,坚信一定能够不断克服困难,把我们的事业推向前进。"

2月9日,陈云在上海发表了关于维护和加强党中央权威的重要谈话。他说:"现在的中央领导班子是坚强的、有能力的,工作是做得不错的。"陈云强调,全体共产党员和党的领导干部,"首先要维护和加强以江泽民同志为核心的党中央的权威。如果没有中央的权威,就办不成大事,社会也无法稳定"。不仅如此,陈云还把这篇非常重要的谈话选入他的三卷文选的终卷篇,这充分体现出陈云对以江泽民为核心的第三代中央领导集体的高度信任和寄予厚望。

"现在的字有飘逸感了"

陈云的晚年是充实的。

年届高龄,陈云的体质变得比较虚弱。据陈云的保健医生回忆,到1988年陈云83岁时,他已身患多种疾病,行动有些不便,并因青光眼和白内障的影响,双眼视力下降很快,以致看文件和阅读书刊都十分困难,电视节目也无法观看。

尽管如此,陈云在积极配合治疗的同时,仍然密切关心着党和国家的大事,关心着改革开放和社会主义现代化建设事业的进程。《人民日报》和《参考消息》两份报纸他每天必看,眼睛不好就请身边的工作人员念。一边手搓着女儿专门挑选出的两颗光滑锃亮的核桃,一边收听一早一晚中央人民广播电台的新闻联播更是陈云雷打不动的习惯。有时因工作或医疗上的事情把收

陈云即兴挥毫（历史图片）

听耽误了，事后陈云也要坚决补上。在医院住院期间，陈云每天起床后的第一件事就是请身边的工作人员打开收音机听新闻。

无论是收听新闻还是看报纸，陈云都非常仔细、非常专心，连角角落落都不放过。这也是陈云多年养成的习惯。1969年11月他被下放到江西青云浦干休所时，就对当时担任副所长的沈玉贵讲："《人民日报》一定得天天看，它是党的喉舌，国内外大事，党的路线、方针、政策，都在上面体现，不看怎么知道？怎么领导工作干好工作？……党中央的报纸看了，党的路线、方针、政策就一清二楚，干工作心里就有底，不会盲目干，不会迷失方向。"

晚年的陈云头脑清晰、思维敏捷，他不仅看，不仅听，还要想。

有一次，听到电台播出关于江苏省江阴市华西村的采访新闻，陈云就深有感慨地对身边同志讲："从1978年党的十一届三中全会以来，全国经济发展很快，人民生活水平有了很大提高，这是有目共睹的事实。"

还有一次，报纸连续报道了某些地方滥占乱用耕地现象严重，部分地区农民闲置大片良田不种，放下锄头摆地摊或跑到外面做生意，说是"尽快脱贫""要快速致富"。陈云听后非常激动。自从担任党和国家的领导人以来，农业问题、粮食问题一直在他的心中占据着特别重要的位置。现在，在某些人的观念中，"无工不富"大大超过了"无农不稳""无粮则乱"。特别是在农业生产实行土地承包责任制、国家粮食连续几年获得丰收之后，这种认识误区有愈演愈烈之势。面对这一情况，陈云怎能不激动！他说："我早就说过，粮食种植面积不能再缩小了，再缩小不得了。"

对国企改革，他说："政企职责分开很必要。这样做，一方面可以给企业比过去大得多的自主权，另一方面可以使各级政府部门从许多日常工作中摆脱出来，议大事，看全局，把宏观方面管住管好。"

除了听新闻，陈云在家里的日程安排得比较满。

每天上午，陈云都会抽出一些时间站立桌前，气定神闲、手腕悬空用毛笔练大字。这是他锻炼身体的一种方法。陈云小时候曾在私塾打下过毛笔字的基础，只是参加革命后一直在不停地奔波操劳，习练毛笔字也就断断续

1984年8月，陈云在练书法（历史图片）

续，没有办法在日常生活中固定下来。离休后，陈云才终于有了机会。尽管年事已高，但他练得特别认真、特别刻苦。

就这样陈云从 80 岁开始，一直练到 90 岁，整整十年如一日。每次练习的时间，一开始是半小时左右，后来因为年纪大了，站立时间不宜太长，于是根据医生的建议，他把时间缩短为 20 分钟左右，最后减到了 10 分钟。不管时间长短，陈云只要拿起笔就全身心地投入练字当中。他还非常谦虚，不时请家人和身边的工作人员加以评判，要大家指出不足之处，以便继续改进提高。

世上无难事，日久见功夫，陈云的书法日见臻进。一次，他看着写出的字感觉比较满意，高兴地说："现在的字有飘逸感了。"

1992 年陈云在上海考察时，曾经兴致盎然地挥毫写下两句古诗："桐花万里丹山路，雏凤清于老凤声。"赠送给当时担任上海市委书记的吴邦国和市长黄菊。

练字之余，陈云休息的最好办法就是坐下来品一段苏州评弹。陈云被评弹界人士亲切称呼为"老听客"，他对评弹的喜爱和欣赏水平在高级领导人中是十分少见的，评弹也给他带来了巨大的乐趣。而且，按

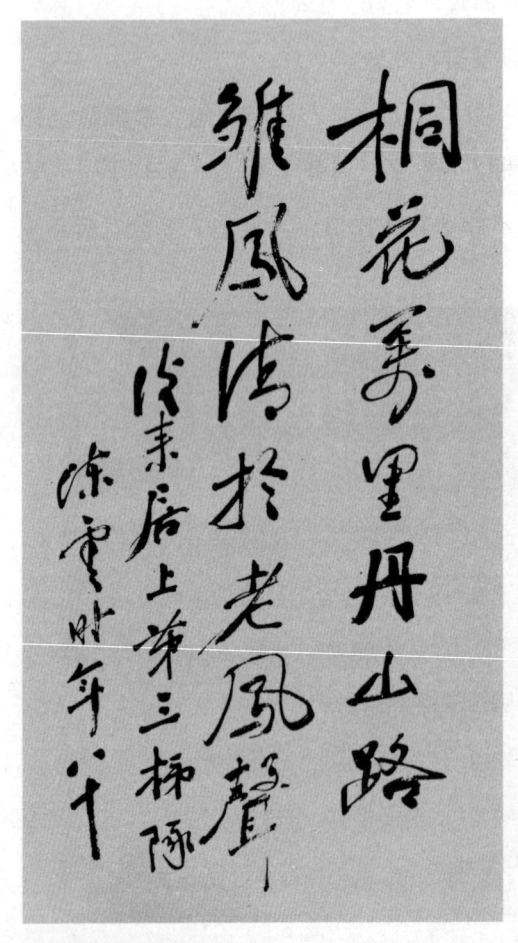

陈云80岁时的手迹

照陈云自己的说法,"听听评弹,觉得对养病有好处。本来头脑发胀,听听书就好些"。

尽管陈云常常风趣地对大家讲,"金窝银窝不如自己的草窝",但晚年的陈云也有离家远行的时候,他对南方情有独钟。

陈云是南方人,那里热情的乡亲、温暖湿润的气候和宜人的饮食风味时刻吸引着陈云。更重要的是,南方的气候对治疗陈云的气管炎和皮肤瘙痒症有益。因此,直至去世前的一年,陈云都是在南方过冬的。或流连于杭州,或小住在上海,陈云过得非常愉快。每到一处他还与当地领导谈话,了解那里群众的工作、生活情况。有时他还兴致勃勃地去郊外观赏自然景观,特别是竹子。

陈云一生爱竹。在他居住的院子里就种有一片修竹。陈云的家乡青浦地处江南水乡,湖荡中一个个小村庄里树木葱茏、竹林茂密。20世纪五六十年代,他回到故乡搞农村社会调查时,曾回忆说,小时候这里都是茂密的竹林围着村庄,远处看都看不见房屋。那时候的生产用具、生活用具都离不开竹子,还可制成竹器到市场上去卖以补贴家用。

在有竹子的地方,陈云独独偏爱浙江杭州一个绿竹掩映的地方,并为之题字"云栖竹径"。

在情有独钟的南方,陈云居住时间最长、前往次数最多的恐怕要算是上海。

上海,作为曾经为我国国民经济建设作出过巨大贡献的特大型城市,是长江流域经济发展的龙头城市,是中

陈云漫步竹径(历史图片)

1991年5月，陈云在上海（历史图片）

国新的改革开放大潮中的一只领头羊，也是中华人民共和国成立初期陈云镇定自若指挥惊心动魄的经济领域三大战役的第一个战场，是陈云的家乡。

1992年，陈云在上海听取了上海负责同志的工作汇报。市委、市政府领导首先汇报了上海近几年改革开放和经济发展方面的情况，特别就陈云关心的城市交通基础建设、居民住房建设、居住条件改善、生活环境改善、环境污染整治、菜篮子工程等方面作了重点介绍。陈云自始至终一直兴致勃勃。当听说最近上海发展速度加快时，他频频点头，情不自禁地说："好，好！上海大有希望！"

市领导还汇报说，为推动全方位建设，保持持续、快速、健康、高效益的经济发展速度，市委从上海实际出发，准备以浦东地区的开发为契机，将新的更加繁荣富强的上海带入下个世纪。对这一战略性大思路，陈云当即连声表示："我非常赞成开发浦东，开放浦东！"

当年的蓝图已变为现实。

被外电称为"未来城市""亚洲的曼哈顿"，上海浦东新区开发工作在实行改革开放后的中国，已经成为20世纪90年代最大的建设项目。新区开发建设的速度惊人，令上海的风貌焕然一新。浦东的国民生产总值年增长率曾高达20%以上。

现在的浦东连许多老上海人都不能相认了。

如今的浦东已成为"黄浦江的奇迹"。

/ 第四章 /

红色掌柜的亲情往事

◎陈云说:"我是个老实人,做事情从来老老实实。你也是一个老实人。老实人跟老实人在一起,能够合得来。"这就是陈云与于若木的故事:一份缘,一世缘,一世情。

◎陈云给家人订下的"三不准"曾经被广为传颂。这"三不准"就是:不准搭乘他的车,不准接触他看的文件,子女不准随便进出他的办公室。

夫人于若木：事出偶然的生活

在感情上，共产党人不讲"缘分"二字。不过，陈云夫人于若木谈起她与陈云相识的过程时，仍然情不自禁地笑着说，她认识陈云，事出偶然。

据于若木自己讲，她祖籍山东淄博，1919年4月15日生于济南。与陈云不同，于若木出生在教育世家。她的父亲于丹莆是山东近代教育史上一位颇有影响的教育家，早年作为中国派往日本的第一批留学生之一，在日本著名的早稻田大学学习，毕业后曾担任山东第一师范学校校长，对山东近代教育的发展发挥过重要作用。

由于家庭的熏陶，于若木从小非常爱好学习，长大成人后也一直保持着对学习的兴趣，这点与陈云是完全一样的。在以优秀成绩从小学毕业之后，于若木北上进入北平一中继续学习。在此期间，已学业有成并在北平中央研究院历史语言研究所工作的哥哥于道泉给小妹提供了细心周到的照顾。在学校，于若木思想活跃、刻苦能干，积极要求进步，阅读了大量马列主义书籍和进步报纸杂志。此外，她还在斗争实践中不断锤炼自己，是北平一中参加"一二·九"运动的骨干。年仅16岁，经北平地下党组织批准，于若木光荣地加入了中国共产党。

1937年，卢沟桥事变爆发，日本帝国主义开始全面侵华，一时间北平的气氛显得非常紧张。在这种情况下，于若木与其他同学一道南下回到了老家济南，不久就决定前往革命圣地延安。临走前，她专程到中共山东省委开具了组织介绍信，并在路上妥善保管一直带到了延安。而当时的情况是，从全国各地到延安的中共地下党员比较多，但是很多人由于各种各样的原因，随身缺少组织介绍信。为此，中共中央组织部按照组织程序必须通过谈话、查阅档案、寻找证明人等方式，以及通过在工作中观察来对他们进行审查或考察，经过一段时间之后才能逐渐恢复组织关系。而于若木随身带有正式的组织介绍信，这是对她以往经历最直接的说明，因此组织关系的移交与党员身份的恢复非常顺利。

到延安不久，组织很快安排于若木进入陕北公学学习。抗战时期，党中央一直非常重视党员干部的培养问题，在延安立足现有条件创办了一些学校。而且前线斗争越激烈，培训工作越加强。学校的基本情况是数量比较多，分类比较全，专业设置针对性强。像陕北公学与抗日军政大学、中央党校、延安大学等都属于综合性的。也有专业性的，像专门学习、研究马列主义政治理论的马列学院、专门培训军事干部的军事学院等。此外，还有其他一些教育学术单位，包括从事自然科学研究的自然科学院（李鹏同志就曾经是这里的学生）、培养党的文艺宣传工作者的鲁迅艺术文学院、专门培养妇女干部的中国女子大学、培养青年干部的泽东青年干部学校、培养行政干部的行政学院等。对大批青年和干部奔向延安后进行分配，是组织部门的一项重要工作。

而此时担任中组部部长的陈云在辛勤操劳之际正遭受着老毛病的折磨，这便是流鼻血。

说起来，流鼻血没有什么大不了的，但在陈云身上就不同了。

在陈云4岁的时候，父母因生活艰难而患病并先后不治身亡，好心的舅父廖文光收养了陈云姐弟俩。但舅父一家的经济状况很不好，全家人一年忙到头只是勉强度日。"穷人的孩子早当家"，陈云从小就很懂事，常常帮舅父干活。当时他就已出现流鼻血的问题，但因家境贫寒，无钱医治，后来就不了了之了。15岁的时候，为了缓解舅父的经济压力，希望尽早自立起来，陈云经人介绍到了商务印书馆去当学徒工，不久就参加了革命。此后，陈云长期在白区搞地下工作，无论是身体还是精神经常处于高度紧张的状态。到中央革命根据地特别是参加二万五千里长征后，他一路跋山涉水，饱一顿、饥两顿，生活毫无规律。有时行军打仗情况紧急，连续几天几夜都合不上眼。长期劳累的结果是陈云的身体比较虚弱，心脏方面也有问题，仍不时流鼻血，但每天都如此繁忙，他对这一"小"问题就根本没有放在心上，也不可能放在心上。有时实在严重了，在缺医少药的斗争环境中，他就随便找点什么办法，只要能对付过去就行。

谁知道，后来"小"问题竟变得越来越"大"。

1936年年底，陈云、滕代远按照中央的紧急指示，组团从莫斯科出发前往新疆，并在那里开展抗日民族统一战线工作和接应西路军余部。在抵达位于中苏边境的霍尔果斯口岸、代表团即将返回祖国之时，陈云流鼻血的情况加重了。结果陈云只得只身来到今哈萨克斯坦共和国的主要城市阿拉木图市接受治疗，待病情控制住以后再继续率团履行使命。

这次流鼻血的问题再次出现，而且流血不止，来势与以前相比更为凶猛，给陈云的工作和生活带来了前所未有的麻烦。

在这种情况下，组织上考虑找一位细心、能干、政治可靠的女同志前往中共中央组织部照顾带病工作的陈云。经过认真调查和挑选，这个光荣的任务最后落到了一位名叫于若木的女同志身上，她虽然只有18岁，但已是有两年党龄的中共党员，历史清楚，政治可靠。

尽管于若木以前并未系统学过护理方面的专业知识，但她还是愉快地服从组织的决定，前来中组部报到了。

当时中组部的办公地点设在延安城西山边的一座小四合院里，在紧靠着的小山坡上有七八个土窑洞，第一个窑洞便是部长陈云的办公室兼住所，而于若木的办公桌就摆在这个窑洞的门口，以便陈云在工作时一旦发生情况能及时处理。

经过一段时间医生的努力治疗和于若木的精心护理，陈云的病情得到了控制，他重新全身心地投入工作中。而于若木也离开中组部，进入中共中央党校第 19 班学习。

　　事情似乎就此结束。但实际上，对陈云和于若木个人来讲，一切都才刚刚开始。患难见真情，一根红线已不知不觉悄然将两位具有共同理想的革命者牵在了一起。

　　于若木后来回忆说，他们最初只是相互介绍自己的身世和经历，彼此有了一个基本的了解。后来比较熟悉了，谈的话题就多了起来，从理想、工作谈到生活、爱好。工作之余，于若木喜欢唱歌，像当时在革命青年中广泛流行的苏联歌曲《祖国进行曲》等。每到这时，陈云便成为她最好的听众，说她开头一句"我们的祖国多么辽阔广大"唱得尤其好，夸得于若木俊俏的脸要红半天。

　　两人的了解和感情在逐渐加深，就像每一位初涉爱河的年轻人一样，于若木理不清心中的感觉。

　　直到有一天，陈云问她有没有爱人，谈过恋爱没有。于若木回答说："我还不懂。"陈云说，他现在也没有爱人。接着陈云坦率地问，愿不愿意跟他交个朋友。

　　这时，陈云紧跟着说了一句十分诚恳的话，于若木的心被深深打动了，那一情景至今都还记忆犹新。陈云说："我是个老实人，做事情从来老老实实。你也是一个老实人。老实人跟老实人在一起，能够合得来。"

　　不久，于若木的二哥于道源专程赶到延安。陈云认真、坦诚地向于道源讲述了他和于若木相识的经过，并把对方看作女方家长的代表，郑重地征求于道源对两人婚事的意见。于道源久闻陈云之名，深知他是一位很踏实、很稳重、立场坚定的革命者，对这件事他表示完全赞成。

　　共同的理想、共同的追求、共同的情趣，两位老实人走到了一起。1938年的春天，两人喜结良缘。

　　关于两人相识到相爱的这段过程，陈云婚后不久给于若木远在英国伦敦的大哥于道泉写了一封信，在信中他是这样讲的："我是江苏人，出身于贫苦的家庭，5岁时父母均去世，依舅而生。自高小卒业后，无力继续学习，即在上海书店为学徒有7年余，此后10余年东奔西走直至如今。前年冬由欧返国，病中与陆华（于若木原名陆华）认识，于客岁3月结婚。我们在政治与性情上一切均很合适，唯年龄相差太远，今年我已35岁。近阅报载，欧洲风云甚紧，英伦外交已在开始改变，如果爱好和平的国家能够联合一致，则或者暂时可以阻压迫在眼前之战祸。欧洲华侨甚多，谅在迫切地盼望祖国胜利的消息，我们没有别的来回答国外侨胞的热望，只有更加努力，为驱出日军而苦干，为中华民族之最后解放而苦干。"

在另一封信中，于若木是如此素描般地勾画给她大哥听："前年冬天，他（陈云）回国后看到西北的情形很兴奋，致工作过劳，使流鼻血之旧病复发，过度的流血病势相当严重，病中需要找一位老实可靠的人看护，在学校里便找到了我。（后来）病人与看护的关系转到了夫妇的

1938年3月，陈云同于若木在一起（历史图片）

关系。"

婚礼非常简朴，陈云与于若木都不喜欢铺张此事。大喜之日，陈云掏出一元钱买了些糖果、瓜子、枣子、花生之类的东西。大家坐在一起，纷纷向陈云夫妇致以热烈的祝贺，有的还即兴表演了节目。此后，其他单位和因革命工作分散于四方的一些老战友、老部下得知这一消息，也以各种方式向两位新人表达了祝福，体现了革命同志之间纯洁、深厚的友情。

就这样，陈云与于若木的婚事用一元钱就办完了。多年以后，当陈云在江西南昌的青云浦为自己的儿子陈元办婚事时，人们再次看到了一个类似的简朴而热烈的婚礼。

婚礼结束后，陈云夫妇立即投入到紧张的工作和学习之中。据当时任陈云秘书的刘家栋回忆，婚后，于若木进入中共中央党校，在那里经过5个多月的学习后，被组织送到刚刚成立的马列学院学习，这是一所专门研究政治理论的高级学院。在那里，于若木学习了3年时间。

对在马列学院紧张而充实的生活，于若木终生难以忘怀。她回忆说，当时马列学院请来讲课的大多是一些颇有造诣的著名人物，包括党和军队的领导人、理论家和学者等。其中也包括陈云，他多次应邀前来，主要讲新形势下党的建设工作。下课是爱人，上课是老师，陈云讲的关于"为共产主义奋斗终生"的道理，于若木感到很受启发，对他很钦佩，陈云把这个问题讲透、讲明了。

1941年，于若木因为怀孕，妊娠反应很大，不得不暂时中断在马列学院的学习，住在家中休息了一段时间。此后，马列学院成立研究室，于若木进入研究室学习。

无论是在位于延安城东边桥儿沟的中央党校学习，还是在后来的马列学院学习，于若木都是每周星期六下午才回到陈云那里，只住一天，第二天下午就必须返回学校。正如于若木1939年5月28日在写给于道泉的一封信中所描述的那样："你问我们小家庭的生活情况么？这里无所谓'家庭'。陈云

1983年4月，陈云夫妇漫步于杭州白堤（历史图片）

同志在工作，我在学习。他住在机关里，我住在学校里，每星期六我到他那里住一天，这是延安所谓'住礼拜六'。这里的生活，除吃饭穿衣是公家供给外，还发几块钱的津贴。你问我们要什么书籍，我们不需要什么书籍，我对你有这样一个希望：希望你送陈云同志一支钢笔，因为他没有，不过，这个希望是在你能力所及的条件下，就是你的债还完以后与寄回家里钱以后有剩余的时候（如果关税太重或邮寄不便时也请勿寄）。"

在家中，陈云夫妇相敬如宾，说话从来都是轻言轻语、客客气气的。相邻居住的中组部工作人员从没听见过两人相互间大声讲话，更不用说争吵闹矛盾了。陈云在家里总是爱喊于若木的原名"陆华"，陈云把这看作"爱称"。

当时在延安，一般晚饭过后，同志们都会出来活动活动，或打打篮球、或散散步。陈云夫妇也不例外，每到星期六吃完晚饭，于若木总会陪着陈云出来到延河边散步，长年不断。

大家都认为，陈云后来健康状况有明显改善与妻子于若木的周到照顾密不可分。而于若木本人又是怎样看的呢？

她告诉娘家人说："虽然他大了我 14 岁，但是我对自己的婚姻很满意。他是一个非常可靠的忠实的人，做事负责任，从不随便，脾气很好，用理性处理问题而不是感情用事。所不痛快的是两人能力地位相差太远，在他面前愈显得自己的幼稚无能。"

1944 年 3 月，陈云根据党中央的安排，调离中共中央组织部，担任了西北财经办事处副主任，协助贺龙主任处理边区经济事务。这时于若木也调到陈云身边工作，担任机要秘书，帮助处理来往公文。

从此以后，于若木随陈云转战南北，从关内到关外、从地方到中央，历经抗日战争、解放战争、社会主义建设、"文化大革命"和改革开放等各个历史时期，两人风雨同舟，并肩携手走过了几十年的革命历程。

这就是陈云与于若木的故事：一份缘，一世缘，一世情。

"三不准"家规

分分计较

陈云一生保持着共产党员的本色，严于律己，无私奉公。不仅如此，作为党和国家的高级干部，他对家里亲人也同样严格要求。

陈云给家人订下的"三不准"曾经被广为传颂。这"三不准"就是：不准搭乘他的车，不准接触他看的文件，子女不准随便进出他的办公室。他特别交代，孩子上下学不许搞接送，不许搞特殊化，要让他们从小就像一般人家的子女一样学习和生活。在国家实行供给制时，陈云还严格规定，子女不许与他一起吃小灶。

家人在这方面也予以陈云很好的支持和配合。

当年曾在中央财经委员会工作过的老同志都还记得，中华人民共和国成立之初，尽管陈云夫妇两人在同一个单位上班，陈云是财经委的主任，他的夫人于若木是20世纪30年代参加革命的老同志、老党员，此时在财经委联络室工作。但大家从来没有看见于若木搭过陈云的车，而是天天骑着自行车上下班。相处日久，同志们都感到于大姐无论是吃穿还是言谈，都与群众打成一片，没有一点特殊的样子。了解她的人还知道，于若木与陈云一样善于精打细算、勤俭持家。在家里她给孩子们买毛线织毛衣、买布来缝制衣服时从来都是"分分计较"，算来算去，坚决杜绝浪费。

实际上，"三不准"中贯穿着的公私分明精神是由来已久的，早在延安时期陈云与于若木结婚之后就一直如此了。两人婚后立即投入了工作，陈云在中央组织部工作，于若木到马列学院学习，到礼拜六才回来。每次回家，于若木总是帮陈云搞家务，从来不谈论陈云所主管的事务，双方都很默契，陈云自己不讲，于若木也不会问。有时碰到有同志前来汇报或谈论公务，于若木还主动回避，到外面去。晚饭后，夫妇俩喜欢一道到河边散步，路

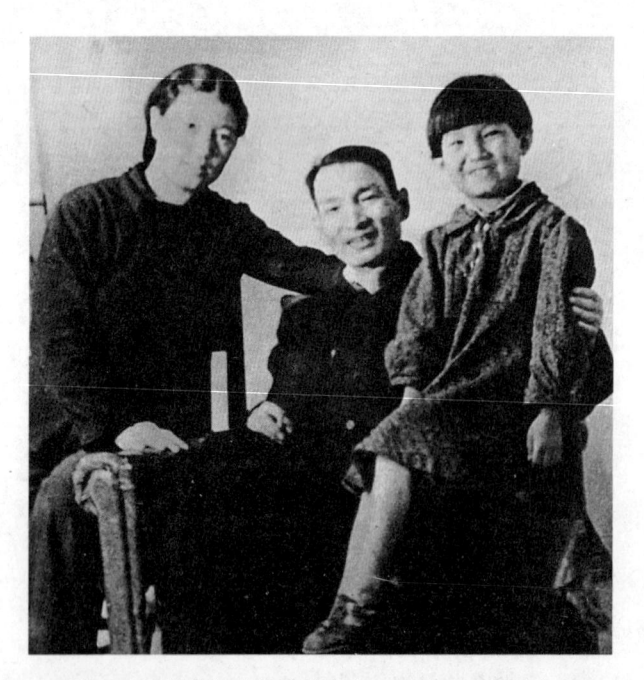

陈云、于若木与女儿陈伟力在一起（历史图片）

第四章
红色掌柜的亲情往事

陈云夫妇同儿女们在一起（历史图片）

上遇到熟人交谈起来，涉及工作上的话题稍大一些的，于若木也都会站到一边，耐心地等他们谈完。

陈云对子女的严格要求，不仅体现在工作、生活上，他还非常关心他们在思想上的成长和进步，要求他们从小品行端正、为人正直、珍惜来之不易的和平生活环境，保持和发扬艰苦奋斗的优良作风，时刻注意绝不能以高级领导干部的子女自居。将来长大成人参加工作后，更要服从党和国家的需要和安排，在本职岗位上严格要求自己，踏踏实实地勤奋努力，力争为国家作出较大的贡献。

据有关同志回忆，陈云的儿子陈方上中学时，曾经发生过一件小事。一次为买东西，陈方从陈云的秘书石长利那里要过钱，陈云知道此事后，便把陈方叫过来问："你从哪儿拿的钱？""石头（石长利）那儿。""石头哪来的钱？""你的工资。""我的工资谁给的？""人民给的。""人民给我的工资，你为什么用?""我是你的儿子,你是我爸爸。""记住,节约一分钱是节约人民的钱,我看你的行动。"陈方点点头。从此以后,他再也不随便用钱了。

在父亲的谆谆教导下,孩子们都很懂事。像陈云的女儿陈伟华和她的爱人不论生活出现多大的困难,也从不向父母伸手,外出也从不用父亲的车,总是自己掏钱买票坐车。

"突如其来"的婚礼

史无前例的"文化大革命"期间,陈云被戴上"老右倾机会主义""反对毛泽东思想"的帽子,受到点名批判,离开了党和国家的领导岗位。1969年,以战备为名,陈云被疏散,离开北京前往江西"蹲点调查"。11月,已化名"陈元方"的陈云及其身边工作人员到达江西后,被安置到占地不到一平方公里、位于南昌市西南郊区的青云浦干休所(后改为江西省军区第一干休所)内居住,并严格保密,平时除到离青云浦一公里左右的江西化工石油机械厂蹲点之外,基本与外界隔离,日常生活起居由所里协助。当时担任干休所副所长的沈玉贵做了大量周到细致的工作,包括亲自安排,将所内最好的8号院专门腾出来作为陈云的居室等。经过对北京来的"神秘"首长短时间的观察和相处,人们渐渐发现,陈首长不仅平易近人、和蔼可亲,而且乐观风趣,喜欢接近所里的普通工作人员,与他们一起谈话聊天。时间一长,人为设置的障碍在无形中消失了,陈云与干休所干部职工之间的关系越来越融洽。

据沈玉贵回忆,1970年所里欢度春节的时候,他前往陈云住处,代表全所干部职工,热情邀请陈云参加干休所举行的节日招待活动。陈云得知沈玉贵的来意后,对大家的心意表示感谢。后来,所里面一再邀请,陈云实在拗不过,就让秘书萧华光和警卫员李奇两位同志代表他本人前往参加。

第四章
红色掌柜的亲情往事

谁知，就在大家酒足饭饱、谈天说地、节日会餐即将结束之际，人们突然发现陈云走了进来。现场立时轰动起来，大家纷纷起立，鼓掌表示热烈欢迎。

陈云环视一圈，微笑着说："大家请我没有来，对不起，对不起！新年来了，祝同志们春节好！身体好！"干部职工都自发上前给陈云拜年，祝他身体健康、长寿。以后就形成了一个不成文的惯例，每逢重要节庆活动，陈云都是婉言谢绝大家的盛情邀请，在家中简单就餐后，再来向大家致以节日的问候。

这一天，沈玉贵接到陈云秘书萧华光的电话说，陈云请他前往8号院陈云居所参加陈云儿子陈元的结婚仪式。老沈听后一下子愣了，这么大的事，所里一点也不知道，什么准备都没做，这怎么得了！来不及细想，沈玉贵急匆匆赶往8号院。他进去一看，干休所政委也在，并且与他一样也是刚刚赶来的，除他们两人，屋内只有陈云、秘书萧华光、警卫员李奇和新郎、新娘。

陈云见他进来，微笑着介绍说："这是我的儿子陈元，这是我的儿媳妇。"沈玉贵向两位新人表示热情祝贺。陈云见他和干休所政委满脸疑惑的样子，于是笑着解释道："他们新事新办，我只买了两包烟、一点水果糖，你们不会有意见吧？来，吃糖喝茶！"说着他拿起饭桌上的烟和糖一一散发给大家，一边散发一边高兴地说："喜烟喜糖，按照中国的风俗习惯嘛，一定要吃的。"

沈玉贵环顾四周，除了墙上贴着一个用红纸剪成的双喜字在提醒客人们，对于陈云一家而言今天是一个特殊的日子以外，整个房间真看不出一点新房的样子，连被子都是向干休所借的。吃着普普通通的喜糖，望着陈云慈祥的面孔和新郎新娘脸上洋溢着的幸福笑容，他不禁鼻子一酸。这就是一位老革命家为自己孩子办的婚礼呀！

青瓦房中充满着朴实无华又温馨的气氛，不时传出阵阵笑语，沈玉贵渐渐陶醉于其中。他应邀参加过许多婚礼，这天的人最少，却印象最深刻，他一辈子都忘不掉。

"读好书""做好人"

陈云非常重视对子女的教育，他的两条基本原则就是"读好书"和"做好人"。

1970年，陈伟华在北京远郊怀柔县的一个山区公社当乡村教师。有一次，她给父亲陈云写信报告说，已经开始阅读马克思、恩格斯等革命导师的书籍。陈云很快便回了信。一向给人以内向、沉稳印象的陈云在这封信中却展现出他内心世界的另一面，那里跳动着一颗作为父亲的慈祥爱护之心。眼见孩子一天天地成长，特别是开始主动找一些富有教益的书来看，陈云压抑不住内心的喜悦，他提笔写道："南南（陈伟华的小名），12月8日的信爸爸收到，我万分欢喜（不是十分、百分、千分，而是万分）。"在信中，陈云还鼓励道："你虽然已开始工作，但还年轻，坚持下去，是可以学到一些东西的。时间有限，每天要挤时间学。"同时，他还谆谆嘱咐女儿，要注意坚持，越是艰苦的环境，越能磨炼人，越要坚持下去。

这封信深深打动了陈伟华，自己只不过刚开始有所动作，父亲就给了这么多的支持和鼓励。自己一定不能辜负父亲的殷切期望，坚持读好书。她在小学是个好学生；进了中学，很快入了团；下乡后，能吃苦耐劳，父亲都不曾给过她什么特别的表扬。可现在，当她自己有意识地翻开马列主义的书时，父亲却"万分欢喜"。她不能不从父亲的"欢喜"中感受到父亲对自己应成为一个会思考的人所抱的希望，不能不从那字里行间体会到身处人生逆境的父亲所保持的坚定信念。

不久，陈伟华回家探望父母，话题很快转到了读书一事上。陈云结合自

第四章
红色掌柜的亲情往事

己当年在延安坚持学习马克思主义理论著作的往事和经验对陈伟华讲，为了能够真正理解无产阶级革命导师的系统的理论，最好先阅读有关他们的传记，了解当时的社会状况、时代背景，然后再由浅入深阅读原著。另外，还要注意读书的方法，要勤做笔记，要善于思考、分析。学习不仅要有计划，更要有毅力，千万不能三心二意。同时阅读的范围要广一些，要通过学习来开阔视野、丰富知识。陈云告诉女儿，当今世界，科学技术水平发展很快，新生事物不断涌现。一个人要跟上时代并能有所作为，除了用马克思列宁主义、毛泽东思想武装头脑，还要多了解世界上其他国家的历史和发展情况，多掌握一些专业技术知识，学有所长，努力成为德才兼备的有用之才。为此，陈云还专门挑选了一本《世界知识年鉴》送给女儿。

1979年5月，陈云夫妇和陈伟华夫妇在杭州（历史图片）

陈云还问陈伟华："现在都读了什么书？"当陈伟华告诉父亲她学习了《共产党宣言》时，陈云接着问道："那么，这本书的核心是什么？""消灭私有制！"她回答得非常干脆利落。对此回答，从陈云的表情可以看出，他很满意,这说明孩子读书有深度、有思考。

陈云对家人严格要求,对自己的亲戚也同样如此。

陈云4岁的时候便成了孤儿,是家境贫寒的舅父廖文光夫妇把陈云姐弟俩接过来抚养长大,因此陈云对舅父一家怀有深深的感激之情。中华人民共和国成立后,他经常拿出自己微薄的薪金尽可能地帮助家乡人,但在这方面,原则性很强的陈云绝不假公济私。

廖文光的儿子成人后,由于腿脚不灵便,从事农事活动困难很大。这时有人给他出主意,去找已经在首都做了"大官"的陈云。于是,他一瘸一拐来北京,见到了陈云,希望陈云能给自己安排一个比较合适的工作。陈云热情地接待了表弟。在得知来意之后,陈云委婉地讲:"你生活上有困难,我要帮助你,政府也会帮助你,但不能因为我做了干部就可以搞特殊化,你应该回到乡里去参加一点力所能及的劳动。"还有一次,另一位亲戚也向陈云提出了类似的要求,陈云依然婉转地请他回家安心务农。他说:"你是我的亲戚,更应该回去好好种地,为人做出表率来。"

陈云多年担任领导职务,因为工作的关系,老部下、老同事、老熟人也不少。对他们的子女,陈云也有相应要求,那就是"遵纪守法、读好书"。他对同志们明确讲:"如果生活有困难,孩子上学有困难,我会帮忙。如果孩子出了事找我,你找上门来,我不但不帮,我还会批评你。"

陈云有一位在1927年组织小蒸地区农民秋收暴动时并肩作战的老战友,两人之间的革命感情十分深厚。后来,这位同志的孩子因为家庭经济问题不能上学,陈云得知此事后,当即把他接到北京来,让他住在家里,并送他去上学。在后来写给他的一封信中,陈云还谆谆教导他要保持谦虚谨慎,力戒骄傲自满。陈云说:"我与你父亲既不是功臣,你们更不是功臣子弟,这一点你们要切记切记。要记得真正的革命功臣是全国老百姓。"

对陈云来说,这方面的事例不胜枚举。

偶然翻看手边一份报纸,正巧是国外一篇关于中国"小皇帝"现象的报道，陈云不禁搁下笔来，心潮起伏、感慨良多。

严，只因为爱；爱，不能不严。

"你应该回去"

乡村女教师

正在田里翻着地的人们纷纷扬起头，循着声音望去，心里感到甜滋滋的，孩子们念书正念得欢呢。

眼下，这抑扬顿挫的读书声已成为全村每天最动听的音乐。乡亲们一听见这声音，说不出为什么，心里就感到踏实、欣慰。有的人回家还要忍不住拉过孩子问上一句："今天陈老师又教你们什么功课啦？"

尽管村里人为孩子们学习，专门动员起来把一个早已废弃不用的地方给腾了出来，但这仍然是一间无论从哪个角度来看都不"合格"的教室。

教室里摆着十几张东拼西凑找来的长方桌，有的已很破旧，桌面坑坑洼洼，有的摇摇晃晃，令人担心随时会散架；还有的四条腿已经不齐，孩子们只好在下面垫上砖头、旧絮等物勉强保持水平。教室的正面是一堵土墙，用白灰在表面涂了一层。墙的中间用黑漆刷过，充当黑板，有的地方已漆片剥落，露出白底，显得格外醒目。黑板上方正中央挂着一幅毛泽东画像，前面放着一张讲台，同样破旧不堪。讲台上，一盒粉笔、一块抹布仿佛相依为命般，冷冷清清地紧紧靠在一起。教室的后面则是学生专栏，正中"好好学习、天天向上"几个字是用红纸剪下贴上去的。专栏分为两部分，一部分专门张贴一些学生的作文和老师的评语；另一部分则是"知识窗"，是老师从报纸、杂志上摘下来的一些记载中外名人像马克思、恩格斯、毛泽东等勤学苦练的故事和文章，以及历史、地理、科普等方面的小常识、小逸闻。这个专栏孩子们最喜欢看，看完以后还总追着老师问："老师，什么时候换？"老师总是微笑着回答："别急，等大伙都看完了就换。"过不了多久，孩子们便会发现，专栏里又出现了新知识。教室的侧面一边是墙，一边开着窗户，窗框是用木头做的，显得很陈旧。窗户上糊着纸，由于山里风大，夜里常常被吹破。第二天早到教室的孩子总是主动将破洞补好。天长地久，可以明显看到窗户上层层叠叠、五花八门的纸片。尽管如此，教室在冬天依然很冷。老师上一会儿课，总要让大家活动活动，搓搓手、擦擦脸。有时老师还带同学们做有趣的小游戏，大伙玩得都很开心，然后继续上课，孩子们觉得听讲的效果特别好。

教室是破旧的，但这间屋子的主人们却充满生气。台上，年轻的女教师长得清清秀秀，身上所穿衣服的颜色和式样则是当时最普通、最常见的。台下，一群孩子个个瞪着明亮的大眼睛，目不转睛地仔细听着。有的时候，突然会有个孩子举起手来，老师便停下来，孩子站起来，略显不好意思地问："老师，刚才您讲的我还没有听明白，'196'的答案是怎么乘出来的？"老师于是回头来重新讲述一遍，再问孩子听懂了没有。孩子使劲点点头。于是，老师继续讲下面的内容了。

这里描述的既不是专门讲述乡村教师感人事迹、曾获中国电影最高荣誉——"华表奖"——的《凤凰琴》

陈云在家中为孩子们拍照（历史图片）

中的镜头，也不是谢园主演的《孩子王》中所发生的故事。这是一件真人真事，故事的主人公名叫陈伟华——陈云的亲生女儿。时间是 1970 年，地点是北京远郊山区贫困县怀柔的辛营公社。那一年，陈伟华 23 岁，她 60 多岁的父亲被下放到千里之外的江西省南昌市郊区某化工石油机械厂"蹲点"。

父女情深

当陈伟华以优异成绩从北京师范大学女子附中毕业时，如暴风骤雨般"坚决扫除一切牛鬼蛇神"的"文化大革命"已经拉开帷幕。早些年因为反"冒进"和建议"包产到户"而遭到批评并被剥夺了工作权利的父亲也在劫难逃，"右倾机会主义""修正主义""反对毛泽东思想"等大帽子接连飞来。受此牵连，陈伟华继续念大学是不可能的了，她很快从对未来美好的憧憬中走出来，开始面对现实。

现实比想象中的要更严酷一些。陈伟华原本只想同其他同学一样找个工作单位就行了。一是在实际劳动中不断锻炼自己，二是也早日能够自立，给面对天下大乱而忧心忡忡的父亲带去些许宽慰。但现实是无情的。几乎像是有谁在暗中操纵似的，凡是陈伟华找上门的工厂、单位，在听完学校对学生本人的介绍后都表示，这样品学兼优的学生非常愿意要，但时隔不久，便又都突然告知，最后决定不要了。有的解释一下原因，有的则根本不做任何说明。个中缘由后来才知道，原来拟接收单位在调阅学生档案后一查，发现陈伟华赫然是主张"包产到户"的陈云的女儿，于是纷纷改弦易辙了。

了解陈伟华的学校领导和老师不忍如此委屈一位优秀的学生。他们费尽心力，几经周折，最终联系到了怀柔县。

当陈伟华回来将消息告诉父亲时，陈云表示支持，并说："你应该做好思想准备，到喇叭沟门、碾子那种贫穷山区去。"

陈伟华到怀柔报到后，县里考虑陈伟华是师范附中毕业的，而眼下山区教师又极其缺乏，因此把陈伟华分到辛营公社。就这样，陈伟华成了一名普通的乡村女教师。

初到山村，陈伟华感觉一切都很新鲜。乡亲们也十分热情，经常到陈伟华的住处问寒问暖。有时，家里做好吃的，像打到一只野兔、山鸡之类的，乡亲们总忘不了给新来的"教书先生"端来热滚滚的一碗。经历了刚上三尺讲台时的紧张与兴奋，陈伟华逐渐和孩子们熟悉起来，工作也慢慢走上了正轨。

但是，山区的生活毕竟是很单调、艰苦的，许多方面都与城市中的不一样。天长日久，当夜幕降临、夜深人静之时，陈伟华心中不时袭来阵阵孤独感。特别是遇到困难、碰到不顺心的事时，她更加思念家人，不知道他们最近都怎么样了。她想，家里人也一定在牵挂着只身在外的她。

终于有一天，陈伟华早早起来踏上了回家的路。一路上，想到亲人面前痛痛快快地倾诉自己这段时间以来种种感受的想法在她心中特别强烈。尽管山里刚下过雨，路很滑，走起来高一脚低一脚的，但是，"回家，回家"是陈伟华心中唯一的念头，从辛营到怀柔县城几十里的山路不知不觉就在身后消失了。

傍晚，陈伟华见到了那扇熟悉而现在似乎变得有些陌生的家门。她想，家人见到她突然出现在面前，不知会多么高兴！

门开了，她首先见到了父亲，她也确实见到父亲眼中溢出的那遮掩不住的喜悦之情。但很快，父亲的脸色变得严峻起来，显得有些惊异。只听陈云问道："怎么这么快就回来了？""我……"陈伟华一时语塞，感到千头万绪齐上心头，不知从何说起。当听到父亲讲"你应该回去"的时候，她的泪水再也忍不住滚下了脸庞。此时的陈伟华只感到委屈，只想像小时候那样好好在父亲面前痛哭一阵。是啊，毕业至今，对一个刚出校门、初涉人世的年轻人来讲，经历的事情实在太多太多了。

第四章
红色掌柜的亲情往事

晚上,陈伟华与父亲交谈了很久。陈云给女儿讲了许多。从作为一名革命者的理想和追求讲到如何走人生道路,从自己的经历讲到年轻人的成长,陈云鼓励她在乡村好好干下去,并表示相信她不仅能留得住,而且能干出好成绩来。陈云对陈伟华说:"你们就得自己到社会上闯一闯。特别是女孩子,要想在社会上站得住脚,一定要在政治上成熟起来。"最后,陈云讲:"家里你就放心,明天就回去,孩子们的功课缺不得,安心在那儿教好书、育好人。"陈伟华郑重地点点头。

这个晚上,陈伟华终生难忘。对她来讲,陈云是一位慈祥的父亲,也是一位循循善诱的长者。

第二天一大早,陈伟华就赶回了学校。从此,她在怀柔山区安下心来工作了多年,直至粉碎"四人帮"、高考制度重新恢复以后,她凭自己的勤奋努力考上北京师范大学,才依依不舍地离开了这块曾经挥洒过青春汗水的土地。

在辛营期间,陈伟华担负着繁重的教学任务,一人挑几副担子,既教语文、数学,又要上历史、地理课;既教刚入校门的一年级学生,又要辅导高年级学生。晚饭后,她还要批改学生作业、准备教案,有时则到学生家里家访,坐在炕头与学生父母谈心。

几年间,任务再重,陈伟华也从来没有因为个人事务耽误过孩子们的功课。除此之外,她还像一位普通农民一样,参加公社、生产队里的农业劳动和水利建设,插秧、除草、收割、担水、拾柴,样样干。遇到农忙季节,她更是熬更赶夜,一天只能睡三四个小时。

渐渐地,陈伟华与老乡们之间的关系越来越融洽,淳朴、善良的山里人格外关心、照顾这位从大城市来的年轻姑娘,他们虽然说不出更多的语言,也拿不出很多的东西,但陈伟华从朝夕相处中,常常能体会到老乡们对她这个外乡人的深情厚谊。他们从不用"左"的眼睛看她、对待她,也不计较她的父亲正受批评、正靠边站。即使多年以后,这段乡村生活仍时时引起早已重返都市的陈伟华绵绵不尽的回忆。

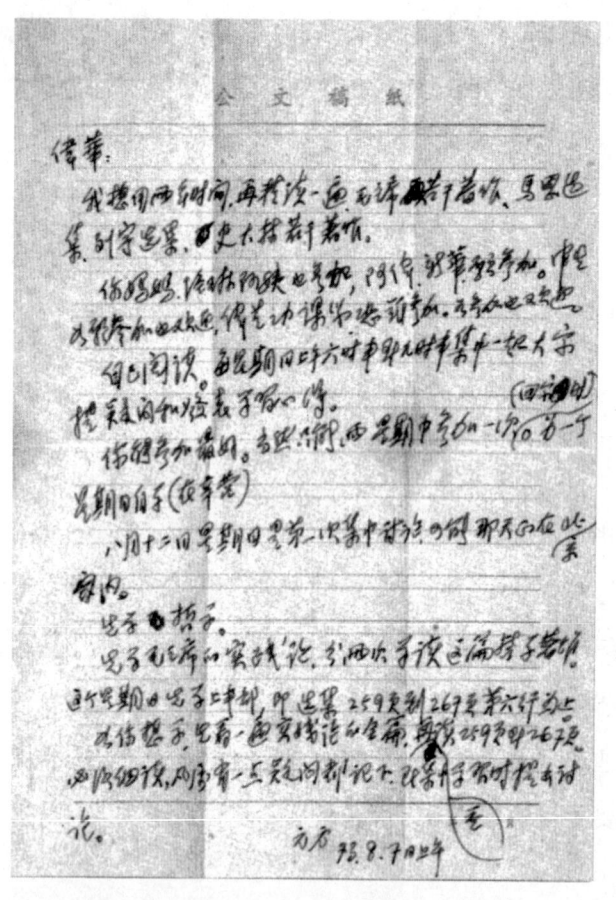

1973年8月，陈云关于学习马列著作问题给女儿陈伟华的信（历史图片）

陈伟华每次回北京，总是事先到老乡家询问，看看他们有没有什么事情需要顺道办理，特别是山区物资比较匮乏，有些什么布料、物品需要从城里捎带回来的，陈伟华都一一记录下来。她回来时通常大包小包，一到村口，老乡便都围了上来，纷纷上前帮忙拿东西。孩子们从带回来的这一大堆物品中，时常能发现一些新鲜的东西，直往前蹿，好奇地摸摸弄弄，有时不免被同来的父母训斥上两句。久而久之，这成了这个偏僻而宁静的小山村的一道风景线。每到这时，陈伟华总是默默地站在一边，悄悄地把汗抹去，心中感到甜滋滋的，一路上身负重物、顶风冒雨、翻山越岭的辛苦也在不知不觉中烟消云散了。

人间自有真情在。每当陈伟华回家看望父母，乡亲们都忘不了请她给陈云捎上几句话，用最质朴的话语表达请他多多保重身体的心愿。而每一次，当陈云听了陈伟华的转述后，脸上也总是露出和蔼的笑容。

一晃几年过去了，陈伟华得到了全面的锻炼，她从一名中学毕业生成长为一位意志坚定、自信、自立、能干、成熟的青年教师。她的进步也得到了党组织、领导与群众的认可。1974年，当"四人帮"再次攻击当时刚从江西下放地回到北京、协助周恩来总理工作的陈云所主管的外贸部"问题严重""在工作上执行的是一条卖国主义路线"等甚嚣尘上之时，经辛营公社党委批准，陈伟华光荣地加入了中国共产党。

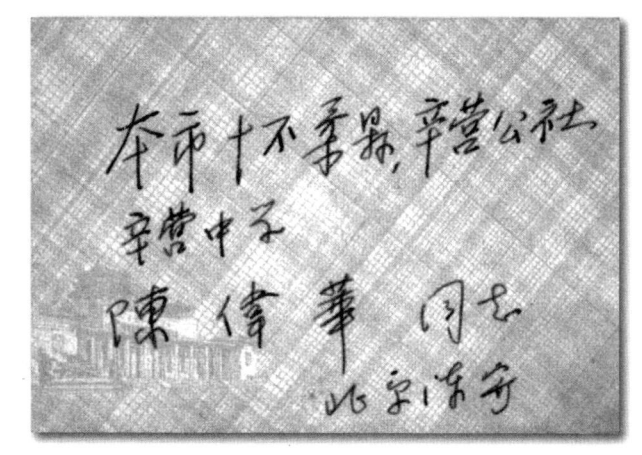

1973年8月，陈云关于学习马列著作问题给女儿陈伟华的信。上图为信封（历史图片）

那一天，陈伟华心中充满了幸福感。她想起几年前那个夜晚与父亲的长谈。到这时，她深深理解了父亲当年鼓励她回来，就是要让她在艰苦的环境中不断锤炼自己，向群众学习、向生活学习，在工作中成长、在工作中进步。此时，她恨不得能马上飞回去，将这一喜讯告诉父亲。她知道，父亲一定会非常非常高兴的。

两颗核桃的故事

与栗子一样，核桃是素有"京郊一枝花"之称的北京市远郊山区县怀柔的特产之一。此地出产的核桃，壳硬肉厚，不仅营养丰富，吃起来口感也好。改革开放后，核桃成为怀柔出口创汇的一个重要的拳头产品，远销日本、韩国、东南亚等地。

20世纪70年代，陈云的手关节出现问题。主治医生建议，除加强治疗之外，平时若能多注意有重点地增加手指关节等部位的活动，会有助于尽快恢复健康。陈云的女儿陈伟华当时正在怀柔辛营公社担任乡村教师，她得知此事后，心中很着急。后来她突然想到，这里不是盛产核桃吗？而且个大壳硬，平时把它们握在手里搓，不是可以起保健作用吗？就这么办！陈伟华从一大堆核桃中精心挑选出两颗，利用回家的机会给父亲捎了回去。

陈云一见就喜欢上了，大小正好合适，手感很好，便立即握在手里转动起来。听着那清脆的碰击声，随着转动越来越纯熟，陈云高兴地笑了起来，连声说："好，好，正适合。"陈云这一搓，从此就再也没有放下过，这一对核桃成了他的心爱之物。无论居家还是外出，都少不了它们的身影。天长地久，核桃被磨得锃亮，陈云也越来越喜欢它们，他常常对家人讲："这就是我的健身球！"

每当看到父亲手搓核桃怡然自得的样子，陈伟华的心中总是有一种温馨的感觉。她常常想到小时候，由于父亲工作很忙，整天忙着处理公务，平时很难见到他。有时终于见到了，父亲总是笑眯眯地把她拉到怀里，一边在小脸蛋上亲，一边问："扎不扎？"她咯咯地笑着说："不扎！"父亲听后，顿时情不自禁地哈哈大笑起来。

1977年，全国恢复高等院校招生考试制度，陈云听到消息后很高兴，嘱咐妻子于若木迅速通知女儿陈伟华。陈伟华闻讯后，与父母一样高兴得不得了。自己从小就梦想有朝一日能跨入那神圣的殿堂，在干净、明亮的大学教室中听满腹经纶的著名教授、学者讲课，在摆满书架的图书馆看书、查资料，遨游在知识的海洋中不知疲倦，那是多么美好的事情呀！

陈伟华转念一想，却又不禁愁上心头。自己从小学习刻苦，考试成绩总是名列前茅。但在"文化大革命"期间，父母靠边站，上大学是自己想都不敢想的事，高中毕业就只能出来工作了。这几年一直忙于教学，各方面的工作和表现都不错，已被当地党组织批准加入了中国共产党。因此，对于高考所考课程的内容和深度、广度，可以说她都一无所知。眼下离高考只有两个多月时间，就连马上将复习课本和相关资料凑齐都有难度，更何况平时还要正常上班。考虑到自己已年满30岁，不再像10年前，机会考一次就少一次，梦想会越来越遥远，就这样，在千头万绪齐上心头之际，她突然想到了母亲曾经讲过，认识一位在大学工作的同志，那……能不能请他来指导一下自己呢？主要是想了解一下如何复习。来不及多想，陈伟华提笔给家里写了一封信，将目前的情况和打算给父母讲了。

于若木很快回了信，信中讲道："爸爸说这叫走后门。"陈伟华看完信后先是感到吃惊，继而又感到有些委屈。自己并无"走后门"之意，只是想请人家指导一下复习而已。

但她很快便想通了。

这一年的高考是在"十年动乱"的浩劫刚刚结束、"交白卷光荣"、"宁要社会主义的草、不要资本主义的苗"等口号刚刚消失的背景下，在邓小平和父亲等一批老同志的力主下才恢复的。对于这一"文化大革命"后的首次高考，可谓万众瞩目。大江南北，各学校的教师、学生，特别是像自己一样分散在各生产建设第一线知识青年都密切关注着此事。

而作为党中央来讲，这次高考组织得好不好，不仅将直接影响今后每年高考的运作，更是体现粉碎"四人帮"之后，党的干部政策、用人制度的一个极为重要的方面。父亲是将这次高考放在了为实现四化选拔人才、培养人才的战略高度来看待的。因此，他希望自己的孩子能像那些三十岁上下的同龄人一样，在没有任何帮助的情况下，拼意志、拼干劲，给这次考试、给人生交上一份满意的答卷，也只有这样才能使人真正成才。

想到这里，陈伟华深深为父亲的胸怀和对自己的深切关怀感动了，不知不觉中眼里噙满了泪水。放下父亲的来信，她立即开始了准备工作。她边复习自己手中已有的课本，边从同学、朋友处借来自己没有的课本和资料。白天工作，晚上的时间则全部用来复习，她暗暗下定了"头悬梁、锥刺股"、决不向困难低头的决心。

农村的生活条件是很艰苦的。时值隆冬，屋里很冷，到处透着风。坐着看书，感觉冷了，她就起来边走边看书，或者喝口开水暖暖身子。有时实在冻得不行，她就钻进被窝，在被窝里看，看着看着，有时倦意袭来，就赶紧用冷水擦脸，揉揉眼睛，再坚持一阵。实在困得受不了，她就干脆坐起来看。有好几次，自己什么时候睡着的都记不清楚了。

艰苦的努力加上原来较好的学习基础，陈伟华终于如愿以偿。当手捧那份清晰地印着自己名字的录取通知书时，她激动得从头到尾、逐字逐句、反反复复看了好几遍，生怕漏掉什么似的。她首先想到的是赶紧向父母报告这个喜讯。她要让父母知道，这条路自己硬是走过来了。她还要向父亲说一声"谢谢"。

转眼就要毕业了，工作去向的问题摆在面前。陈伟华回家征求父母的意见。陈云曾经说过，四化需要人才，人才需要教育，教育需要教师。现在，他希望女儿像以前在农村教书一样今后继续搞教育工作。"当教师，好！"陈伟华郑重地点点头。但后来由于中央和国家机关十分缺乏接受过高等教育的人才，因此，组织上将陈伟华分配到了某机关。当陈伟华将此事告诉父母时，陈云表示，要服从组织的决定。他说："国家有国家的需要，还要服从国家分配，接触社会面宽一些，也是有好处的。"

宁可让自己的孩子感到受一点"委屈"，也要坚决以身作则，让孩子沿着开朗、积极的人生轨道发展下去，这是陈云的严格，作为父亲对孩子的严格，更是陈云的爱，作为父亲对孩子的爱。

女儿送的、来自山区的那两颗普普通通的核桃，陈云一直都非常喜欢。它们伴随在陈云身边，陪着他走完人生的最后旅程。

第四章
红色掌柜的亲情往事

悠悠故乡情

"青浦教案"

在江南众多璀璨夺目的明珠当中，有一颗坐落于太湖平原东部，属今上海市。因有青龙江穿流其间而汇入吴淞江，境内有五浦，故得名"青浦"。历史上，青浦县治兴废有所反复，它最早于明朝嘉靖二十一年（1542年）即设县，县衙门设于青龙镇。后于1553年废县，在明万历元年（1573年）又恢复，并将县衙改在唐行镇设立，第二年开始大规模基础建设，历经两年时间完成。

青浦渠塘纵贯境内，翠竹遍植，古塔林立，如唐朝的青龙塔、泖塔和清朝的万寿塔等，是一个十分美丽富饶的水乡。20世纪五六十年代，陈云回到青浦做社会调查，望着湖当中一个个小村庄，树木葱茏、竹林环绕，总是驻足多时、流连忘返。

同封建社会时的许多地方一样，青浦几百年的宁静在近代也被外国殖民主义分子的枪炮打破了。

上海近代史，是中国从封建国家向半殖民地半封建国家转变过程中的一个典型写照。在这里，来自西方的殖民文化与古老帝国的传统文化发生着激烈的碰撞。尽管刚开始"东风"尚且能敌"西风"，但随着清朝政府的日益腐败和帝国主义扩张野心的愈加膨胀，上海最后成为殖民主义者侵略压迫中国人民的重要据点，人称"冒险家的乐园""被出卖的城市""十里洋场"等。

哪里有剥削、哪里有不平等，哪里就有反抗。不甘屈辱的中国人民一代代前仆后继地进行了反帝反封建的英勇斗争，涌现出许多可歌可泣的英雄人物。1848年，震惊中外的"青浦教案"便是一声愤怒的呐喊。

上海开埠之初，清政府只是迫于形势，对个别口岸和地区作了开放，而且对开放的程度和内容也作了严格规定和控制。上海便是其中的一个典型。当地官员规定，外国人不准经上海前往内地，外出的距离最远要以能在一天之内往返为限，并且不准在外住宿过夜。

当时驻上海的以英国公使为首的外国殖民主义分子，由于还没有完全摸清清政府的虚实，所以表面上表示同意。但对侵略扩张野心正处于膨胀期的他们而言，岂甘长期如此？他们一直在等待、寻找、制造适当的"机会"。

1848年3月8日，以英国传教士麦都思为首的3名外国人未经报请清朝当地主管衙门批准，擅自乘船前往青浦，并在青浦大肆活动，向当地群众散发宗教小册子，引起中国百姓的不满。此外，三人还与停泊的漕运船只上的水手发生了争吵。在争执过程中，一名教士竟然手持拐杖大打水手，顿时激起民愤。混乱中，三名外国人也受了轻微外伤。后在青浦县衙门出面干预下，事态才平息下来，三名教士被专人护送回了上海市区。

英国公使得知此事后，认为这是一个好机会，于是开始了一系列蓄意扩大事端的做法，企图借机进一步扩张在中国的殖民利益。他首先直闯上海道台衙门，提出缉拿所谓"凶手"的无理要求。其他国家的驻沪公使一看有机可乘，也为虎作伥、狼狈为奸，一道向清政府施压。腐败的清政府外强中干，不问青红皂白，一连几道圣旨发给上海道台，要求"及早完结，免生枝节"。道台衙门不敢怠慢，竟把10名水手抓来充作"凶手"，并将其中一个判决充军偏远的新疆，一人监押，同时给予三名教士300元赔偿。

这一处理激起了中国人民的无比愤慨，也使帝国主义分子再一次看清了封建王朝外强中干的真面目。此后，他们的殖民主义扩张变得变本加厉、明目张胆起来，气焰也越发嚣张了。当年年底，仅英国就迫使清政府将其在上海的租界面积由800亩一下子扩张为2800多亩。法、美等国也紧随其后，纷

第四章
红色掌柜的亲情往事

上海市青浦练塘，陈云的故乡（历史图片）

陈云夫妇在杭州同群众在一起（历史图片）

纷提出类似的无理要求。近代中国人民的苦难越来越深重了。

"新科状元"

　　青浦是陈云的故乡，在这里，他度过了难忘的童年和少年时代。当时的生活是艰苦的，也是充满乐趣的。陈云喜欢听评弹、喜欢练毛笔字，都是在这一时期打下的基础。陈云还喜欢在家乡遍布的竹林间玩耍、捉迷藏。陈云一直谦虚，说自己是"小学生"，就是指小时候在练塘镇上的颜安国民学校高小部念书，毕业后就投身革命事业，戎马生涯，而不再有机会接受基础性教育这件事。

　　参加地下斗争之后，陈云还于1927年9月大革命失败后，腥风血雨之际毅然回到家乡，不久担任中共青浦县县委书记，领导农民开展秋收暴动。在组织起义和与贫苦农民日常生活的相处中，已成为一名成熟、坚定共产党人的陈云与乡亲们结下了深厚的情谊。后来暴动失利，陈云在当地群众冒着掉脑袋风险的掩护和保护下，避开了敌人的7次"通缉"和无数次危险。后来为了革命，陈云离开了家乡，长期奋战在外，直至全国解放，陈云才有机会重返故土。

　　陈云一直心系着家乡人民。中华人民共和国成立后，已经担任党中央副主席、国务院副总理的陈云曾4次前往青浦搞社会调查，看望家乡百姓，了解他们的生活。在1961年的第4次调查期间，就像当年地下斗争年代一样，陈云与当地农民同吃同住，并仔细询问关系到国计民生的一些情况。在此基础上，陈云写出了《母猪也应该下放给农民私养》《种双季稻不如种蚕豆和单季稻》《按中央规定留足自留地》三个具有普遍性意义的、结论明确的调查报告，引起中央的高度重视。

　　在陈云眼中，青浦不仅是生养自己的地方，更是有着特殊感情的地方，

第四章
红色掌柜的亲情往事

1984年春，陈云夫妇在杭州同群众在一起（历史图片）

这里水美、竹美、书美，人更美。陈云曾经多次讲，在最艰难困苦的对敌地下斗争环境中，是故乡人民支持和保护了我，我的心始终和故乡人民联系在一起。

到了晚年，陈云尽管身体状况不是太好，但依然关注着家乡的发展变化，特别是改革开放以来所取得的巨大成就。

1993年5月25日，88岁高龄的陈云亲切接见了来自故乡的代表，并仔细倾听青浦县、练塘镇领导的详细汇报。当他听到青浦由于经济发展迅猛、国民生产总值保持两位数增长、综合经济实力连续几年上台阶，因而被誉为上海市郊的"新科状元"时，他的脸上露出了欣慰的笑容。陈云询问得十分仔细，特别关心故乡的生产情况和教育情况，陈云离开家乡参加革命的时候，家乡的教育水平还只能完成小学课程的学习。当他问当地领导，娃娃们现在是否都能入学受教育时，县领导兴奋地汇报说，在各级领导的高度重视

陈云在上海会见青浦县及练塘镇党政领导同志（历史图片）

和大力投入下，青浦的教育状况已经发生了翻天覆地的改变，小学、初中、高中一应俱全，学龄儿童做到了人人有学上、人人有书念。陈云听后高兴地点头表示赞许。当得知故乡人民早已用上了自来水，大部分农家用上了煤炉、液化气和抽水马桶，陈云连连说："好、好，要扎扎实实地为民办实事。"

农业也是陈云最为关心的内容之一。他向来自故乡的地方领导详细了解：当前农业发展的情况如何，农民还养不养猪，种粮食的积极性怎么样，手上的余钱多不多，农闲时节都从事什么活动等。他再三嘱咐县镇的"父母官"们，经济发展了，粮食够吃了，仍然要重视农业的基础性地位，把农业抓好，在这个问题上坚决不可掉以轻心。他语重心长地讲："有粮吃与要粮吃味道不一样，有粮吃主动权在自己手里。"陈云还对镇党委书记说："一定要讲实话、办实事，扎扎实实地把每一项工作做好。"

会见自始至终充满了亲切、温馨的氛围。陈云始终面带微笑，情绪高昂，精神饱满，不时流露出对家乡的深深眷恋之情。他还愉快地回忆起小时候在练塘用"脚划船"、自在地在水乡穿梭来往的情景。

陈云曾经讲过,"四化需要人才,人才需要教育"。会见结束后的第二天,他又让秘书打电话给镇领导,专门转达一句话:"一定要把教育抓好,今后社会发展要靠教育。"

陈云心系故乡人民,故乡人民永远怀念陈云。

1995年4月,陈云因病在北京不幸去世。噩耗传来,家乡陷入一片悲痛之中。陈云的邻居、已84岁高龄的沈福宝老太太泣不成声地说:"'大哥哥'(小时候对陈云的称呼)时常惦记着我们这些老乡亲,每次回到故乡,他总是把我们邀去见面叙谈,问长问短。这些年来,他时常让夫人和孩子来乡下探望我们,给我们捎来爱吃的点心和水果。他工作那么繁忙,却记得我的眼睛有病,专程让人给我带来了药片和眼药水。当得知乡亲刘老汉一家因劳力不足,生活十分困难,'大哥哥'立即给刘老汉一家寄来了生活费,以后每月都是如此按时寄来,一直到刘家生活好转为止。"

真可谓:悠悠故乡情,拳拳游子心。

/第五章/

红色内幕：生活中的陈云

◎ "我一进北京就住在这里，到现在已有20多年了，俗话说，'金窝银窝不如自己的草窝'，我还舍不得离开这里呢！"

◎ 作为全国财政金融和经济建设与管理事宜的具体负责人与主管，陈云在访问中的事务是非常繁重而艰巨的，需要出席和主持多个重要的外交会谈。为此，陈云在出国前专门制作了一套藏青色的毛料中山服，因为在衣柜中实在找不出一件像样的、适合外事活动的衣服。

"金窝银窝不如自己的草窝"

在战争年代，陈云过的基本上是居无定所的生活。在白区领导党的隐蔽战线工作时，敌我斗争非常残酷，特殊的工作使陈云需要经常更换住所，有时遇到紧急情况，半夜三更都要转移。到了中央革命根据地，由于国民党军队一次次疯狂"围剿"，企图将革命扼杀在摇篮之中，陈云经常随红军部队在崇山峻岭之中行军，过着基本上是天为帐、地为席的生活。有时大部队能够安顿下来一段时间，陈云又往往因为身兼多职要到各处了解和处置情况而走到哪里住到哪里。后来随部队长征，陈云担任纵队政委，边走路边打仗，每天都十分劳累，有时在路边倒地便睡了。

直到全国抗战开始，陈云在延安担任中共中央组织部部长一职，以及后来与于若木结合，才相对固定地有了一个住所。

那时陈云有一间窑洞，先用作办公兼宿舍，结婚后用作办公兼新房。据当时在中组部工作的老同志回忆，窑洞里的布置"一目了然"：只有一张办公桌、一把木椅子、一把旧的帆布躺椅，还有一个旧的、用木头做成的书架和一个在陕北地区冬天必备的烧木炭烤火用的火盆。

在延安工作、生活 8 年多后，随着抗日战争的胜利和革命形势的新发展，陈云根据中央的安排前往东北，担任了中共东北局委员、北满分局书记兼北满军区政委，后前往南满任南满分局书记兼辽东军区政委。东北是国共两党大决战的第一个战场，是双方的必争之地。因此，在接下来几年中，黑土地上的战火不断，斗争异常激烈，仗打得前所未有的大，陈云的居住情况自然战争"色彩"十分浓烈。

第五章
红色内幕：生活中的陈云

延安窑洞旧址（历史图片）

随着1949年的到来，解放战争逐渐接近尾声，全国的解放形势慢慢明朗下来，陈云才与人民一道开始过上安定的生活。

陈云说："我是老北京，一开国就在中央工作。"

那么"一开国就在中央工作"的"老北京"住得怎样呢？

在北京北长街有一个独家小院，院子不大，内有一幢二层高的小楼，这便是长期担任党和国家高级领导人的陈云从中华人民共和国成立之初入住而后长达30余年的办公兼生活住所。除陈云外，陈云的家人和身边的工作人员也在此居住和办公。

这幢楼因年久失修，房顶有多处漏洞，一逢雨天就滴滴答答漏起雨来。房间墙壁上的漆也纷纷脱落，露出下面的白灰，显得很不协调。由于久无人住，蟑螂、老鼠四处出没。即使这样，陈云在搬进来时仍然表示很满意，并告诉工作人员不用将墙壁重新粉刷或油漆，因为"这不影响我办公"。工作人员看到楼梯上铺的地毯因多年使用，上面的毛已经基本磨掉，人走在上面容易打滑，于是建议请管理部门的同志换一条新的。陈云听后表示，上下楼梯时注意些就是了，不要换了。

陈云的办公室有 10 多平方米，兼作书房用，有时有客人前来也常常在此叙谈。屋内陈设简单，却体现出房间主人的情趣。尽管革命已经成功，陈云职务也更高了，但细心、了解情况的同志会发现，屋中的布置与延安时期并无本质上的差别，除了办公桌、电话、台历、椅子、两张旧沙发等办公基本设施和一个衣架孤零零地立在房屋一角，最引人注目的还是紧靠墙壁的一排书柜。陈云一生好学不倦，许多马克思主义经典著作百读不厌。书柜中除领袖著作外，还有一整套《鲁迅全集》，陈云对鲁迅的气节和文采十分欣赏。陈云工作闲暇时，特别喜欢听上一段评弹录音。这是陈云从小的爱好，也被陈云视为缓解疲劳、调节情绪的好方法。书柜里齐齐整整地摆放着上百盘的评弹磁带，旁边则是一部老式收录机。

住在这幢简易的小楼中，陈云全身心地策划指挥了共和国建立之初经济领域"三大战役"、国民经济第一个五年计划、对资本主义工商业的社会主义改造、"大跃进"之后的经济调整等国家重大经济事务。

但有时，即使这样凑合的住所也要经受考验。1976 年，唐山地区发生中华人民共和国成立以来罕见的强烈地震，给当地人民的生命和财产带

陈云在北京北长街住所（历史图片）

来巨大损失。北京及其附近地区也震感明显。陈云所在的小楼尽管脚跟站稳了，但也发出了危险警报。尤其是用砖块瓦砾和泥土填在中间砌的墙壁"原形毕露"，在陈云办公室南边的墙壁霍然出现了一条两米多长、两三厘米宽的裂缝。机关行政部门立即安排对整幢楼房进行全面检查，发现情况比想象的还要严重。用木材做的房顶支架由于有几十年历史，正在变朽，加上这次地震，已经出现了明显的错位和松动；受环绕故宫的护城河影响，楼房地基下面比较潮湿，砖石受侵蚀情况严重，坚固程度也令人十分担忧。

为此，有关部门的同志进行了仔细分析和研究，之后建议，鉴于房屋检查出的隐患比较多，目前又处于强烈地震的敏感时期，为了确保首长的安全，暂时请陈云搬到别的地方居住，等旧住所拆掉重新建好之后再搬回来。这一建议报到陈云那里，陈云认真听了大家的意见，最后说："我一进北京就住在这里，到现在已有20多年了，俗话说，'金窝银窝不如自己的草窝'，我还舍不得离开这里呢！这幢楼房虽然老了旧了，我看总比北京一般市民住的房子要好得多吧！像这样的房子要拆掉，周围老百姓看了要说话的，影响不好，做事不能脱离群众，我不搬。"同志们把理由再次作了陈述，并表示如果以后发生较强地震导致首长在安全问题上有所闪失，这责任就重大了。陈云面带微笑，以坚定的语气讲："这个责任不要你们负，是我决定不搬的，由我来负。"

看到首长如此钟爱自己的旧居，机关的同志不得不退而求其次，连夜采取了一些应急性加固措施。这次加固和临时防震设施直到粉碎"四人帮"后的1978年6月，陈云在延安时期的秘书刘家栋前来看望老部长时还随处可见。特别是院子中盖的防震棚，尽管上面已经空空荡荡，但那大钢架子依然挺立着，给刘家栋留下了十分深刻的印象。

就这样，自1949年5月陈云从东北来到北京住进这里，直到1980年在有关部门的反复建议下，陈云勉强同意乔迁新居时，屈指算来，陈云在这座简易小楼中一住就是30年。

一件棉坎肩与两套中山服

一件棉坎肩

在中国革命博物馆（现为中国国家博物馆）珍藏着一件棉坎肩。

"我们不走了，都留在南满，一个人也不走！留下来打，要在长白山上打红旗，摇旗呐喊！……你们是让我来拍板的，那我拍板就是要坚持南满！一个人都不能走。坚持就是胜利。"

这是陈云在1946年出席东北解放战争历史上著名的"七道江会议"时，以中共辽东分局（也称南满分局）书记兼辽东军区政治委员的身份拍下的"关键时刻决定性的一板"。前些年播出的电视连续剧《四保临江》就是围绕这一重大历史事件展开描述的。

在中国革命博物馆珍藏着的那件黄中泛白、补丁层叠的棉坎肩，正是陈云在那个时候穿上的。

当时陈云接到辽东军区司令员萧劲光从七道江打来的紧急电话后，连夜从辽东军区所在地临江赶往七道江。时值隆冬，天气奇寒，陈云拿起一件旧军大衣便出发了。抵达七道江后，已是深夜。陈云顾不上休息，与萧司令员就下一步的作战思想特别是是否顶住当前面临的巨大困难、在南满坚持下去的问题深入交换了意见。接着，陈云还与部分师以上干部进行了谈话，了解他们的想法和前面会议的一些情况。次日，陈云便主持召开了"七道江会议"，就在这次会上，他拍了板。会议结束，陈云又与大家商讨具体的作战方针和为保卫临江而要采取的一系列措施和步骤，并与部分原来建议撤往北满的同志交谈，以进一步加强沟通、统一认识。那几天，陈云很少合眼。

这一切同志们都看在了眼里。白天一直操劳，一到晚上，陈云就坐在灯下，拟写电文或研究敌情，还不时哈哈手，把大衣往身上紧一紧。大家心中十分感动，也十分担心。大敌当前，政委可别累坏了身子、可别冻着了！同志们总想做点什么来表达一片心意。

当时担任辽东军区参谋长兼后勤部部长的唐凯也在其中。不久，他给陈云送来特意请人缝制的一件棉坎肩。陈云望着坎肩久久没有说话，战友的深情令他感动。之后，陈云一直非常珍视它，长年带在身边，走遍大江南北。38个春秋过去了，这件棉坎肩穿到了1984年，陈云身边的工作人员细心数了数，上面已经有32个补丁！陈云这才同意换了下来。此事后来被中国革命博物馆的同志了解到，感到这是一件十分珍贵的革命纪念物品，便专程登门，希望能够收藏它。

一件普普通通的棉坎肩，折射出一段老一辈无产阶级革命家的佳话。

两套中山服

陈云共有两套毛料中山服。

1952年8月，中共中央决定组织以国务院总理周恩来为团长，以副总理兼中央财经委主任陈云、主管经济建设和管理的副主任李富春为副团长的高级代表团，前往苏联访问，并下榻于苏维埃旅馆。代表团随行人员中还有30多位专家。这次较大规模的访问负有重要使命，就是就新中国的国民经济第一个五年发展计划与苏联政府有关部门和专家学者交换意见，并争取苏联的大力援助。

作为全国财政金融和经济建设与管理事宜的具体负责人与主管，陈云在访问中的事务是非常繁重又艰巨的，需要出席和主持多个重要的外交会谈。

陈云在江西"蹲点"时穿过的藏青色中山服（历史图片）

为此，陈云在出国前专门制作了一套藏青色的毛料中山服，因为在衣柜中实在找不出一件像样的、适合外事活动的衣服。

那也是陈云的第一套毛料中山服。第二套灰色毛料中山服则是1954年陈云随中共中央高级代表团访问越南时定制的。

这两套毛料中山服在陈云那里受到了特别"保护"。他访问归来就收起来，平时是舍不得穿的，只在国内一些如"八一"建军节、"十一"国庆节招待会等重要场合或会见外宾等外事活动中才让它们"亮亮相"。活动一结束回到家里他也赶紧收起，换上普通衣服。天长日久，中山服有些部位开始出现磨损情况，陈云就请他的夫人于若木拿出针线来缝补，有时实在不好补，就请身边的工作人员送到街上专业店缝补几下。就这样，在陈云的特别"保护"下，尽管是20世纪50年代初期制成的衣服，但到80年代陈云穿着时依然其新如故。不仅如此，陈云日常穿的衬衣之类平常衣服也都是补上又补，总是不"贬值"，大家见了之后无不感慨万分。

除棉坎肩和毛料中山服之外，陈云还有两件"古董"随身相伴。一件是皮箱，另一件是刮胡子刀架。那个皮箱是抗战时期陈云使用的，而刮胡子刀架的"历史"要更长一些，是1935年9月陈云从上海出发前往苏联莫斯科之前买的。当时陈云肩负党中央的绝密使命，向共产国际介绍红军长征以及遵义会议的主要情况，重新建立与共产国际的联络，并争取共产国际的理解和支持。这两样东西一直在使用，直到1995年陈云不幸逝世。

对陈云的"布衣素食"，身边的同志感慨，周恩来也曾赞叹不已。

有一次，周恩来总理来到陈云的家中。在回家的路上，他对身边的工作人员深有感触地讲："你们要向陈云同志学习，他工作那么忙，家务安排得很细致、很有规律。他吸烟，只在办公室吸，睡觉房不吸。他穿的大衣是两用的，春、秋是夹大衣，到了冬天，把做好的厚绒衬衣里用几个扣子扣上，就是厚大衣……陈云同志真会过日子，我们应该向陈云同志学习。"

陈云说："经济不摆在有吃有穿的基础上，我看建设是不稳固的。"

自己"吃穿事小"的陈云，心中想的却是老百姓的"吃穿"大事。

下面我们就来看看陈云的"吃"。

首长的布衣生活

陈云不喜欢"吃"，更确切地说，不讲究"吃"。

早餐：豆浆、面包、果酱和稀饭。午餐：一份肉菜、一份蔬菜。晚饭：一份蔬菜、一份烧豆腐。主食：米饭。

这是改革开放后陈云身边的工作人员提供的一日菜谱。虽然一年四季市场时鲜之物在变，但只要居家，此菜谱便固定不变，哪怕是逢年过节或陈云过生日也照此办理。

在陈云的饭桌上见不到海参、鱼翅和燕窝之类的东西，陈云说，这些东西太名贵。

尽管菜谱实在太普通，见不到大鱼大肉，不过从中倒能反映出陈云在

陈云一贯公私分明、克己奉公、严于律己（历史图片）

饮食上的一些观点和习惯。

陈云从小出身贫寒，饱受生活磨难，深知粮食得来不易，"粒粒皆辛苦"。参加革命后，条件一直比较艰苦，特别是在长征中，既要忍饥挨饿，还要带兵打仗，经常饱一顿、饥一顿的，因此陈云十分强调节约。他在20世纪70年代初期下放到江西时，曾对工人同志们讲，我们国家还很穷，处处都要注意节约，节约是我们国家建设的法宝。在家里，陈云更是节约的模范。除前述"住""穿"之外，在"吃"的问题上更是如此，绝不"摆谱"，绝不浪费。

同时陈云比较强调科学饮食，注重营养结构。"粗茶淡饭"并非不养人，只要调节得当，就是最好的饮食。因此，素有"植物肉"之称、物美价廉的豆制品在陈云的菜谱里是必备的；而蔬菜因富含多种维生素，并具有多种身体调节功能，像萝卜助消化、冬瓜利尿、苦瓜清热等，也被陈云"相中"。同时，必要的动物蛋白也是不可缺少的，一"素"到底也不科学，因此，陈云也安排了一个肉菜。同时考虑到晚餐不宜吃得过饱，因为晚上通常活动少，消化比较慢，因此将肉菜放在午饭中。至于米饭，相信绝大多数南方人都是有此偏好的，主食"能不吃面食就不吃"。为避免浪费，每餐的米是定量半两，用秤称的。

科学、合理的安排和进餐习惯，使陈云的身体一直保持比较好的状态，他的体重长期保持在60公斤上下。

反观时下的"小小胖墩"现象,家庭条件好了,高蛋白、高脂肪一股脑儿往孩子身上"招呼",如此"蛮干"的结果自然又要为如何实现"减肥"犯愁了。

"吃"要节约,"吃"也要科学,这便是陈云的一日三餐告诉我们的道理。

不过,细心的读者可能会发现,这张食谱总感觉有那么一些"偏素"。不错,这里面也包含了陈云的一丝"无奈"。由于在战争年代长期的无规律饮食,时间久了,肠胃功能就发生病变,再加上医疗条件差,从小毛病就慢慢发展成痼疾,这使陈云的饮食从此受到了很大的限制,只能多吃少数几样易消化的食物。对此,陈云曾风趣地讲:"过去革命战争年代想吃,没有东西吃,现在革命胜利了,有东西吃了,又不能吃,自己真是没有口福啊!"

上面的食谱是在20世纪八九十年代国家经济实力大为增强之后的,那么20世纪五六十年代的情况又如何呢?自然更简单。

据陈云当时身边的工作人员回忆,早饭是稀粥、馒头、花卷,再加一点咸菜。午饭、晚饭炒的菜里面,肉放得很少,鸡蛋也很少吃。由于伙食太差,工作又十分繁重,而陈云每天的身体消耗很大,于是大家提出能不能每天午饭和晚饭时给首长单独炒一小盘稍微好点的菜。陈云得知这一建议后坚决不同意,他说:"现在吃的不是比以前好多了吗?不必要。"

当然,陈云的"吃"也会有变化的时候,比如外出。作为高级领导人,陈云不时会因公暂时离开居家或调查或开会等,这时候陈云的"规矩"是"不吃请"。

有一次陈云在某地检查工作,到吃饭时间,接待部门为陈云准备了一桌酒席。陈云一见顿时很不高兴,坚决要求将其撤掉,直到换上平日的一荤一素才肯坐下来吃饭。

20世纪五六十年代,陈云几次回到青浦老家农村进行社会调查。当时担任小蒸乡领导的吴福林老人后来感慨地回忆说:"记得1961年陈云同志到小蒸乡搞调查研究时,只带了3个人,也不住饭店,住在当年一同开展农民运动和地下斗争的战友陆铨生的普通农舍里。吃的是粗茶淡饭，每顿饭只有两小碟菜，喝的是农家大麦茶。从没有见过大鱼大肉，也从不见他吃零食，不见他抽烟喝酒。要知道此时的他，已是中共中央副主席、国务院副总理。"

"睡眠第一，吃饭第二"

"多做就是少做，少做就是多做"

通常陈云给人的第一印象是，眉清目秀，中等身材，略有些清瘦，脸庞棱角分明，让人感受到其内心坚忍不拔的意志力。稍作交谈，则会发现，陈云性格平和、内向，话不多，语言质朴。他在对方说话时十分注意倾听，从不打断对方。如果遇到个别他认为还需要作进一步探讨的地方，陈云会等讲话间隔时，才提出请对方把刚才的观点再讲一下。因此，交谈者总会感觉陈云是那么的端庄沉稳、平易近人。

当然，如果能有幸在陈云身边工作，就会对其有更加深入和全面的了解。你会看见他吃饭的时候总是细嚼慢咽、不急不忙的，会看见他经常出现在院中漫步的身影，会看见他闭目欣赏评弹录音的神情，会看见他挥毫泼墨的豪迈气势。但是，你绝对看不见他大怒或者大喜的表情。

陈云喜欢跟身边的工作人员说些工作之外的事情，像如何做人、如何处世、如何保持健康的身体和乐观向上的思想状态等。同志们在工作上、生活中碰到什么问题、困难或者不顺心的事，他也非常关心的。陈云一生淡泊宁静、为人清廉。他不喝酒、不打扑克、不打麻将，也不爱跳舞娱乐，更不喜欢外出应酬。他在战争时期曾抽过烟，但在新中国成立后就毅然戒掉了。他既不请人吃饭,也不接受别人的宴请,因此生活极其有规律。在他的带动下,大家都保持着良好的生活习惯,有的同志还把多年吸烟的习惯改了。

陈云对休养之道颇有心得,常给工作人员不少指导和启迪。

他的基本观点是,一定要把握好繁忙的工作与必要的休息之间"度"的问题。他说:"多做就是少做,少做就是多做。"因为,"注意劳逸结合,细水长流,就能多做工作。不顾劳逸结合,伤了身体,就不能多做"。真是在生活中也充满了辩证法。

陈云在中南海(历史图片)

1972年4月,陈云从江西回到北京,开始协助周恩来指导国家外贸工作。由于这一领域受"左"的错误影响十分严重,陈云为开拓进出口工作的新局面付出了大量心血。在一次与中国人民银行行长等同志谈话时,他说:"我是一天打鱼一天晒网。"陈云在这里使用的这句老话不能按通常意义来理解,他其实是把紧张的工作比为"打鱼",把必要的休息比喻为"晒网",讲的还是上面的道理。

据一位曾担任陈云卫士的同志回忆,20世纪80年代他的爱人生了孩子,陈云闻听此事后,就如何照顾母婴特地对他仔细叮嘱了一番。陈云说:"要多喝点鲫鱼汤和鸡汤,鲫鱼汤是下奶的;要用母乳喂孩子,母乳营养最全面;小孩子哭是一种运动,是好事,不能一哭就喂奶,还是按时喂奶。"

陈云在生活中非常重视确保充足的、高质量的睡眠时间,他甚至说过,"睡眠第一,吃饭第二"。

这一观念是他在长期的革命战争环境中养成的。陈云给大家讲:"在长征中,在遇到后有追兵、前有敌人堵截时,往往需要急行军,必须绕道走很多路,才能避开敌人的精锐部队,保存自己的有生力量。因此,吃不饱肚子是常有的事,但当部队找到了宿营地,许多人的第一件事不是吃饭,而是设法找地方睡觉。因为,只有恢复体力,才有胃口吃饭,即使吃不上饭,也会有体力走路。"

实际上,想归想,就长期担任党和国家高级领导职务的陈云而言,这往往是难以"落实"的。

就拿中华人民共和国成立初期来说,陈云担任了中央财政经济委员会主任,直接领导全国的经济恢复与建设工作,责任十分重大。而当时全国的经济形势非常严峻,基本情况是"一穷二白、百废待兴"。同时,外有西方国家对我国实施的经济封锁和美国在朝鲜发动的侵略,内有旧时代留下的恶性通货膨胀、投机分子的疯狂进攻,还有敌特土匪有待肃清等,陈云肩上的担子很重。

为此,在党中央、毛泽东的大力支持下,陈云领导实施了经济领域中的几次大的行动,一举稳定了物价、统一了财经,对粮食实行统购统销,彻底清除了恶性通货膨胀,安定了民心,从经济上巩固了人民政权,使国家经济转入正常的健康发展轨道。三年经济恢复结束之后,紧接着,陈云转入领导国民经济第一个五年计划的制定与实施工作,全面展开大规模的基本建设工作,可谓超负荷投入工作,没有也不可能有充分休息的时间。

在这段时间,陈云每天工作十七八个小时,致使睡眠严重不足,生活也变得很不规律。一次，苏联援华顾问团总顾问毕考金看陈云整天从早忙到晚，便提醒陈云说，还是要注意身体。陈云对苏联同志的关心表示感谢，并回答："身体还可以，就是睡觉太少，一天 4 小时都保证不了。"

粉碎"四人帮"后，陈云担任了新成立的国务院财政经济委员会主任。在人民大会堂主持召开的第一次会议，他情不自禁地回忆起中华人民共和国成立之初那紧张繁忙的工作与生活节奏。陈云讲："解放时，我 44 岁。那时，可以三班倒、四班倒，上午、下午开会，晚上同周总理谈，午夜去找毛主席，安排得满满的。"

1962年2月，陈云同李先念交谈（历史图片）

这是陈云睡眠时间最少的时期之一，也是他卓有成效的工作得到包括中央领导人在内的来自各方面的评价最高最丰富、肯定最多最充分的时期之一。连原国民党高级将领张治中先生在听了陈云所做的政府经济工作报告后也说："我在国民党政府时，从来没有听到过像陈云同志这样精辟的经济工作报告。"

"你是好人"

陈云的奕奕风采不仅给在他身边工作的人员心中留下了难忘的回忆，也总是深深地打动着普通的干部和群众。陈云经常因公外出，或检查工作，或搞调查研究。每到一地，他都与当地干部群众打成一片，嘘寒问暖，帮助他们排忧解难，即使在自己受到不公正待遇、"靠边站"的时候也依然如此。

20世纪60年代末期，陈云被下放到江西。一次，陈云得知他所居住的青云浦干休所副所长沈玉贵家庭经济情况比较困难，情绪有些受影响，就主动找到他并安慰说："小沈，我知道你的生活不很宽裕，这是暂时现象，将来我们的生活都会好起来的，一定会好的。生活越艰苦，越要劳逸结合，爱护好身体。身体是工作的本钱，你有再好的思想，若身体不好也没法工作，不能为党为人民多做好事。干革命需要好身体作保障。"陈云还以自己为例，强调了爱护身体的重要性。他说："我也有点钱，但要考虑孩子读书上大学，舍不得吃。现在孩子大学毕业参加工作了，生活也好了些，但我身体又不如以前了，想吃东西却吃不了多少，一个苹果要分三次才吃完，一个面包切成片一次只能吃一片……爱护好身体很重要啊！"末了，他还嘱咐沈玉贵："当然，不能借钱吃，借了人家的钱总是要还的。要靠劳动所得，自己有就吃，没有不要吃，千万不要借钱去吃！"

沈玉贵听陈云为一位普通干部的生活讲了这么多，心中感到热乎乎的，眼含泪水，只是使劲点头称是。

1961年6月，陈云回到家乡青浦搞社会调查。在抵达当年组织秋收暴动的小蒸乡后，他住进了自己的一个亲属、农民廖开弟的家中，一直住了15天。当地政府和乡亲们的烟茶招待和请客吃饭他一概谢绝，陈云天天与普通农民一样吃喝。不仅如此，由于当时正是经济困难时期，粮食、肉蛋供应缺

第五章
红色内幕：生活中的陈云

1969年10月至1972年4月，陈云被下放到江西化工石油机械厂"蹲点"。图为该厂外景（历史图片）

乏，日用品也很稀罕，商店的货架上常常空空如也，偶有几件也是样品，只看不卖。陈云看到这种情况后，专门向身边人员打招呼，不要在当地买东西，否则这里的老百姓可买的就更加有限了。

在调研期间，陈云与公社干部、农民谈心，深入农家、商店、公社自办工厂、饲养场等处仔细察看，组织多个专题座谈会，了解农民吃、住等日常生活和种地、养猪等生产情况，投入大量的精力进行全方位调研。

针对自留地问题，当时存在种种看法，农民一边种地一边提心吊胆。陈云到来后的一番讲话打消了他们心头的顾虑。陈云说："自留地是农民的生产生活关系重大的问题。农民有了自留地，我就放心了，不会饿死人了……中国历来农民造反，都是在粮食问题上造反的。有自留地，农民就安定了，自留地要留足！"

看到农民的生活仍然很艰苦，陈云的心中沉甸甸的。在几次座谈会上，他都诚恳地对在座的农民乡亲讲："我是国务院副总理，现在把你们搞得没有饭吃，犯了错误，对不起老乡们。请你们把我这个意思也给各位老乡讲一讲。"

陈云还风趣地问大家:"我是好人,还是坏人?"

"你是好人。"群众说。

陈云说:"我虽然是好人,结果办了错事情。"

在调查中,不少农民向陈云反映,为加强田间管理,实现不减产,要联系产量、包产到户。这样,农民进行农业生产特别是粮食生产的积极性高,不仅不会减产,还能增产。群众的这些反映引起了陈云的深思。

陈云的记忆力惊人,常常让大家惊讶。下放期间,他曾经到江西省石油化工机械厂蹲点调查。他每到一个蹲点的班(组),一开始通常是挨个询问大家的姓名、年龄、籍贯、何时进厂等。起初工人师傅们并未在意,直到后来,只要陈云再见到其中的一位,便会立即叫出他的名字来,人们才感到非常惊奇。当时的蹲点是一个班组一个班组地换着去。有一次陈云在锻工班蹲完点后就到其他班组去了,几个月后偶然又回到锻工班,大家纷纷围拢过来欢迎老首长。陈云环视一圈,突然问起了某某师傅,说今天怎么没见到他。锻工班的同志顿时呆住了,一则一位普普通通的工人师傅竟在陈云心中的印象如此之深,二则六十好几的老同志记忆力还这样好,确实不同凡响。大家连忙告诉陈云说,那位师傅因患感冒今天请假上厂里的医院去了。

对于陈云的记忆力,陈云的亲人和在身边工作的同志印象更为深刻。陈云的夫人于若木就曾说,陈云的记忆力很好。在延安当中央组织部部长时,陈云能叫出1000多名干部的名字!据有关同志回忆,即使到了晚年,陈云住院治疗的时候,他的记忆力仍然非常好。每逢通过收音机听到国内外重大新闻,他都会及时转告大家。

有同志曾经好奇地问陈云,他的记忆力怎么会这样好。陈云讲,这大概是由于过去长期在白区做地下工作,为了保密,很多事,特别是人名都只能用脑子记的关系。另外,要做群众工作,带领队伍,叫不出人家的名字,怎么行呢?

第五章
红色内幕：生活中的陈云

陈云旧居位于南昌市青云浦区的江西省军区第一干休所院内。"文化大革命"期间，陈云曾在此"蹲点"劳动（历史图片）

陈云的一生是革命的一生、战斗的一生，即使我们从他的日常生活习惯上来看，也都能感受到这一点。

"踱方步"

"最累的时候"

陈云喜欢散步。

邓小平和陈云的共同点很多。两人都是我党老一辈的无产阶级革命家，他们的一生伟大光辉，丰富多彩，他们一直肩负着党和国家的使命、民族的

229

未来。而且无论工作压力多重、政治风浪多大，也从未压垮他们。两人享年都超过了90岁，因为他们一直都保持着豁达、乐观的性格，他们非常注意身体锻炼和保持良好的心理状态。

更有意思的是，邓小平也喜欢散步，他和陈云都相信那句老话，"百练走为先"。当然也有不同，如在散步的具体操作上，邓小平散步极讲规律性，圈数、路线基本不变，相比之下，陈云散步则较为随意一些，或多或少，全凭心意。

其实两人喜欢散步不仅在于活动锻炼，更把它当成思考问题特别是重大问题时的一种特别形式，而且往往是问题越大或者压力越大，他们的散步越多。这便是陈云经常讲的"踱方步"。

"踱方步"与"闲庭信步"不同，"踱方步"实质上是一种工作方法，要求从日常事务中"拔"出来进行战略性思考，不要整天埋没在具体工作中，要能集中精力考虑一些重大问题。

20世纪60年代末期，尽管在南昌陆军学院的小院内缓缓散着步的邓小平在"散"的形式上有所不同，但实际上是一样的，因为邓小平和陈云都是

1983年10月，陈云同邓小平交谈（历史图片）

在"踱方步"。此时"踱方步"的思考，使他们在10多年后把整个国家带进了一个崭新的时代。

"踱方步"看似轻松，其实最累。

在领导国家经济工作中，陈云曾经多次对负责具体部门的同志们讲，一定要拿出一定时间来"踱方步"，考虑战略性问题。

1988年5月，陈云在杭州（历史图片）

陈云自己也有切身体会。战争时期，他曾经在东北担任中共北满分局书记。当时的斗争形势是非常严峻的，外有强敌压过来，内部要清匪除霸，开展练兵运动、加强粮食生产、巩固根据地等，无不需要投入巨大的精力，不能也不允许出现大的工作失误。

一次，陈云曾深有感触地对大家说："你们看到我整天忙于找人谈话、开会、了解情况、处理一般文件与日常工作时，我并不累，因为那只是在实践中加深对事物的认识，还来不及对重大问题作全面、系统的分析；当你们看到我静下来了，而是一个人待在这里，关起门来，总是走来走去的时候，才是最累的时候，因为那是在重大问题上集中精力对调查所得（包括集体研究的成果）作全面、系统的思考，是要花力气、下功夫、全神贯注的。凡是做领导工作的同志，都需要这样做，这是任何领导者的主要职责，不如此便不能引导大家发现新问题、研究新问题、解决新问题，便不能发挥应有的领导作用。"

挑"炸药"

"踱方步"不仅最累,而且有时还可能非常"危险"。

"民以食为天,食以农为本。"粮食生产在陈云心中从来都是一个特别重大的问题。他始终坚持认为,占中国人口80%的农民,是我国最基本的国情,农民问题、农业问题不处理好,什么事情都做不好。他说:"没有粮食是最危险的。"针对为了尽快致富,某些农村地区片面重视经济作物生产而忽视粮食生产的做法,陈云曾告诫说,千万"不能因为发展经济作物而挤了粮食产量。粮食还是第一位的"。

1951年5月,中共中央召开宣传工作会议,陈云在会上发言指出,发展农业仍然是"头等大事"。50年代末期,陈云在写给中央财经小组成员的一封信中说:"我国粮食问题还没有过关。粮食定,天下定;粮食紧,市场紧。粮食现在仍然是稳定市场最重要的物资,一定要做好这一方面的工作。"

为了粮食,陈云不在意重复强调;为了粮食,陈云宁愿挑上一次"炸药"。

中华人民共和国成立初期,尽管在全国各地的大小战斗基本结束,但是美帝国主义又在朝鲜挑起了事端,并在背后怂恿盘踞台湾的蒋介石叫嚣所谓"反攻大陆"。为了保家卫国,我国政府毅然决定派中国人民志愿军赴朝参战。前方的战斗需要大量粮食,在后方,一方面清剿残余国民党军队和土匪的任务依然很重,另一方面当时农村的主要工作是进行土地改革,铲除人剥削人的封建土地关系,同时由于生产力水平较低,粮食产量一直不能得以大幅度提高,再加上国际反华势力对我国实行封锁政策,粮食、棉花等是重点禁运物资。上述种种因素综合在一起,致使到1952年,全国的粮食供应形势已经出现紧张迹象。1953年上半年,紧张的形势进一步加剧。

第五章
红色内幕：生活中的陈云

"手中有粮，心中不慌；无农不稳，无粮则乱。"如何解决好当前尖锐的粮食供销矛盾以稳定大局，成为摆在中央财经委员会各位领导同志面前的一个重大课题，尤其是作为主任委员的陈云更是深感责任重大。

经过充分调研和反复讨论，最后形成了8个解决方案。这些方案各有各的道理，也各有各的风险。究竟哪一个更适合当前的状况、更可取一些呢？陈云开始"踱"起"方步"来。

那几天，陈云身边的工作人员看见首长在小院中、在屋内默默无语地散着步的时候尤其多，大家都知道这意味着什么，都相互提醒不去打扰。

"方步""踱"完，陈云的决心也下了。

1953年10月10日，全国粮食工作会议召开。这一天，陈云向大家阐明了自己认真思考后的结果。他认为，8种方案中有7种都不可选择，而可选择的只剩下又征又配这一种，即采取在农村征购粮食、在城市配售粮食的办法。对这一最终选择的"危险"，陈云也做了充分思想准备。他说："我这个人不属于'激烈派'，总是希望抵抗少一点。我现在是挑着一担'炸药'，前面是'黑色炸药'，后面是'黄色炸药'。如果搞不到粮食，整个市场就要波动；如果采取征购的办法，农民又可能反对。两个中间要选择一个，都是危险家伙。"陈云强调，经过反复考虑，他感到，还是农村征购、城市配售的办法比较好一些，能在保持社会稳定的前提

1952年，全国粮食产量达3088亿斤，比1949年增长44.8%，比新中国成立前最高年产量增长9.3%（历史图片）

下，解决当前的粮食困难。

实践再次证明，陈云"踱方步"得出了正确的结论，经受住了历史的检验。

其实，"踱方步"不仅适用于思考重大问题之时，有时还会给人带来一些人生心得。对此陈云颇有感受。他曾经就看待某些同志身上的个别不足之处时，如何才能做到比较全面、客观和辩证，发表过下面一段精辟的看法："自高自大当然不好，是坏的，但是这种看法往往包含片面性。我们要进一步地看，每一个坏处同时也有它的好处。这个人自高自大，但是做起事来有自信心，这种人多少有点才能，因为他起码总有点本领才敢自高自大。"针对与之相对应的另一种情况，他说："懦弱无能当然也不好，可是其中也有它的好处，好处是小心谨慎。"后来，陈云告诉大家，上述思想就是在"踱方步"时得出来的。

晚年的陈云，依然喜欢散步。即使病情加重，身体越来越虚弱，但他散步的习惯不改。哪怕步子再小、哪怕只能在病房中、走廊上，只要能够，他都要起来走走路。有时实在不行，他就提出让身边人员搀扶着也要离开病床起来坐一坐。

放松身心、锻炼身体的方法有多种，散步不一定要学，但陈云的"踱方步"却值得我们去好好学。

| 第六章 |

史海钩沉：掌柜趣事

◎"有些人认为共产党爱讲政治，共产党员是冷冰冰的。这不对，共产党员也是人，而且感情最丰富，所以他才能以爱人之心牺牲自己的一切！"

◎阿婆面有急色，气喘吁吁地跑到陈云跟前，一张嘴，嗓子就有些哽咽："昨晚，我的一只老母鸡被偷了。这叫我咋办哟……"这时有位同志在一边嘟囔了一句："这么一点小事，也跑来惊动首长？""不，我看事情一点不小。"陈云沉思道……

第一支航空队

"借鸡（机）生蛋"

我军历史上的第一架飞机是红军时期的"列宁号"，那是从国民党军队手中缴获过来的。它曾经飞临敌人阵地上空抛掷手榴弹和传单，一时传为佳话。后来因为第五次反"围剿"失败，红军开始二万五千里长征，这架屡建战功的飞机由于不便于携带，为不落到国民党手中而将其拆散埋入了地下。

直到20世纪30年代末期，我军将士才再次驾机飞上蓝天。与以往不同，这次不仅数量不止一架、类别不止一种，而且机型还比较先进。

那还是1937年的事情。

这一年，按照党中央的指示，陈云、滕代远等组成代表团赴新疆开展建立抗日统一战线、接应西路军余部和建立国际援助物资运输通道的工作。5月7日，陈云风尘仆仆，将几百名西路军余部（其中主要来自左支队）的干部战士从位于新疆与甘肃交界处的一个著名隘口——星星峡——接回了迪化。

当时的形势是，新疆地域广阔、地处偏远、民族众多，社会情况十分复杂。当地的实力人物是人称"土皇帝"的新疆边防督办盛世才。此人原系一破落家庭子弟，善于钻营，工于心计，年轻时曾前往日本士官学校深造，回国后在蒋介石的参谋部任职。后来他处心积虑，于1933年夺占了新疆的军政大权，成为西北地区一大军阀。此后，基于地缘政治的考虑，为达到牵制国民党中央政府和独霸一方的目的，盛世才频频向苏联政府示好，特别是抗日战争开始后，他更是表现出一副进步的姿态，打出"反帝、亲苏、民主、清廉、和平、建设"六大口号，对中国共产党也是在表面上希望改善关系。与此同时，为了在亚洲方向建立起一个比较友好的外部环境，以便在稳定后方大局的基础上，集中力量专心对付欧洲咄咄逼人的希特勒法西斯分子，苏联政府最终接受了盛世才的友好表示。双方经过协商，达成盛世才同意苏联在迪化建立办事机构，同时苏联向盛世才提供一定的物资特别是武器装备援助，并派人培训其军官和士兵的协议。

这样一来还解决了苏联政府向中国共产党提供当时中国革命急需的武器装备、物资、器材等支持所寻找的国际交通路线问题。该援助原本计划考虑通过蒙古国通道实施，但后来由于日本军队将侵华战争进一步扩大，悍然入侵了绥远等地，使这一运输线因抗战烽火而中断。在苏方与盛世才搞好关系之后，该问题迎刃而解了。

关于这段曲折过程，陈云后来在20世纪80年代曾回忆道："与盛世才最先建立联系的是苏联。我们党和盛世才的联系是通过苏联建立的，对盛世才采取的统战做法也是从苏联的做法延续下来的。"

部队在迪化驻扎下来后，出于保密的考虑和做好与盛世才统战工作的需要，陈云经请示党中央后，取消了西路军左支队番号，对内称"西路军总支队"，对外则称"新兵营"。此外，在不放下武器的原则下，同意部队改穿盛世才的军装。

在新疆期间，陈云开展了大量卓有成效、富于开拓性的工作，打开了我党在新疆工作的新局面。其中最为后人津津乐道的一项内容就是直接参与创建了我党领导的第一支航空队。

当时盛世才在苏联的援助下，已经建立起自己的航空队，包括15架飞机，其中6架是初级教练机，另外9架是侦察轰炸机，必要情况下亦可作教练机用。而在人才方面，已经有两批飞行员和一批地面维修技师和机械人员通过了苏联飞行教官的培训。

陈云针对这一情况，一方面向大家强调，一定不能忘记敌我阶级立场存在根本的区别，在同盛世才这只老狐狸打交道时，必须提高警惕，千万不可麻痹大意，要坚决按照党中央的有关指示精神处理好各种关系，要坚持原则，注意斗争的方式方法；另一方面也指出，我们来到新疆，就是要在统一战线的特殊环境中，保存和发展我们自己的力量。陈云提到，要考虑利用我党与盛世才的统战关系，借鸡下蛋，培养我们自己的空军人才。

空军？手上连小山炮都还没有，学开飞机干吗？我们这些从小念书不多的人，能学好那个"大家伙"吗？尽管同志们都认为陈云说得在理，但对学开飞机心中确实感到很不踏实。

为此，陈云专门向大家作了动员。亲历此事的老同志们后来回忆起当时的情景，还记忆犹新。他们记得陈云讲："从长远的观点看，像我们这样幅员广大，边界、海岸线长达数千里的国家，一定要建立空军和海军，陆军也不只是步兵，还应有其他技术兵种，这样才能战胜侵略者，保卫国家的领土、领空、领海的安全。"同时他说："空军是很复杂的技术兵种，要建立自己的空军，必须及早培养人才。我想我们可以利用新疆的统战环境，借用盛世才的航空队，为我们党培养一支既会驾驶飞机，又会维护修理的航空技术队伍。只要有了人才，再想办法通过国际援助获得飞机，我们的空军不就可以建立起来了吗？"最后，陈云谈到了对选拔人才的考虑。他首先强调，能成为我党的第一批航空人才是一件非常光荣的事，大家一定要从思想上高度重视、积极准备。然后他就候选条件提出了明确要求，他说："我考虑培育我党第一批航空种子，除文化程度外，政治条件要高一些，要清一色的共产党员，连到团职、经过战争考验的红军干部，年龄20岁左右。"

通过陈云以及其他总支队领导深入细致的思想动员工作，大家统一了认识、认清了目的、鼓足了劲头，并深深佩服陈云的高瞻远瞩，许多同志从原本怕飞行、怕学不好，变为怕自己选不中、怕上不了天。

接下来就是与盛世才协商，我方希望能在教员、教材和教学飞机等方面得到支持。当时盛世才伪装进步，不便明确表示拒绝，并且考虑可以借机向苏联提出更多的物资援助要求，于是提出在首先满足两个条件的基础上，可以答应我党的要求。一是他目前手上的飞机尚且自顾不暇，为培养中共的航空人才，还需要苏联在飞机装备上再提供援助。二是中共航空人员包括飞行员和地勤人员培训完毕后，暂时仍旧留在盛世才的航空队中，帮助其队伍建设。特别是他原来的飞行员均系学生出身，普遍怕死，不敢打硬仗，不如我方人员敢拼敢打。

陈云对上述条件作了认真分析，就第一个条件来说，苏联对此事一直很热心，相信提供几架飞机使用不难解决。而我党飞行、地勤人员学成后暂时留在盛世才的航空队，正好可以借机继续飞行训练，巩固提高飞行技术、航空战术技术和后勤保障水平。

因此，陈云认为："这两条有利于发展同盛世才的合作关系，又不丧失原则。经过新疆到苏联建立一条国际通道，这对援助中国抗日战争和加强我党与共产国际的联系都极为有利。若把航空队也在这里建立起来，那么，西路军到这里的400多人就都能利用苏联援助盛世才的机械化装备和聘请来的教官，学到一门军事技术，这比去苏联学习更加便利……我们利用与盛督办的统一战线关系，用'借鸡生蛋'的办法而培训航空技术干部，何乐而不为之？"

在把同盛世才达成的上述协议内容报请党中央、毛泽东批准后，组建我军第一支航空队的工作就正式开始了。

第一件大事便是招收飞行员。

"主考官"招飞

招收飞行员，这是战争年代摆在我党领导干部面前的又一项崭新的课题。谁都没有经验，但任务又很紧急，必须办好。这时，大家的眼光不约而同地都落在了陈云身上，他们知道，陈云面对新问题，总是善于认真思考、周密部署、创造性地开展工作。

果然，这次也不例外。

陈云首先就招飞的重要性和紧迫性向总支队全体干部战士作了动员，要求各级组织高度重视这项工作，做好深入细致的事先调查摸底准备，在此基础上向总支队推荐那些政治觉悟高、革命立场坚定、有志于完成这一新任务，并且身体健康的同志。接着，陈云要求将初步筛选后的预选对象集中到总支队来，他将亲自考察，把好最后一关。

考试的日子终于到了，拥立在考场外、经过各级组织初步筛选的干部战士们不知道今天"主考官"的葫芦里究竟卖的是什么药，兴奋中也夹杂着些许不安。

"吕黎平！""到！"随着一声呼叫，原红四方面军作战科科长吕黎平进入了考场。

一进门，只见考场里面很空荡，对面一张桌子后面就坐了两个人，是陈云和他的助手。再看桌上，一块怀表、一份报纸，还有一副象棋，此处别无他物。见过各种场面的吕黎平今天可真有些蒙了。

陈云一改往日平易近人、和蔼可亲的样子，显得十分严肃。他指着桌前放着的一条长凳子，对吕黎平摆摆手说："吕黎平同志，请坐。"

待吕黎平坐好后，陈云右手拿起了怀表，问："听到了没有？"

"没有。"吕黎平答道。

陈云将手向前伸了伸，再问："听到了没有？"

"断断续续的，不太清楚。"

"嗯。"陈云右手又向前伸了一点，"这次怎么样？"

"听清楚了！"已渐渐平静下来的吕黎平现在听得特别清楚。

"好！"陈云边说边将怀表换到左手上，依照刚才的过程又测了一遍。最后，陈云在不让吕黎平看见的情况下，将怀表攥在一只手里，两手握拳，放

第六章
史海钩沉：掌柜趣事

于吕黎平脑后，问："哪边响？"

"左边！"吕黎平斩钉截铁地答道。

"好，那么这次呢？"

"还是左边！"

就这样，如此反复，陈云提起笔郑重地在吕黎平"听力"考察一栏打了一个"勾"，脸上也露出了从吕黎平进入考场以来的第一次笑容。

然后只听陈云说道："怎么样，小吕，现在放松放松，咱们来下盘棋？"吕黎平听了不禁有些愕然，难道这也是考察的内容？甭管那么多，首长叫放松，咱就先放松放松！

正想着，陈云又讲："小吕，今天下棋你一定要拿出真本事来，啊？"

"行，请首长放心！"忠厚、耿直的吕黎平回答得很爽快。

于是，两人将棋盘铺好，你跳一马，我走一车，你一招仙人指路，我对以士角挂炮，杀得难解难分。经过几轮紧张的搏杀，吕黎平以3胜2负的成绩取得了胜利，他望着陈云不好意思地挠了挠脑袋，有些不知所措地笑了笑。陈云也笑了，拿起笔，在"智力"一栏画上另一个"勾"。

陈云放下笔，指着桌上摆着的那份报纸对吕黎平讲："咱们现在进行最后一项，这里有一篇文章，小吕，你看能不能念来听一听？"

"是！"吕黎平把报纸拿了过来。

虽然他念起来的语音语调略显平淡，也夹杂着一些乡音和紧张，但总体还算通畅。从陈云的表情看，效果也比较好。听完之后，陈云在"文化"一栏重重地画上了第三个"勾"，然后站起来微笑着向吕黎平伸出手，高兴地说："吕黎平同志，考试结束，成绩优秀，祝贺你！"吕黎平兴奋地立正，向"主考官"行了一个标准的军礼，转身大步跨出了考场。

尽管吕黎平当时就知道这次考试是组织上为了选拔飞行员，但是直到很久以后，他才真正意识到那天那场难忘的考试对自己来说意味着什么。从此，吕黎平转战南北，与日益壮大的人民军队中的空军这支新型军种结下了不解之缘，并在中华人民共和国成立后担任了沈阳军区空军副司令员。

就这样，经过符合实际、别具特色的考察，这次共选出 30 名同志参加飞行及相关专业技术训练。1937 年年底，陈云奉命调回延安任中共中央组织部部长，但他仍然关心着这项工作。他首先将培养航空人才的设想报告了党中央、毛泽东，得到毛泽东和周恩来的高度评价和积极支持。接着陈云特地到抗日军政大学和摩托学校又用类似办法挑选出 20 余名红军干部，推荐给接替陈云担任我党第二任新疆代表的邓发。

经过各方的努力，陈云倡导创建的这支航空队于 1938 年 3 月在迪化正式开学，共有 43 名学员。尽管陈云此时已不在新疆，但学员们没有忘记陈云过去讲过的道理。他们不负组织的殷切希望，刻苦学习和钻研，将自己文化底子薄弱的不足转化为发愤图强的动力，每天"三点一线"，从不放松要求。同志们拿出在战场上冲锋陷阵、敢打敢拼的革命精神，决不向学习上的困难低头。结果，在毕业考试时，无论是飞行专业还是地勤专业，无论是理论考核还是实际操作，人人成绩优异，将原来基础较好的盛世才的学员远远地甩在了后面。

1939 年冬，当机械班学员正式毕业时，他们已从不知飞机为何物发展到能维护修理三种飞机。1942 年 4 月，飞行班学员也在顺利完成初、中级教练机的飞行训练后毕业，成绩非常优异。飞行学员每人飞行超 300 小时，飞过 1000 多个起落、4 种飞机。他们成为我党的第一代空中骄子。

1939 年 9 月，周恩来在延安手臂受伤，途经新疆前往苏联治疗时，特意前来看望"新兵营"。当他得知我党第一支航空队学员们勤奋努力、在各项工作中都取得了优秀成绩时，非常高兴，他兴奋地对大家讲："不管怎么样，我们党迟早要建立自己的空军，暂时没飞机，就先培养技术人才嘛！你们 40 多名同志既有会飞行的，又有搞机械的。一旦有飞机就能形成战斗力，党中央对你们寄予很大希望。陈云同志做了一件很好的事，将来建设我们自己的空军，有骨干、有种子了。"

正如周恩来等中央首长所期望的那样，陈云等一批富有远见的领导当年播下的种子在后来的解放战争、抗美援朝和人民军队现代化建设中纷纷开花，结出了累累硕果。1946年6月，这批学员返回延安，以他们为主组建了我党航空队。此后，这支航空队在东北老航校和中华人民共和国成立后的空军建设中，均成为骨干力量。1949年11月，中国人民解放军空军正式成立。

或许，当年陈云在简陋的屋子里以一份报纸、一副象棋、一块怀表招收我党第一代飞行员带有一定的传奇色彩，但他确实以其过人的智慧、远大的眼光为我军军兵种的建设作出了开创性的贡献。

"我不能当法海，我要当月下老人"

"天兵天将"

1937年10月，延安东关飞机场。

这天，万里无云，秋风送爽，人声鼎沸，到处洋溢着喜庆的气氛。在聚集的人群当中，人们惊喜地发现了几位他们非常熟悉的人。在一张木头做的长案桌前，坐着毛泽东主席、朱德总司令和博古等党的高级领导人。他们不时面带微笑相互交谈，不时望望天空。朱总司令还一边手指前方，一边回头跟毛主席说话，似乎在介绍着什么。

所有的人都是一大早就来的，目的只有一个：接人，接天上来客。

"来了！"不知是谁大声喊了一句，欢迎的人群顿时开了锅，有侧耳细听的，有翘首远眺的，有忙着指点的，情绪都高昂了起来。

果然，很快远处便传来了嗡嗡声，飞机的形状在大家的视野中也由刚开始的一个小点变得逐渐清晰，最后连机翼上的标志都能一目了然了。飞机在机场上空盘旋一周，似乎在向欢迎人群致意，然后便稳稳地落到了地上。

未等螺旋桨停止转动，毛泽东、朱德等便离开座位健步上前，迎向走下旋梯的来客。

只听毛泽东用浓重的湖南口音大声讲："陈云同志，欢迎你，我们早就盼着你来喽！"

"主席，您好！我也很想念大家。"多年在外，陈云的上海口音还是那么浓。

这时，朱德总司令也走上前来，与陈云的双手紧紧地握在一起。

是啊，当年"黄洋界上炮声隆"、根据地五次反"围剿"、湘江边上殊死血战、金沙江畔抢渡天险，一道走过了多少艰难险阻！自从天全一别后，世事沧桑，今日才得以重逢，彼此能不心潮澎湃吗？

欢迎大会由毛泽东主席主持，他宣布："欢迎大会现在开始。"在毛泽东发表的热情洋溢的欢迎讲话中，他向大家介绍了陈云和同机抵达的王明、康生等，并幽默地说："今天，马克思给我们送来了天兵天将。"接着朱德、王明、博古、康生、陈云等先后在会上发了言。最后，简朴而热烈的欢迎仪式在一片欢乐声中结束了。

陈云回到延安后，担任了中共中央组织部部长。

形势是异常严峻的。当时各根据地抗战的烽火如火如荼，但是中组部掌握的全国党员人数只有区区3万多人，显然远远满足不了残酷对敌斗争的迫切需要。干部情况也同样如此。

新任部长决心花大力气，从理论和实践两方面加强党的建设工作，既抓组织建设，又抓党员发展；既抓党员，也抓干部。

就如何发展党员，陈云从实际出发创造性地提出了发展、巩固、再发展、再巩固的战略方针。在干部问题上，陈云则强调要"了解人、气量大、用得好、爱护人"。

第六章
史海钩沉：掌柜趣事

1937年10月底，陈云（前排左一）等从新疆回到延安，在机场受到毛泽东（前排左三）等的欢迎（历史图片）

作为"党管干部"的具体负责人，陈云非常关心、爱护干部，特点是强调在关系到干部的政治生命时要很郑重、很谨慎、很细心。他对当时担任中组部干部科科长的王鹤寿和任中组部干部的袁宝华讲："爱护干部主要是政治上的爱护，干部犯了三分错误，你把他当成十分，这是不对的。"上述对干部高度负责的思想在反对康生搞的所谓"抢救运动"，反对在审查干部的工作中混淆两类性质矛盾、大搞肃反扩大化中得到了突出反映。陈云坚决反对随便摆布干部的倾向，对审干问题十分重视，并直接抓，对每一件事情、每一个问题、每一个证人、每一件证物都反复核实、慎重对待，绝不简单了事，一旦发现问题立刻纠正，确保审干工作健康有序地进行。与此同时，他也指出："对干部，不要'抬轿子'，要实事求是。"因为只有这样做，"才能算真正地爱护人"。

当1944年陈云按照中央的指示调任西北财务办事处任副主任、协助贺龙

1939年，陈云同李富春在延安（历史图片）

1943年12月，陈云同毛泽东在一起（历史图片）

主任解决根据地财政金融事务时，7年组织部部长任上的辛劳已经换来了累累硕果。

到抗战结束时，我们党的力量前所未有地壮大发展起来，党员总数达121万，拥有一支40多万人的干部队伍，成为领导中国人民解放事业的中流砥柱。而仅仅为落实党中央"向北发展、向南防御"的战略方针，进军东北的干部人数就达2万余名。

后来，位于延安城西山边一座小四合院里的中组部（后因日机轰炸，曾迁至延安北门外的中央党校后山上，后又搬到杨家岭）已经实现了陈云的要求，"成为干部之家"。

从政治上、工作上关心爱护干部是陈云的一贯作风。除此之外，陈云还是一位热心人，百忙之中不忘帮助干部解决个人问题。在陈云任中组部部长期间就曾发生过这样一个故事。

"月下老人"

故事的主人公是立下赫赫战功、中华人民共和国成立后曾担任哈尔滨军事工程学院院长、当时正处于血气方刚的年纪的陈赓。这位曾在孙中山先生身边贴身保护的卫士岁数虽不大，却早已声名远扬。此时，他是八路军中有名的虎将，在前线带领战士们痛击着侵略者。

有一次，陈赓风尘仆仆地从前线返回延安处理公务，在工作当中他偶然结识了一位姑娘。通过交谈了解，陈赓发现这是一位聪明老实、充满革命朝气、胸怀理想、关心同志、品性好的姑娘。

枪林弹雨中鬼子的子弹打不着，但这次丘比特的神箭却在不知不觉中射中了陈赓。为革命战斗多年，没顾及自己的个人问题，至今仍孑然一身的他不禁多了一份心事。他白天忙于工作，夜里却不再像从前那样，放下枪套，倒头便睡，而是辗转反侧，久久无法安眠。心中虽有所思，却又不知该如何去表达。飞鸿传书吧，拿惯了机枪的陈赓一时不知从何处着笔，信纸上刚刚写上一句，想想不合适又划掉了，最后涂满一页，仍毫无进展，索性不写了。当面表达吧，说起来在气势汹汹的敌人面前，连眉头都不皱一下，去见姑娘他却觉得难为情，如果对方也不好意思起来，到时候手忙脚乱，真不晓得该怎么办。

左不行，右也不好，陈赓竟发起愁来。

这天合该有事。

一位中央领导做关于当前形势和斗争策略的报告，会堂里坐满了听讲的人。陈赓也在其中，他坐在会场的一角专心致志地边听报告边埋头记着笔记，不经意间看了两边一眼，嘿，旁边坐着的不正是她吗？！真是巧了！眼看着要散会，陈赓一不做二不休，干脆撕下一页纸，郑重地写上"我爱你"三个字，并签上自己的名字。转头一看，姑娘正抬头专心听讲，陈赓于是将纸悄悄地放到了姑娘的笔记本里。这一切姑娘当时都没发现。

报告很快就结束了，大家纷纷离开会场。陈赓看见姑娘把笔记本一合便离开了，心中不禁有些忐忑。

姑娘回到宿舍后，同屋住的人纷纷要她赶快给大家讲讲报告的情况。姑娘的情绪也很高，于是坐在床沿滔滔不绝地开始讲了起来。讲到半途，需要查看笔记内容，她拿起本子便打开，突然，一张纸条飘飘荡荡地落了下来。姑娘刚开始并未在意，只是觉得有些奇怪。待拾起来一看，"我爱你"三个字赫然映入眼帘，她一下子就惊呆了，脸庞也马上变得通红。

伙伴们感到情况有异，凑过头来一看，也一下子像炸开了锅，纷纷盘

陈赓（1903—1961年），湖南湘乡人，1922年加入中国共产党（历史图片）

问起来，非要探个究竟不可。姑娘只觉头发蒙，根本不知道说什么。伙伴们大多知道陈赓的大名，听过他不少像带领部队夜袭鬼子据点、火烧敌人弹药库、只身一人孤胆进城摸虚实的传奇故事。

你一句、我一句，宿舍顿时热闹起来。怎么办？纸条拿在手上如此烫手，姑娘一时没了主意。就在这时，有位大姐建议，不妨去找中央组织部的陈云陈部长，听说他是老同志，早在20世纪20年代就投身革命，为人好，能力强，阅历丰富，又很热情，在党员、干部中的威信非常高，请他拿个主意准没错。

"哎呀，真是的！"姑娘也早就听说过一些陈部长关心爱护干部的事情，只是刚才急得有些手足无措，经这一提醒，当下二话不说，起身便径直前往城西的中组部办公地。

陈云同邓小平等在延安。左起：邓小平、周士第、陈云、林彪、罗荣桓、罗瑞卿、王稼祥、杨尚昆、滕代远、贺龙、李富春（历史图片）

陈云刚走上中组部部长岗位时,就曾给下面的工作人员交代,凡是前来组织部要求找他本人的同志,无论多忙,都要立即请进来。今天,姑娘也这样见到了陈云。

陈云热情地向姑娘打招呼,请她坐下来慢慢说。这时候,姑娘的心情已逐渐平静了下来,于是一五一十地将事情的来龙去脉和盘托出。陈云一如既往默默地听完情况介绍,中间一句话都没说,然后接过姑娘递过来的纸条看了一眼,放到办公桌上。

姑娘讲完,以期待的眼光看着陈云,不知道他会如何来解决这个问题。

只听陈云讲:"姑娘,陈赓他爱你,怕什么?他可以爱你,你也可以爱他。他爱你是他的自由,你爱他是你的自由,这就叫自由恋爱。我不能规定他不能爱你,或你不能爱他。只要你们都诚挚相爱,那就可以谈恋爱,可以建立恋爱关系,以恋爱发展到结成美满良缘。当然,他爱你,你不爱他,那就不能成为爱人;同样,你爱他,他不爱你,也不能成为爱人,爱情是相互的,双方是完全自愿的。"

"但……他……这张条子……"姑娘闻听陈云这么说,刚刚转入正常的脸色"腾"地立时又红了,一时之间不知道该如何表达自己的内心想法。

陈云看出,其实姑娘并不是对陈赓本人不满意,只是对这种方式可能感到一下子接受不了。

于是他微笑着说:"至于陈赓同志他爱你,想用什么方式,或取什么时机,那我这个部长恐怕没权力干涉他,也不能规定必须采取什么方法。只要方法是正当的都可以,不能规定不准写条子或情书。我看写条子是最经济最简练的情书。我觉得写信写条子,都属于文明自由恋爱的方法。何况,他不用条子或信表示,你也不知道呀。"

接着陈云话题一转,说:"当然,现在你知道了可以回答他'同意',也可以回答他'不同意'。'同意'你们就谈,'不同意'还是同志,也不伤大雅和影响工作。我不能批评陈赓:'你怎么爱这个姑娘?'如果陈赓同志回答:

'部长同志，您为什么不准我爱这个姑娘呢？'我怎么回答，不是一句话就把我问住了？我不成了干涉婚姻自由吗？那我这个共产党组织部长不是成了封建部长吗？不是成了《白蛇传》中的法海吗？我不能当法海，我要当月下老人！"

"陈赓同志是一位很好的同志，对革命事业有很大的贡献，他确实有许多值得爱的地方。他是我党我军很有威望的将领，英勇善战，战功显赫，身负重任，为人正直诚恳，身体健康。他不但会打仗，看来他还懂得爱情和追求爱情的方式，他给你写条子反映了他的直爽、坦率，从这个意义上讲，他是非常好的。""毛遂自荐"的"月下老人"慢慢地说着，显得语重心长。

姑娘认真地听着，不时点点头。渐渐地，她的心再一次平静了下来。现在，她有了自己的主意。

一段时间之后，在一间几无陈设的窑洞中举行的简短而热烈的仪式上，陈赓和新娘互敬糖果，喜结良缘。看着前来祝贺的一张张欢快的笑脸，他们唯一的遗憾是陈云因参加一个重要会议不能前来了，两位新人想为"月下老人"亲手剥上一颗糖。

革命战争年代，一切为了胜利，一切服从于胜利。来不及卿卿我我，陈赓很快便与姑娘一道离开延安回到根据地，全身心地投入抗

陈云同林伯渠聊天（历史图片）

日之中。日军正在作困兽之斗,战斗是异常残酷的。不幸的是,姑娘不久就在一次战斗中壮烈牺牲了,她为祖国、为人民献出了自己年轻的生命。

"有些人认为共产党爱讲政治,共产党员是冷冰冰的。这不对,共产党员也是人,而且感情最丰富,所以他才能以爱人之心牺牲自己的一切!"

谨以陈云的这段话作为本故事的结尾。

难忘的报告

"今天我只讲两个字,'到底'"

听过陈云做报告的人,都爱听他的报告。陈云的报告言简意赅、深入浅出,从理论到实践,讲得透、讲得清、讲得贴切。

从1938年下半年到1941年,作为中组部部长,陈云多次应邀在马列学院、中央党校、抗大、中央组织部党训班、青年干校等处做关于当前形势下如何加强党的建设工作的报告。

陈云从小爱好学习,参加革命后更是抓紧一切时间自学,经过多年的积累,形成了较高的理论文化素养。党建课程通常理论性强,讲得不好容易让人感觉比较枯燥。对此,陈云是用通俗的语言、生动的例子来讲解革命大道理,每讲一个主题,都用大量典型例子特别是革命斗争中的真实事例来加以阐述,使听众从革命实践活动升华到理论认识的高度,让大家不仅听得专心,而且能结合实际工作、学习、生活问题进行深入思考。在各校的讲课中,陈云常常紧扣当前抗日形势的最新发展和实际情况,结合党的历史,既从理论上加以阐述,又寓理论于实践之中;既解决理论上、思想上的疑点、难点，又具体剖析身边发生的事情，使一堂理论性报告的实践性也很强。

由于陈云的理论水平高、斗争阅历又十分丰富，因此，这样讲的效果总是很好。同志们感觉报告从来不是在不着边际地夸夸其谈、不是高谈阔论、不是居高临下的教条、不是虚虚实实故意在卖弄书本知识，而是确实在对道理透彻理解的基础上有真凭实据、有切身体会地讲解出来的。

陈云在报告中还善于不时地即兴阐发。

据老同志回忆，一次陈云讲的题目是：如何在随时存在生命危险的斗争环境中锤炼并保持革命的坚定性。他在讲课中突然指了指窗外的延河水，回头对同志们讲："大家都知道，延河里有一块大石头，几百年来，经历了多少次大水，都没有被冲走。我们共产党员就要像这样的大石头，要有革命的坚定性，要经得起大风大浪，经得起千锤百炼，不惧怕白色恐怖和各种恶劣环境，也不为糖衣炮弹、阿谀奉承所动，全心全意为人民服务，为共产主义奋斗！"

通过这些自己平时非常熟悉的场景、事物，听报告的同志能更加深刻地理解其中蕴含的道理。

陈云还十分注意报告的艺术性。其中对开场白问题，陈云就非常重视，将其视为影响报告效果的一个重要因素而专门加以研究，后来运用起来可算是得心应手、成竹于胸。

1939年的一天，陈云给大家讲"为共产主义事业奋斗到底"一课。这是党的建设课程中一堂十分重要的基础课，讲解的难度很大。"为共产主义事业奋斗到底"这句话对每一位同志来讲都是再熟悉不过了，如何能讲好？如何抓住关键性问题讲？如何吸引大家的兴趣？如何使大家能全神贯注地一直听好？

陈云对此做了认真的准备。

那天陈云站在讲台上，以沉稳有力的语调看着大家说："今天我只讲两个字：'到底'。共产党员要为共产主义事业奋斗到底，最困难的也是'底'。那么，究竟奋斗到底的'底'在哪里呢？'到底'，就是奋斗到生命最后一息！"

他开宗明义，以提问的方式将本课最核心的问题讲出来，并简要作答，一下子便将学员的注意力吸引住了。在下面的讲解中，大家就能够带着对同一个问题的思考来专心地听。最后问题弄清，本次讲课的任务也圆满完成了。

正是由于陈云的报告理论水平高、知识性强，大家一致评价"有味道"，因此受到了广大学员的普遍欢迎。后来根据大家的要求，各院校都依据陈云报告的内容来确定相应的党课教学内容。

"小菜煮在锅里，味道闻在外面"

陈云的报告幽默、风趣。基于深刻的社会洞察力和抽象思维能力，他的讲话总是充满智慧、充满生气、充满辩证思想。报告的会场不时会爆发出一阵轻松、欢快、会心的笑声和随之而来的一阵热烈掌声。

中华人民共和国成立后有一次中财委开会，主任陈云正在做关于保持物价稳定的报告。当他讲到"在当前的形势下，无论从政治上考虑还是从经济上考虑，都必须保持物价的稳定"时，转过头来看了看坐在主席台上的副主任薄一波，接着说道："这个问题波（薄）一波也不行，啊，物价波一波也不行。"在场的同志们听到这里都不禁笑了起来，薄一波自己也笑了。

还有一次，陈云以形象、精当的语言批评了干部使用上的"打桩"现象。他说："说一个干部好就好在天上，由一个通信员一下子提为局长，一个指挥员在战斗中犯点错误就马上踩在脚下，一个负责干部可以拉下来当挑夫。这种忽上忽下'打桩式'的做法给我们带来了不小的损失。"陈云的经历丰富，知识渊博，因此风趣而不失深刻内涵的比喻常常信手拈来，出现在他的许多重要论述和观点中。

第六章
史海钩沉：掌柜趣事

陈云历来关心、爱护干部，坚持反对干部工作中的种种不良倾向。针对个别人对干部尤其是领导干部进行无原则地吹捧、奉承的现象，他说这就像南方一带的"抬轿子"。陈云还进一步指出："对于干部，不要'抬轿子'，要实事求是。做到这些，才能算真正的爱护人。"

在领导经济工作中，他经常告诫主管财物的同志，要有高度负责的主人翁精神，要有"掌柜态度"，要学会精打细算，对下面的要求，不能"来者不拒"。一切按照原则处理，该给的坚决给，不该给的则坚决不给，更不能要什么就给什么。

在工作作风上，陈云一贯坚持走群众路线：处处事事替群众着想，将群众的冷暖疾苦时时放在心上，凡事多听取群众的意见特别是不同意见，以减少工作的失误。当工作取得了成绩，也不要到处自我炫耀、自我宣扬，群众的眼睛是雪亮的，要让群众去判断、去评说。陈云把这比喻为"小菜煮在锅里，味道闻在外面"。

陈云经济思想的一个重要内容是，注重财政收支平衡，反对以滥发钞票的办法来搞建设。因为这样做，到了一定的时候，就会"爆炸"。

早在1944年3月，陈云按照中央的指示调任西北财经办事处副主任，协助贺龙领导西北财经工作时，曾就这个问题做过精辟的阐述。他说，金融部门少发票子，要依靠发展生产，不能靠发票子。市场对于票子有一定容量，票子发多了，生产东西少了，票子必然贬值。用一杯满满的水和几块木头做例子，把木头放到水中，水就会溢出来。原来票子在市场中保持一定的平衡，你多加了票子，打破了旧的平衡，水溢出来又达到新平衡，但水跑了，票子不值钱了。

当时，国民党打着"抗战救国"的旗号，行"积极反共"之实，对我党各抗日根据地实行封锁政策。特别是在皖南事变发生后，国民党顽固派不断制造摩擦，气焰十分嚣张，尤其针对延安所在的陕甘宁边区必欲置之死地而后快，从经济上进行"围剿"，宣称"不让一粒粮、一尺布进入边区"。在这

1954年9月26日，陈云同贺龙在北京（历史图片）

种情况下，陕甘宁边区的财政经济形势变得非常严峻，财政赤字严重，边区货币大幅度贬值，老百姓手拿边币总想赶快买东西，人心出现不稳定迹象，并直接影响到边区的各项工作，包括在党中央号召下正在广泛开展的大生产运动。

陈云到任后，坚持贯彻党中央的方针，按照他提出的严格控制票子发放、以发展生产为中心的开源节流进行治理的办法，强调各部门要紧缩各项开支，搞好节约。在这个问题上，陈云曾经讲道："钱要用在刀口上，不用在刀背上。"这句话给同志们留下了非常深刻的印象。

陈云在西北财经办事处一年半的工作取得了显著的成绩。他以富于创造性的精神圆满地完成了党中央赋予的重大任务，不仅稳定了边区财政，而且促进了边区的全面建设，为我党今后的经济领导工作提供了有益的经验，也得到了毛泽东、周恩来、任弼时等党的领导人的高度赞扬。

第六章
史海钩沉：掌柜趣事

1954年6月16日，陈云在中央人民政府委员会第三十一次会议上作关于商业问题的发言。左起：毛泽东、李济深、陈云（历史图片）

"可见真有本领"

陈云的报告简练、朴实、坦率、高度概括而又耐人寻味，讲话也平易近人，有时简直就像在和你拉家常。不知不觉，你会发现自己已经听得入了神，对他讲的道理直点头。

1953年，中央提出了过渡时期的总路线，要求在一个相当长的时间内，逐步实现对农业、手工业和资本主义工商业的社会主义改造。作为中央对资本主义工商业的社会主义改造（简称"对资改造"）10人领导小组的组长，陈云将马克思列宁主义普遍原理与中国具体实际相结合，坚持实事求是的思想路线，以积极稳妥的精神具体组织领导了改造工作。

当时中华人民共和国成立不久，大家建设社会主义强国的心情都十分迫切，因此"对资改造"的干劲都很足。但由于这项工作并无经验可借鉴，因而在个别地方的工作中出现了失误，主要是在方法上有简单化倾向，将一切非公有制的经济形式统统公有化。这引起了一些议论，更有别有用心者借机煽风点火、制造矛盾，给改造工作带来了不良影响。

陈云的观点是，我们国家的经济结构成分应该在公有制经济占主导地位的同时，还必须保留一定数量的私有制性质的个体经济。他强调指出："分散在居民区中的小商贩是我国商业中今后长期需要的一种经营服务形式。"

如何正确处理改造后对原有资方人员的认识使用、工作安排、工资定级、福利待遇、生活安排等善后问题，在一次报告中，陈云专门就此与大家拉起了家常。他说："还要发挥资本家的积极性，充分利用资本家的生产技术和管理经验。根据调查，资本家中间有80%到90%是有技术、有能力的，饭桶是少数。所以，我们应该把资本家当作财富，而不应该当作'包袱'。比如，拿在四川乡下四处收购生猪的私商来说，他们用手量一量猪身长度，然后托着肚子掂一掂，在猪屁股上捏一捏，就知道这头猪有多重。宰了一称，嘿，你别说，相差多不过1斤，少不过4两，可见真有本领。对于这样一些有经验有专长的私方人员给以较优厚的工资待遇是应该的。"

陈云无论在革命时期还是在和平年代，都强调干部特别是领导干部和在各级机关工作的同志除完成日常工作之外，要能不陷于、不拘泥于具体事务，要有进行战略性思维的素养，要有全局观、系统观和整体观。他把这形容为应该"站得高一点，看得远一点，要上屋顶，不要老待在地下室"。要能讲"北京话"，思考的问题不局限于本部门、本单位，那是"地方方言"。

在此问题上，陈云希望我们的干部能以谦虚谨慎的态度学习别人包括资方人员的长处。

1956年，陈云对大家讲："过去旧商人中，有一种头戴瓜皮帽、手拿水烟袋的，他们专门考虑'战略性问题'，比如什么缺货，应该什么时候进什么货。我们县商店的经理一天忙得要死，晚上还要算账到12点，要货时，再开夜车临时凑。看来，我们的县商店，也应该有踱方步专门考虑'战略性问题'的人。"

在党中央的正确决策和领导下，在陈云等有关同志的精心组织下，经过全国人民的齐心努力，我国的社会主义改造工作最后顺利完成，在取得了资方人员高高兴兴地以全行业公私合营方式实施改造的突出成绩之后，于1956年7月宣告基本结束。

没有听过陈云做报告的人，人人想听。

东北新战场和"马火车"

"沈阳经验"

1949年，随着人民解放军隆隆的炮声回响在大江南北，国民党反动派的腐败政权已经摇摇欲坠。此时，毛泽东四年前在延安党的七大上讲的"如何去收复城市，收复后又如何管理，这在党内一般是没有完全解决的"眨眼间成为摆在我党面前一个紧迫而现实的问题了。

众所周知，在全国解放的历史大潮中，曾经出现过著名的城市解放"三大模式"，即和平解放的"北平模式"、武力解放的"天津模式"和对已经宣布起义的国民党军暂不作改编的"绥远模式"。这些模式作为中国共产党人集体智慧的结晶，对于我党解决好接踵而来的大中城市解放、接收、管理与重建问题具有很强的指导意义，既有理论上的依据，也有丰富实践的检验。

实际上，除"三大模式"之外，在各解放战场还相继出现过一些根据当地实际情况而采用的经验和办法。其中，陈云在东北地区解放战争中所创立的"沈阳经验"就是影响较大的一个。

东北战场是国共两党决战的第一战场。1948年10月，东北野战军以破釜沉舟的决心和英勇顽强的精神取得了锦州战役的巨大胜利，至此，东北大局已定。

锦州解放不久，中共东北局即收到党中央指示，做好接收沈阳的准备工作。东北局接电后，经讨论决定并经中央批准，由具有较为丰富的城市工作经验、当时担任东北局副书记的陈云担任沈阳特别市军事管制委员会主任。

陈云立即开始了紧张的筹备工作。10月29日，陈云率领工作人员乘专列从哈尔滨出发了，沿途经过吉林市、梅河口，后绕道四平市抵达开原市。当时东北解放的形势发展很快，从沈阳南下增援锦州范汉杰集团的国民党廖

沈阳各界人民群众集会游行，庆祝全东北解放（历史图片）

耀湘兵团已成瓮中之鳖，很快便被解放军以摧枯拉朽之势消灭了。沈阳的解放指日可待，已经没有更多的准备时间留给陈云了。

11月2日，沈阳解放，陈云在火车上召开了军管会第一次全体会议。他首先强调了新形势下城市工作的重要性。陈云说："战争已是大规模的大兵团的集中作战，不仅要依靠广大的农村，而且要依靠城市。如果我们不改变过去的观点，还以旧的观点来看待城市，那就是错误的了。每个革命军人、地方党政人员、解放区人民，都应把城市看作人民革命战争取得最后胜利绝不可少的力量。"他指出："城市已经属于人民，一切应该以城市由人民自己负责管理的精神为出发点。"陈云要求长期战斗生活在农村的同志们，"不能用农村的观点来管理城市，农村是个体的、分散的，生活方式上简单朴素。城市是集中的、复杂的，生活方式是多样性的。因此，对城市管理必须要有国家政权的思想，掌握城市特点，重视革命法治"。此后，陈云就军管会的职责、分工、任务安排进行了部署，并与大家讨论研究了入城后可能遇到的问题和处置方案。

沈阳，东北的大型工业城市，由于长期遭受日本帝国主义铁蹄的践踏以及被以国民党腐败政府为首的各种反动势力所控制，社情敌情都十分复杂。除这些背景因素之外，沈阳与后来解放的北平（今北京）、天津、绥远等城市不同，有其独特的实际情况。首先，城市在战争中没有遭到严重损坏，总体上比较完整。其次，在围打沈阳之前和攻城的过程中，我党就已专门成立了接管准备工作小组，由陈云挂帅，事前已做了精心、细致的准备，包括对干部、工作人员的教育鼓动。另外，沈阳一解放，接管工作就全面铺开，人员分工事先已明确，很快便各就各位进入角色，接收比较迅速。

针对沈阳的实际，以陈云为主任的军管会创造性地提出了"各分系统，自上而下，原封不动，先接后分"的接收原则，并围绕此原则制定了恢复并巩固社会秩序的政策和措施。陈云一手抓稳定，坚决取缔打击投机分子，杜绝其兴风作浪、乱中渔利的企图，维护社会治安秩序，坚决不让反动余孽和潜伏下来的敌特分子颠覆、破坏新生人民政权的阴谋得逞；一手抓生产和人民生活，其中又首先抓运输生产包括工业原料的运入和产品的运出。作为重要的铁路枢纽城市，到11月25日，每天就有大约100列的客货车能够进出沈阳。

　　上述做法被证明是成功的。接收工作进展十分顺利，解放不到一个月，沈阳全市绝大部分工厂就已经恢复生产，各主要工业产品生产和能源、自来水供应也很快转入正常运转，并在已当家做主的广大职工积极努力下，产值增长比较快。市场物价稳定，城市居民日常生活各项必需品特别是粮食的供应充足，城市社会治安状况良好。

　　在当时解放接管大型城市的理论与实践经验并不很丰富的情况下，"沈阳

1948年9月，陈云在吉林省陶赖昭松花江大桥通车典礼上讲话（历史图片）

经验"作为解放城市前有一定接管准备工作、战争对城市的破坏不严重、接管城市速度快的模式立即引起了东北局及党中央的充分肯定和高度重视。其中的主要思想和做法被作为重要经验转发给各解放区和各前线的领导同志学习参考，中共中央政策研究室还将其编入《一九四八年以来的政策汇编》。

"沈阳经验"在解放战争史上写下了光辉的一页。它丰富了中国共产党人接管大中城市的理论与实践，对提高和统一全党全军接收与管理城市工作的思想认识起了积极作用，是根据新的形势和特定城市的具体特点，制定迅速恢复社会和生产秩序的方针并加以成功运作的典范。它为中共中央全面总结各地接管城市的经验，制定完善、正确的城市方针和政策提供了重要素材，在各解放区产生了广泛影响。直至1949年年底，刘伯承、邓小平率领大军解放重庆时，由于重庆的情况与沈阳类似，还曾借鉴过"沈阳经验"的一些做法。

"最重要的一着"

在沈阳的接管工作告一个段落之后，陈云又肩负起了领导东北解放区财经工作的重任，重点是制定规划，以尽快恢复和发展全区经济，支援全国解放战争，落实中央确定的"抓住华北，依靠东北，支援前方"的战略部署。

就在这时，陈云收到了党中央的一封电报，是毛泽东主席想"请陈云来中央一叙"。陈云知道，在全国解放形势日新月异的时候，"一叙"只能意味着更加重大的使命。不久，陈云离开黑土地，自抗战结束随十万大军来到东北后，第一次回到了关内。

陈云的判断非常准确。

在此之前，随着决胜的形势在全国渐趋明朗，毛泽东开始考虑解决一直在他心中盘绕着的一个问题：究竟谁来肩负中华人民共和国成立后整个国家财经方面的领导工作比较适合？如果说在战争年代，经济就像其他一切工作一样要坚决服务、服从于前线的胜利，那么在没有战争的和平年代，情况就发生了很大的变化，经济问题将直接关系到国家的长治久安与健康发展。而在我党长期的斗争历程中，优秀的军事指挥员比比皆是，战果都很突出，无论托付多么困难的作战任务，中央都是放心的。相比之下，寻找财经工作方面的领导人就需要多费一番思量了。

毛泽东左思右想，仍然定不下人选，于是找到时任党中央副主席的周恩来，想听听他的看法。周恩来听明来意，略一沉吟，便直截了当地向毛泽东提议，东北局的陈云同志适合主持财经工作。话虽只有一句，却是基于周恩来对陈云本人品格、能力、特点、素养等多方面的长期了解。

周恩来与陈云是老战友。早在北伐战争时期，周恩来在上海组织指挥著名的上海工人武装起义时，两人便开始共同战斗。当时陈云是商务印书馆的一名地下党员，领导着由近千名积极分子组成的工人纠察队，这支部队后来成为起义时闸北工人武装的主力，直接在周恩来的指挥下投入战斗。在取得胜利的第三次武装起义中，周恩来的指挥部就设在商务印书馆的职工医院内。"四一二"反革命大屠杀后，白色恐怖笼罩大地，周恩来与陈云此时都冒着巨大的生命危险，留在血雨腥风的上海，转入了隐蔽战线的领导组织工作。他们妥善处置了"顾顺章投敌""向忠发被捕"等重大突发事件，部署铲除了一批穷凶极恶的叛徒、败类和特务头子，在敌人的心脏处狠狠打击了他们的嚣张气焰。这期间，两人一道度过了一个个惊心动魄的日夜。后来，周恩来和陈云先后来到江西中央革命根据地并再次共事。红军长征开始，周恩来作为中央领导成员与担任纵队领导的陈云也曾多次在一起工作，后又共同参加了党的历史上著名的遵义会议，并都投下了重要的一票。抗日战争时期，两人又都在延安工作，周恩来对陈云担任中共中央组织部部长，以及西北财经办事处副主任期间在党建和金融事务方面卓有成效的工作都是很清楚的，包括周恩来在前往莫斯科治疗手臂途经新疆时，当得知陈云在担任党的首任驻新疆代表期间创建了我党领导的第一支航空队，非常高兴，对同志们讲："陈云同志做了一件很好的事！"

所以，这个建议是周恩来慎重考虑的结果。毛泽东和中央其他领导人也都了解陈云。特别是在金沙江畔，在前有天险、后有追兵，情况十分危急之时，陈云硬是以7条破旧小船将3万红军人马毫发无伤地送过了江。当时陈云指挥若定的气度给大家留下了非常深刻的印象。

周恩来的提议立即得到了同志们的一致赞同，这样2月初东北局便收到了那封"一叙"的电报。事实也证明，党中央的这一决策非常英明。正如薄

1962年1月，陈云同周恩来、彭真、杨尚昆在一起（历史图片）

一波同志在《若干重大决策与事件的回顾》中所说："党中央和毛泽东在决定建立统一的财经领导机构的过程中，最重要的一着是从东北调回陈云同志主持中财委。"

肩负着光荣而艰巨的使命，陈云在党中央所在地西柏坡处理完公务后，未作更多的停留，立即取道返回了东北。中央的任务很紧，陈云除了尽快赶回来以便将东北的工作部署、安排妥当，特别是制订出东北经济发展计划，他还有一个想法。毕竟，从来没有领导这么大的国家经济工作的经历，为不辜负党中央的重托，彻底搞清新中国经济建设的方方面面情况，使决策始终建立在实事求是和科学的基础上，使计划能尽量周密一些，避免工作中大的失误，增加工作的预见性，陈云想在动身前抓紧时间在东北范围内进行一次全面的调查研究。这样既能对东北经济状况有一个比较全面的把握，使制订出的东北经济发展计划符合实情、增强今后实施的指导性和针对性，为扎扎实实地把东北建设成为全国解放的大后方打下重要基础；更是要通过广泛接触，多掌握与经济有关的问题、规律、解决手段和措施，借鉴地方经济事务中一些有效的、富于创造性的做法，并结合考察对一些重大经济问题加以认真思考，为下一步的重担做好更为充分的准备。

这次马不停蹄的大规模调研活动，前后持续三个多月的时间，几乎覆盖了东北所有大城市和重要工厂，收获也是巨大的，甚至还包括了陈云坐的一次"马火车"。

"马火车"

从作为钢铁原料基地的鞍山、本溪到海滨城市大连，从内陆的重要工业城市长春、吉林到中朝边境上的丹东，从瓦房店到普兰店，从磐石到四平，都留下了陈云的身影。在鞍山、本溪，陈云参观了工厂各车间、矿山、研究部门、供电站和职工生活设施；在长春、吉林，陈云详细了解了当地政治经济、工业发展、市场供应等方面的情况；在四平，陈云就党的建设、交通运输、能源供应等与当地领导交换了意见；在丹东，陈云重点询问了边境地区人民生活情况、民族关系以及民风民俗等。就这样，陈云走一路，看一路，问一路，记一路，想一路。

在调查中，陈云心中始终挂念着已入关作战的东北野战军以及其他解放区部队的后勤保障特别是弹药保障的问题，现在已经成为战略后方基地的东北应该为全国解放的胜利作出更多、更大的贡献。为此，他决定专程前往当时东北最大的铜矿——磐石铜矿——了解生产与供应状况。

行前，同志们纷纷劝说陈云，铜矿地点偏僻，路上又不时有匪情，再加上天气这么冷，是不是就不用去了，或者派工作人员前往？

陈云谢绝了大家的好意。他表示，磐石铜矿是我军炮弹、子弹乃至民间用铜的主要生产基地之一，对它的生产与发展情况必须专门调查一趟，以便做到心中有数。很快，陈云带着几位随行人员顶着呼啸的寒风上路了。

陈云一行先在吉林市乘火车出发，在到达离磐石铜矿最近的一个小车站后下车，然后寻找其他交通工具以完成剩下的行程，但找来找去一时间却找不到合适的。眼瞅着天快黑了，望着直接通向铜矿的专用轻便铁轨蜿蜒曲折，穿过峻岭缓缓伸向远方，大家开始犯起愁来，难道只有一步步沿着铁轨走过去不成？这么恶劣的天气，恐怕连年轻小伙都受不了，不行！

就在这时，有位对当地情况比较熟悉的同志灵机一动，想出了一个主意。大伙一听，嘿！有门儿！于是都跃跃欲试起来。说干便干，大家分头行动，很快找来几匹好马和两辆轻型敞篷车。原来，情急之中，大家准备把马分在铁轨两边，套上绳索，车安在铁轨上，人则都坐在车上，然后让马拉着车跑。

三下五除二，大家一番忙碌下来，一试车，还真行，人坐在上面既快又稳当，就像坐在火车上一样！于是，陈云和大家一道坐好就上路了。路上，大家看着这新鲜事物兴致都很高,谈笑风生,别有一番滋味。

突然有位同志问道:"哎,大伙说说,咱们这坐的究竟是什么呀?说它是马车吧,天底下也没有这样只能在铁轨上跑的马车;说它是火车吧,也不对,连个冒白烟的火车头都没有。那它到底应该叫什么?"

"我看,就叫它马火车吧!"坐在一旁的陈云想了想,风趣地说道。

"马火车",对!同志们都感到这个名字正适合。"坐上'马火车'喽!"不知是谁这么喊了一句,顿时引来大家心照不宣的笑声。

到达磐石铜矿后,陈云在当地领导陪同下仔细了解了全矿的生产流程情况,就特别关心的确保原料供应与成品高质量课题作了重点调查。当听到矿区领导汇报连续几年高标准超额完成计划内任务时,陈云十分高兴,鼓励大家再接再厉,为前线打仗、为新国家建设作出新的贡献。最后,陈云就如何搞好下一步的生产工作做了重要指示。

坐一趟"马火车",在陈云多年的革命生涯里还是头一回。不过,恐怕也只此一次,因为现在他必须告别黑土地立即赶回北平去,已经有人在上海向人民政权"叫板",扬言"共产党是军事一百分,政治八十分,财经打零分"。

新的战斗开始了。

评弹是有希望的

"评弹的奥妙"

评弹是发源于江苏苏州一带的说唱艺术,流行地区包括江苏、浙江和上海等，迄今已有几百年的发展历史，拥有许多优秀的传统剧目和现代题材作品，是为江南水乡人民所喜爱的一种民间艺术形式。

评弹的艺术性较高，也具有较强的可观赏性，可谓"老少皆宜、雅俗共赏"。

评弹剧本大都取材于中国古代经典小说，说唱的内容力求为普通百姓所熟悉和喜爱，如"武松打虎""包公怒斩陈世美""火烧赤壁""战长沙"等。评弹艺人善于对素材进行加工处理，以便情节能更加吸引人。如"武大郎招亲"一节，在《水浒传》中只不过两三句话略作交代，而在评弹里则据此铺陈为长长的一段故事，演员表演了几十分钟还仅仅是开了个头。再加上说表的艺术表现形式，评弹演员以说唱为主，但也不时"进入书中"，因此给人感觉仍然有一些表演的味道。最后，台下之人在不知不觉之中就被说书人"牵着鼻子走"了，说不清是听还是看，道不明是书在心中还是人在戏中。

这似乎就是"评弹的奥妙"。按照一份南方报纸在1998年一篇文章中的说法，说书人扩展情节的想象能力实在令人佩服。此外，说唱艺人以浓郁的吴越方言娓娓唱来，声调圆润，悠扬清美，韵味浓厚，既能铺陈叙事，也善细腻抒情，实在有不少可圈可点之处。古今多少悲欢离合、阴晴圆缺的感人故事在那一把三弦、一架琵琶的伴奏之下，便被娓娓道出，此刻，观众心中唯叹"此曲只应天上有"！

"外行看热闹"，内行又是如何评价"评弹的奥妙"呢？被评弹界尊称为"老听客"的陈云对此问题的看法应该具有权威性。不妨让我们来听听。

在1960年5月10日同上海市人民评弹团评话演员的谈话中，陈云说，评弹的特点主要是说表。不论评话和弹词，都要说得合情，表得合理。评话加上开打，弹词加上弹唱，方能吸引人。

"说表"在评弹中非常重要，陈云对这一"奥妙"的见解与分析也十分专业。

"说表是评弹的重要手段。说表主要用于人物的心理描写。说表好，塑的人物才给人以深刻的印象。唱也要用说表把它连起来。"1960年2月2日，陈云在苏州一次"关于评弹创作和演唱一些问题"的座谈会上这样说。

同时，陈云认为："说表也有量和质的问题。量是指书中说表的多少，少了不行，多了就过于烦琐。质是指说表的好坏，不能过火（角色太多太突出）或不足（角色太少、缺乏形象、无立体感、口齿不清等）。"

陈云一直非常重视新的具有现实教育意义的评弹剧目的创作工作。其中，他对如何提高新书的艺术性尤为关心。1960年5月15日，陈云在同苏州市文化局负责同志和上海市、江苏省部分评弹演员的一次座谈会上，就"艺人要努力创作新作品"发表了重要讲话。

他说："提高新书艺术水平的决定因素，不在起角色，而在说表。形象化地起角色是必要的，但不是决定因素。传统书中好的部分，最受欢迎的，很多在说表……好的新短篇，也是说表好。要在说表这方面努力，下苦功。"此后，陈云还在浙江发表了类似的看法，他指出："应该看到，说表仍然是决定

陈云在杭州欣赏评弹节目（历史图片）

评弹艺术水平的主要部分。因此，不必为新书起角色不能突出而发愁，应该把最大精力放在研究说表上。"

"说表"是评弹说唱演员艺术功力所在，那么如何练就呢？是否也有"奥妙"？

对此，陈云在1982年同中国曲艺家协会浙江、江苏、上海分会负责人的一次谈话中一语道破"天机"。他讲："要练说表，就要放单档。单档哪怕少，也要放。杨振雄说书前，先要在台下默念一遍书。刘天韵也是这样。书要说得圆熟，表情要恰到好处。不少有名的艺人都放过单档。总之，要久炼成钢。"后来，陈云再次强调："我看，说表功夫学好至少要十年，一个评弹演员能放'单档'，才算学出来了。说表是个大问题。"

"评弹有幸"

在处理国家大事之余，陈云对评弹艺术始终是极为关心的，于细微处可见一斑。

1960年2月，陈云在一次讨论评弹创作与演出的座谈会上曾经指出："由于艺人缺乏地理、历史知识和科学知识，传统书中不少地方有常识性错误，整理时要注意改正。"

4月16日，苏州市评弹团副团长颜仁翰意外地收到了一封信。信是陈云亲笔写的。信中讲道，他在听《描金凤》这出传统书目时，对这出发生于明朝的故事中一个细节感到有疑惑，书中人物曾从江苏苏州坐船前往河南开封。陈云对此表示有些怀疑，当时是否确已有此水上通路？如果没有，尽管事小，但艺术首先应该是真实的，最终势必会影响到作品的艺术性。

为了这一问题，后来陈云专门请了在北京的中国历史研究所的同志帮助考证。结果表明，这条路在隋朝时即已开通，明朝仍然保持畅通。这样，陈云放下心来,并特地将此事告知颜仁翰,并请他们转达给相关的几位老说书艺人。

陈云是非常仔细的。此问题的出现,他联想到,其他反映古代人物的作品中会不会同样存在此类需要确证的疑问?果然,经过认真检查,陈云又发现,在《珍珠塔》中有能否从开封乘船前往襄阳的疑惑,在《双珠凤》中有能否从南阳乘船前往洛阳的疑惑。这些问题,后来陈云都再次请中国历史研究所的同志搞清楚了。

古人可能出现的疏漏,今人会不会重犯呢?陈云进一步想。即使没有,但作为演绎这些古代故事的演员,应该在艺术的真实性上具备较高的修养和善于寻找、识别以及解决这些疑惑问题的能力。这既是对喜爱这门艺术的广大观众负责,也是对评弹艺术本身负责,更是评弹继续稳步发展、代代相传的需要。

1960年,上海市人民评弹团团长吴宗锡收到陈云送来的几样东西:一册《简明中国通史》、一本《中国分省

陈云在空闲之余喜欢听评弹(历史图片)

地图》和一部厚厚的《辞源》。其中，《中国分省地图》和《辞源》是陈云自己用的。陈云在随寄过来的信中说："送这几本书的意思，是想引起朋友们对于历史和地理进行考察核对的兴趣。当然，考察核对历史和地理，需要大量书籍，需要借助于图书馆，靠这三本书是起不了大作用的。不过，我希望因此而引起朋友们对这方面的兴趣而已。"

真是用心良苦、关怀备至！捧着沉甸甸的书，吴宗锡的眼中满含热泪，心情久久不能平静。

细节尚且如此，在重大艺术问题上，陈云更为评弹提出了许多真知灼见。

20世纪60年代，上海市人民评弹团将著名现代革命题材小说《青春之歌》改编成弹词。陈云对此节目很重视，始终关注着改编的情况，特别希望这次能改编成功，使评弹这门古老的艺术为党的文艺宣传事业作出新的重要贡献。

在将全书仔细听过之后，陈云就《青春之歌》弹词的改编问题谈了自己的观点。他说："从小说改编成评弹，加工是必要的。"对小说的内容可以增减，"弹词不能只是将故事说一说、唱一唱就行。不能光是骨头，还要有肉"。"改编必须加些东西。"

陈云指出："把小说改编成评弹必须做三件事：减头绪，加穿插，变人物（张冠李戴）。现在一般的改编情况是敢减不敢加。"

在艺术表现手法上，陈云强调，要组织"关子"，因为"关子"往往是矛盾冲突尖锐或情节紧张、生动的部分。围绕"关子"进行故事说唱，就能使听众产生出强烈的悬念感，牢牢抓住他们的心。此外，还应注意要有一些噱头。陈云说："哪怕是乒乓球比赛现场的广播解说，也要插入一些轻松的噱头，不能光是一比二、二比三、三比四。"

最后，陈云总结道："改编加工是件不容易的工作，需要时间。我曾经要求过用三年工夫改好一部书，现在看来，还要'追加预算'，每年只求改好几回书，改10年就差不多了。"他鼓励大家："不要怕失败，不要怕犯错误，能打胜仗的将军，一定是打过败仗的。"

陈云从小在青浦家乡听书，无论何时，始终心系评弹艺术。中华人民共和国成立后，他更是以一个普通"老听客"的身份来听书、评书、谈书，据初步统计，陈云专门就评弹艺术问题与有关领导和专业工作者的谈话记录和信件总数已超过300件。他还审阅了《陈云同志关于评弹的谈话和通信》一书，该书汇集了陈云多年来对发展我国评弹艺术所发表过的许多富有指导性的意见

1960年1月，陈云在上海（历史图片）

和建议，是新中国评弹发展史上一本重要的文献性著作。陈云还为《评弹艺术》和《评弹文化辞典》题写了书名，并对《评弹艺术》丛刊的出版给予了大力支持。

研究学者讲，陈云是弘扬民族传统艺术的典范。

评弹艺人们则说："评弹有幸！"

第六章
史海钩沉：掌柜趣事

惊动毛泽东的涮羊肉风波

"东来顺"涮羊肉

"东来顺"的涮羊肉又出名了！

本来，"东来顺"的涮羊肉声名在外并非一件值得大惊小怪的事。"东来顺"，这一北京城内的老字号历来以其精美可口、独具特色的饮食文化和周到细致、热情洋溢的服务，赢得了上至文人雅士下到平头百姓的交口称赞，"东来顺"涮羊肉的口碑也祖传父、父传子地深入人心。

不过这一次，在20世纪50年代中叶，在中华人民共和国成立后的首都，"东来顺"涮羊肉的再次出名却与以往不同。这次"来势"很大，直接惊动的是中南海内的毛泽东主席，而且，这位党和国家的最高领导人还不止一次提及它。与此同时，"来头"也大不一样，据知情人讲，毛泽东并不是因为"东来顺"的涮羊肉脍炙人口而赞不绝口的。毛泽东年轻时在北京大学图书馆刻苦攻读过一段时期，想必忙里偷闲，早已在"东来顺"老店饱过口福了。而现在正相反，毛泽东是因为"东来顺"的涮羊肉不好吃了才"找"来的。

按常理，"拿手菜"质量下降、老顾客纷纷掉头而去，对店铺而言可算兹事体大，对国家却似乎不必如此惊动，潮起潮落、优胜劣汰本就合乎自然发展变化规律，更何况，人生百年，谁没有个打闪板的时候？

事情还要从当时担任中央财政经济委员会主任，并兼中央对资本主义工商业的社会主义改造十人领导小组组长的陈云突然接到毛泽东的专门指示讲起。在指示中，毛泽东请陈云详细调查并研究分析为什么"东来顺"的涮羊肉现在不好吃了，在此基础上提出相应的处理意见和对策。

经过初步了解，陈云得知，1956年公私合营，确实有些老牌子、老字号的产品如"东来顺"的涮羊肉、"全聚德"的烤鸭等在质量上发生了下降现象，而这一现象之所以会引起毛泽东的警觉，是因为这已经在社会上造成了较大的影响，人们对此议论纷纷。个别群众在思想上对社会主义改造能否成功产生了动摇，更有某些别有用心的人把这说成资本主义的羊肉进入社会主义以后就不行了，"社会主义还是不如资本主义好，资本主义的羊肉到社会主义后都不好吃了"之类的流言开始在社会上散布。

对这些给当前正在全国范围内进行的资本主义工商业社会主义改造运动泼污水、抹黑、蛊惑人心、颠倒黑白的险恶企图，陈云也非常重视。尽管中

陈云在调研中（历史图片）

华人民共和国成立之初,经济方面的各项重大决策工作十分繁重,但陈云把这件事放在了坚决捍卫革命果实、确保社会主义在与资本主义斗争中取得最后胜利的战略高度来看。"东来顺"的涮羊肉问题解决好了,对资本主义工商业的社会主义改造工作才能不受干扰,更加顺利地进行下去。

陈云决意亲自调查,务求查个水落石出。

"我们轻易地改变了它的规矩"

让事实说话、让数字说话是陈云工作的一大特色。不说则已,言出必有据、落地要有声,更是熟悉陈云领导风格的老同志所津津乐道的。为此,陈云对进行充分客观的调查孜孜不倦。

在主持中央财经委工作期间,每过十天左右的时间,只要时间许可,不管刮风下雨,陈云都要去三个地方。一个是北京百货大楼,目的是察看那里的日用百货、家庭消费品供应与价格情况;另一个是北京的东单菜市场,看看蔬菜与副食商品的供需情况,还有一处是位于天桥的农贸市场,主要是了解农民到城里来进行农副产品交易的情况。

此次也不例外。尽管当时陈云进行调研的细节,我们今天已经不得而知了,但仍可从后来陈云向党中央、毛主席的汇报发言中见其一斑。

陈云明确指出,"东来顺"涮羊肉出现质量滑坡问题的主要原因是"我们轻易地改变了它的规矩"。他剖析道:"'东来顺'的涮羊肉原先只用35斤到42斤的小尾巴羊,这种羊的肉相当嫩。我们现在山羊也给它,老绵羊也给它,冻羊肉也给它,涮羊肉怎么能好吃呢?此外,羊肉价钱原来一斤是一块二角八,合营以后要它和一般铺子一样,统统减到一块零八,说这样做是为人民服务、为消费者服务。但这样它就把那些本来不该拿来做涮羊肉的也拿来用了,于是羊肉就老了。还有,本来一个人一天切30斤羊肉,切得很薄,合营后要求提高劳动效率，规定每天切 50 斤，结果只好切得厚一些了。羊肉老了厚了，当然就不如原来的好吃了。"

在发言中，陈云还结合"全聚德"烤鸭等类似问题就其中的原因作了分析。他说，自从 1953 年我党提出了过渡时期的总路线，要在一个相当长的时间内，逐步实现对农业、手工业和资本主义工商业的社会主义改造之后，饱受三座大山压迫的各地人民对贯彻实施总路线，尽快跨入社会主义的热情比较高。但由于对资本主义工商业进行社会主义改造是一项全新的任务，无任何经验可借鉴。再加之某些地区的改造准备不够充分，工作方法上也有些简单化，致使在具体操作上出现了失误，产生了一些问题。其中受冲击较大、反响比较多的就是以前老百姓较为认同的个别老牌子、老字号，像"东来顺""全聚德"等在实施改造后其产品质量与改造前相比有下降。

最后陈云说，从辩证的角度看，上述问题出现得好、出现得及时。这要求我们更加重视对资本主义工商业的社会主义改造工作，周密策划、精心操作，注意尽早克服改造工作中出现的某些失误和不当之处，把好事真正办好，顺利实现党的总路线所明确的目标。

"我看到了社会主义社会，长时期内还需要夫妻店"

"东来顺"涮羊肉的风波搞清楚了，但陈云并未就此止步。浅尝辄止、交差了事从来就不是陈云的风格；由点到面，从全局的角度来观察、了解和解决问题才是陈云一贯的风范。

陈云历来认为，社会主义仍然应该有自己的名牌产品、拳头产品，人们需要名牌合情合理。简单地、整齐划一地取消名牌、老字号不好，要区别对待，只要是老百姓喜欢、信赖的，就要注意加以保护。在前期调查分析的基础上，并广泛征求有关部门和同志的意见后，陈云提出可以采取以下五条具体措施，以保持名牌产品的质量，解决公私合营后部分产品质量下降的问题。一是公私合营后，这些名牌、拳头产品原有的生产方法和经营方法，在一个时期内保持不变，以免出现轻率地把以前一些好的生产工艺改掉了的情况。陈云告诉大家："私营工商业公私合营以后，原有的生产方法、经营方法，应该在一个时期之内，照旧维持不变，以免把以前好的东西也改掉了。"二是国家不再对有些商品如某些百货类物品实行统购统销。三是要建立对商品设计人员、专业技术人员给予物质和精神奖励的机制，以促进他们在提高产品质量上下功夫。四要允许优质优价，在国家统一指导下，产品价格允许在一定幅度范围内的浮动。五是要加强名牌产品的原料供应工作，要注意满足这些产品在原料上的某些特定要求。只有从原料环节上切实把好了关，提供高质量的产品才有保障。

同时，针对公私合营后，某些地方把小商店、夫妻店统统纳入合营范畴的做法，陈云也明确表示了自己不同的看法。在一次会议上，他曾经就此专门说："我家对门有一个小铺子，铺面不大，只能站两个顾客。但是他卖的东西适合那个地方群众的需要，从文房四宝、牙刷牙膏、针头线脑，直至邮票，样样都有。这种小铺子的经营方针就是看居民需要什么就卖什么，对群众来讲很方便。他们卖的方法也跟百货公司不同。小小的信封一个也卖。售货时间也不一样，晚上十二点敲门也照样卖东西。"

陈云强调，在公私合营中，不能一味强调"公"、突出"公"，将小商小贩统统"合营"，更不能强制性"合营"。他说："在长时期内，大部分小商小贩在中国社会里是不可少的。如果没有小商小贩，市场一定会很死，居民就会感到不方便。照我看来，小商小贩也是一笔财富。卖馄饨、卖酸梅汤的小商小贩，如果都取消了，只有'全聚德''东来顺'，老百姓就要反对我们。在胡同里和火车站有卖饮食的，冬天是热的，夏天是凉的，乡下还有送货上门和收购破铜烂铁的，少了这些小商小贩，老百姓也会不满意的。"陈云指出，我看到了社会主义社会，长时期内还需要夫妻店。因为老百姓还要买小杂货、油盐酱醋，还要吃大饼、油条、馄饨、汤团。

这就是陈云讲话的风格，没有虚饰的语言、华丽的辞藻，谈的是老百姓天天见到的东西，讲的人人都懂，但其中的道理非常深刻，是锤炼出来的、是经得起历史检验的。

事情往往如此，有些话乍一听，实在平常、实在普通，但是随着时间的流逝，慢慢会发觉就像嚼青果，会越嚼越有味道。就在"东来顺"涮羊肉风波

1959年4月，陈云在南京视察（历史图片）

后的十年，直到20世纪70年代后期，共和国大地上"左"的思潮泛滥，"杂货店""小卖铺""夫妻店"几乎销声匿迹了；党的十一届三中全会后，春回人间，到如今大小店铺林立，"小卖铺""夫妻店"之外，"公司""超市""网吧"更是到处争奇斗艳，神州大地一片勃勃生机。同样美丽富饶的土地、同样勤劳善良的人们，却有不一样的两种生活。

在全国人民的共同努力下，在中央对资改造10人领导小组组长陈云等有关部门和同志的具体组织实施下，我国对资本主义工商业的社会主义改造工作进行得非常顺利。

第六章
史海钩沉：掌柜趣事

1956年1月15日，尽管北京市仍笼罩在严寒之中，但冬日很好，似乎在为聚集在天安门广场上欢呼雀跃的人群助兴。北京市市长彭真在这次盛大的联欢会上郑重地宣布："我们的首都已经进入了社会主义社会。"

一场战斗胜利结束了，此时，在离广场不远的一幢楼里，陈云正静静坐在办公桌前聚精会神地看着秘书刚刚送来的一份关于全国钢铁生产形势的报告，这几天，钢铁指标的问题一直萦绕在他的心头……

"我看事情一点不小"

"交换、比较、反复"与"不唯上、不唯书、只唯实"是陈云非常有名的两句话，并且都是在延安时期提出的。对于"交换、比较、反复"的含义，陈云曾在多个场合作过解释、说明与论述，其中又以在1978年中共中央召开的工作会议上，陈云对上述六字所作的阐发尤为系统。他说："所谓'交换'，就是不仅要看到正面，还要看到反面；不仅要听正面的意见，也要听反面的意见。所谓'比较'，一是左右的比较，例如毛主席论持久战，比较了中国和日本的情况，既反对速胜论，又反对亡国论，正确的结论是持久战；二是前后的比较，例如毛主席讲统一战线，就比较了陈独秀和王明，他们或者是只团结不斗争，或者是只斗争不团结，正确的结论是既团结又斗争。所谓'反复'，就是事情初步定了以后还要摆一摆、想一想、听一听不同的意见。即使没有不同意见，还要自己设想出可能有的反对意见。我们反复进行研究，目的是弄清情况，把事情办好。"

1961年，"'私养'母猪比'公养'好"的结论就是这样在经过全面的考察、反复的探讨和深入细致的比较之后，陈云在家乡青浦县的小蒸公社进行调查后得出的。

那一天，天空正下着小雨。陈云头戴草帽，带着随行人员正在察看猪圈，突然听见有人喊："廖陈云同志！"陈云幼年时父母双亡，由舅父廖文光抚养成人，认为养子，改姓廖，仍名陈云。"廖陈云"只在小时候限于家乡用过，陈云参加革命后，恢复使用原名。

陈云回头一看，原来是住在公社集体食堂隔壁的一位老太太。陈云认得，她是自己年幼的时候在一起玩耍过的小伙伴。他和颜悦色地向阿婆打招呼。阿婆面有急色，气喘吁吁地跑到陈云跟前，一张嘴，嗓子就有些哽咽。陈云一见，说道："别急，什么事，慢慢说。"等情绪稍微稳定一点，阿婆说："昨晚，我的一只老母鸡被偷了。"她边说边用衣角抹眼泪，说："这叫我咋办哟？这只母鸡每天生蛋，我是靠卖蛋的钱买煤油和草纸零用的。现在鸡被偷了，不是要我的命吗？"陈云听完事情经过，点点头，一面安慰阿婆别着急，

1960年10月，陈云视察合肥江淮化肥厂（历史图片）

年岁大了，身子要紧，一面请身旁公社陪同的同志赶快帮阿婆查找。

阿婆满意地走了。这时有位同志在一边嘟囔了一句："这么一点小事，也跑来惊动首长？""不，我看事情一点不小。"陈云沉思着，轻轻地说出这几个字便再没有多说了。

这次调查是在国家处于经济形势比较困难的背景下进行的，如何把农业生产搞上去、如何尽快提高农民的生活水平，是一直萦绕在陈云心头的课题。一段时间看下来，情况并不太好，有许多问题需要解决。像阿婆母鸡被偷这件事，看似微不足道，但如果从另一个角度来看待此事，可能就会发现深层次的问题。是啊，仅仅是丢掉了一只生蛋的老母鸡，阿婆就急成这样，为什么？因为这是手上能攒下"活钱"以购买日用消费品的重要乃至唯一的来源，更深入地看，这说明农村社员的家庭副业亟待发展。

看问题一定要全面，善于见微知著、由此及彼，善于透过现象抓出本质，善于由个别联系到全局，善于透过现象发现问题、解决问题。认为老母鸡被偷是"一点小事"，其实这是工作上没有责任心、不细心的一种表现，涉及不替群众着想的问题。

而要加强农民的家庭副业，势必涉及鸡、鸭、猪等家禽和牲畜的饲养问题。特别是饲养生猪，农民是熟悉的，经验丰富，也喜欢，它见效快、收益高。但是这一办法要真正实施起来，就必须解决"公养猪"与"私养猪"的比较问题，因为目前只允许生猪公养。

猪怎么养，是"公养"还是"私养"，就现在而言，根本不是问题。不管怎么养，哪种方法经济效益好就哪样办，"发展是硬道理"。但在当时，问题就比较复杂，因为牵涉"公"与"私"的区分，谁都不敢轻易"越轨"。

在"公养"与"私养"问题上，人们如此小心翼翼，是因为中华人民共和国成立后已经在此问题上随着国内政治大气候的变化出现过几次反复了。第一次是在1958年秋的人民公社化运动时期，先是将私养猪统统收上来实行公养，后来发现存在不少弊端，于是未过几个月，到1959年的春天就又纷纷发还给个人搞私养了。第二次是在1959年庐山会议结束以后，这次会议本来准备纠"左"，但后来由于错误地批判彭德怀导致进一步"反右倾"，于是"反右倾"风吹到农村，原来养在农民手中的猪又都牵回了公养猪场。等人们刚刚安定下来，到1960年下半年一纸命令又再次改为私养了。

如此折腾下来，大家对此事的热情和劲头儿已经明显不足了。情绪归情绪，到底哪样好？究竟应该采取何种办法？农民倾向"私养"还是"公养"？陈云决心好好比较研究一番，一定把该问题搞个水落石出。

此时陈云的心中并没有下结论，只是感到这可能确实是一个问题。在随后开始进行的调查中，对小蒸公社现有的15个养猪场，陈云察看了其中的10

陈云深入基层了解情况（历史图片）

个，并请调查组的其他同志看了其余几个。

在现场，陈云看到，对"私养母猪"，农民经常一有空闲时间就到猪圈转转，一旦发现猪有生病症候，就立即送治，使私养猪的死亡率始终保持在低水平。私养猪的饲料种类多、量足，猪圈定时打扫卫生，一直保持干净。在这样的环境中，猪吃得好、睡得安，肉自然长得快，而且积肥还多，形成一个良性循环。此外，由于私养猪大量采用四处割来的青草，而很少用稻草，农民可以利用辅助劳动力和空余时间来饲养，做饭时兼带煮猪食，成本大大降低。与之相比，公养猪则多以稻草为主，煮饲料加上垫圈，一天至少消耗两斤，成本当然一下就上去了。结果，公养猪消耗大，肉还出得少，自然只能亏本。而私养猪虽然消耗少，但由于精心管理，肉反而长得快、出得多，自然能赚钱。

在一个公养猪场，平素喜怒不形于色的陈云还发了火。他看到，公养猪的饲养员缺乏工作积极性，喂猪时将食盆随手一放，各头猪便一哄而起，蜂拥而上。有的吃得肚皮滚圆，有的连一口食都抢不到，还有的因生病体弱，干的猪食吃不下，只好在一旁嗷嗷直叫，但也没人管。再看四周，猪圈的卫生状况极差。从小历经农事的陈云再也忍不住了，他生气地说："从来没有见过有这样养母猪的地方，这样的猪场能增产猪崽吗？"

"大而无当。"这便是陈云现场调查回来得出的初步结论。这一结论究竟反映实际情况没有，陈云还要反复研究，他想多听取各方面的观点，特别是反对的、不同的意见，以便将问题彻底搞清楚。

接下来，陈云深入农民食堂和农民家中去倾听反映，与公社有关干部进行讨论，并到集市上去了解情况。他强调，调查研究一定要深入全面，不仅要听好话，还要特别注意听反面的话，要到现场去看，掌握第一手资料，真正把基层的实情摸准。

之后，陈云主持召开了专题座谈会。他分别与六七名从事公养猪的农民和几位搞私养猪的农民各谈了两次。通过谈话和后来进行的账目查阅，陈云了解到，在人民公社化以前，小蒸公社全年养猪一万五六千头。公社化后，所有私养猪收归公养，仅投入兴建猪场，搞基本建设的资金就用去7万多元。与此形成鲜明对照的是，到1960年的出栏数却急剧减少到5628头，下降近三分之二。由于公养猪的死亡情况严重，苗猪死亡率更是高达89%，而且猪长肉少，积肥少，稻草消耗大，劳动力浪费也大，致使去年一年公养猪不仅没赚到钱，反而亏了38000多元。与此相反，私养猪的死亡率极低，长肉多，积肥也多，并且节省稻草和劳动力，仅一头母猪一年就可为农民创收200余元。

在这次调查之前，陈云曾经讲过，中国是"大国小生产"，技术落后，生产力水平低且不平衡。一切经济决策都离不开这个事实，否则就会犯错误。现在，听了大家的介绍，结合以前的思考，陈云感到，"私养母猪"在现阶段比起"公养猪"要更加适合中国农村当前的生产力状况。因此，陈云首次就这一问题明确表了态，他说："没收不对，发还才是对的，以后再不会没收了。"

很快，陈云的这一谈话就传开了。第二天，附近的乡村便沸腾开来。农家人人出动，男的揣着钱袋一早起床赶到别处去抢购猪崽，女的也不闲着，纷纷撑着小船到塘中、湖里去打捞猪爱吃的水浮莲。一个小小的养猪高潮正在这里掀起。

不久，陈云把这次调查结论写进了他向中央上交的一份调研报告之中。在这份题为《母猪也应该下放给农民私养》的报告中，陈云强调说："事实告诉我们，要迅速恢复和发展养猪事业，必须多产苗猪；而要多产苗猪，就必须把母猪下放给社员私养。这是今后养猪事业能否迅速恢复和发展的一个关键。"

在运用"交换、比较、反复"中，陈云强调"定案"一定要稳妥，因为这常常涉及能否虚心听取反对意见的问题，涉及是"讲真理"还是"讲面子"的问题，因为"忠言"容易"逆耳"。他说："不同方面的专家，往往有不同的意见，要注意和考虑各方面的意见，必须作出几个比较方案，择优选用。定案是宁慢毋急。任何一个项目，必须集体商量，不能一个人说了算。这必须是一项规定。"

陈云曾经讲过下面一段话："我们的工作部署，要反复考虑，看得很准，典型试验，逐步推广，稳扎稳打，慎重一点，看得准一点，解决得好一点，比轻举妄动、早动乱动好得多。"

这实际上就是"交换、比较、反复"思想方法在工作中的具体运用。"文化大革命"结束之后，我国兴办深圳、汕头、珠海等经济特区作为改革开放的窗口，就是上述思想运用得最为典型、最为成功的事例。时至今日，"交换、比较、反复"这6个字仍值得我们用心去体会。

"人是要吃饭的，不能天天靠吃马列主义过活"

燃眉之急

1957年10月27日，《人民日报》就农业发展的四十条纲要修正草案，发表了题为《建设社会主义农村的伟大纲领》的社论。社论在阐述纲要的重大意义之后，提出："有关农业和农村的各方面的工作在十二年内都按照必要和可能，实现一个巨大的跃进。"这是中共中央通过报纸正式发出"大跃进"的号召，也是第一次以号召形式使用"跃进"一词。

"大跃进"运动的一个主要特征是追求不切实际的高指标。1958年5月，毛泽东明确提出："7年赶上英国，再加上8年或者10年赶上美国。"在5月5日至23日召开的中共八大二次会议上提出，中国正处于"1天等于20天"的伟大时期。6月21日，毛泽东在军委扩大会议上发表讲话，再次表示，我们3年基本超过英国，10年超过美国，有充分把握。在8月召开的北戴河会议上，毛泽东以他特有的风格，借用一句著名的话向与会的各省、市、自治区主管工业的书记们再次表达了他对钢铁指标的关心，他说："钢铁尚未炼成，同志仍须努力。"在10月的西安会议上，还出现了一种奇异的说法：我国粮食产量再提高，"把地球上的人通通集中到中国来也够用"。中共上海市委第一书记柯庆施说："现在已经不是可能不可能的问题，而是我们怎样尽最大的努力。"

此后，全国被动员起来了。这是一场人人努力、人人争先的战役。人们投入了超乎想象的干劲，男人把祖上留下的铁缸、铜盆拿了出来，女人则义无反顾地抱出陪嫁过来的木箱，取下上面的铁锁。

"以钢为纲"是"大跃进"中诸多著名口号中的一个。其他众多国民经济部门也"为钢起舞"。其后果是，国民经济发展比例严重失调，国家经济状况全面紧张。

在大炼钢铁的同时，人民公社运动也迅速铺开。在那个谁慢了半拍就可能被戴上一顶右的帽子的时代，北戴河会议号召实行政社合一的人民公社，结果进展迅速，只用了二十几天就在全国农村基本实现了公社化，并积极向共产主义"跃进"，大搞公共食堂、对社员和生产队的生产生活资料无偿调拨、大办民兵师。

1958年的农业"大跃进"，是以严重的浮夸为显著特征的。据当年9月22日《人民日报》的报道，青海某农场小麦亩产8585斤，9月18日报道广西环江县红旗农场农业社水稻亩产13万余斤。更有"一亩山药产量120万斤""一棵白菜500斤"之类的消息出现，此外，"只要我们需要，要生产多少就可以生产出多少粮食来""人有多大胆，地有多大产"等豪言壮语也是到处飞扬。

"大跃进"和人民公社化这两个运动使以高指标、浮夸风、"共产"风、

第六章
史海钩沉：掌柜趣事

瞎指挥为主要标志的"左"倾错误严重泛滥。工业上大搞土法炼铁，炼出来的却是海绵铁，根本不能用，使国家资源遭到极大破坏和浪费。农业上高估产、高征购，严重挫伤了农民的生产积极性，加上从1959年起我国连续几年遭受大面积自然灾害，使农副产品产量急剧下降。同时，农村为大炼钢铁也实行了总动员，农民不搞农事，致使稻谷黄了也无人去收割，一年的辛苦付之东流，人人都以为只要炼好钢铁就行了，没有人去考虑也没有工夫去考虑填肚子吃饭的问题。

中央也很快洞察到这一情况，1958年11月21日为纠"左"，在武昌召开了政治局扩大会议。毛泽东在这次会议的讲话中提出，在粮食和钢铁生产指标问题上要"压缩空气"，要把根据不足的高指标降下来，并要求在向共产主义过渡的问题上要谨慎。但政策通常有它的滞后性，国家仍然进入了三年困难时期。根据在1981年6月中共十一届六中全会上通过的《关于建国以来

陈云在中国共产党全国代表会议上做关于发展国民经济第一个五年计划的报告（历史图片）

陈云视察武汉钢铁公司（历史图片）

若干历史问题的决议》中的正式说法，"主要由于'大跃进'和'反右倾'的错误，加上当时的自然灾害和苏联政府背信弃义地撕毁合同，中止12个政府间协定和几百个合同，同时逼还抗美援朝的欠债，我国国民经济在1959年到1961年发生严重困难，国家和人民遭到重大损失"。

大家刚刚感受到中华人民共和国成立后各方面呈现出一片勃勃生机，刚刚有了当家做主的感觉，刚刚准备在党的领导下干劲十足地通过"大跃进"和人民公社化运动一举改变"一穷二白"的旧面貌，跨入共产主义，因此，对三年困难，在思想上的准备并不够充分。

"我们共产党必须天天关心人民群众的切身利益"

作为国家经济工作的领导人，一向因"反冒进"而被批为"非马克思主义"的陈云不仅头脑始终保持着清醒，而且本着对人民高度负责的精神，还必须筹划如何渡过难关的问题。

早在1959年4月，陈云就大声疾呼："我国粮食问题还没有过关。粮食定，天下定；粮食紧，市场紧。粮食现在仍然是稳定市场最重要的物资，一定要做好这一方面的工作。"当然，这一声音很快便被"××县粮食亩产再创新高"之类"放卫星"的欢呼声所淹没。

现在，陈云除集中精力研究如何把过高的钢铁生产指标降下来、如何尽快恢复农业生产等问题外，在他心中时刻牵挂的仍然是粮食问题。

陈云提出，我国商品粮的主产区，像黑龙江、吉林、内蒙古、关中平原、长江三角洲、江汉平原、洞庭湖周围、成都盆地、珠江三角洲等地，应针对各自所处的地理位置、气候条件、生产力水平和生产习惯等不同特点，因地制宜、实事求是地探索适合自身特点的稳产、高产方法，不搞一刀切。并利用南北方粮食成熟有早有晚的特点，"以早济晚"和"以晚济早"。即由中央统一进行部署，进行全国范围内跨区的季节性粮食调节。

除此之外，陈云考虑，要在短时间内解决全国性的粮食问题，一个重要的办法就是减少城镇吃商品粮的人口数。这几年，由于"大跃进"中浮夸风的影响，粮食产量被大大拔高。后来，人们发现粮食不仅不如大家想象的那么多，而且逐年下降，已经到了十分危急的地步。恶性循环的结果开始显现，一边粮食并不真正够，一边基于虚报的数字，城市中新工厂大批开工、新项目纷纷上马，为此从城镇、农村招收了大批工人。据统计，3年时间里共招收职工超过2500万人，结果城市人口迅速增加，从1957年的不足1亿人猛增至1.3亿人。

为此，在1961年5月召开的中央工作会议上，陈云作了题为《动员城市人口下乡》的讲话。针对有人提出"工人下乡，也一样吃饭，不在这里吃，就在那里吃"的观点，陈云作了重点分析，他说："在城市吃饭和在乡下吃饭大不一样。究竟差别有多大，我看相当大。工人头一年下去，每人每年一般可以少供应150斤粮食,下去1千万人就是15亿斤,2千万人就是30亿斤。这是第一年的差别。更显著的差别还在第二年。原来家在农村的工人回了老家,原来家在城市的工人到农村安家落户,参加集体生产和分配了,加上自留地有收成了,他们就不要国家供应粮食了。这样,下乡1千万人就可以少供应粮食45亿斤,2千万人就是90亿斤。"同时,针对有的同志思想上存在着的工人回乡后可能会没有事情做的顾虑,陈云明确表示,不用担心,农村里可做的事情很多。工人回乡,他东搞一点,西搞一点,总会生产一些东西出来。搞一点能够出口的东西也是可能的。农业的基本建设要做的事情也很多,如平整土地、修渠挖沟,加上精耕细作等,总可以多增产一些粮食和其他农副产品。

最后,陈云得出结论:"要下决心动员城市人口下乡。这个决心早下比晚下好。"

中央工作会议根据陈云的意见,制定了《关于减少城市人口和压缩城镇粮食销量的九条办法》,规定在3年内减少城镇人口2000万人以上,当年减少1000万人。据统计,自1961年1月到1963年6月,全国职工减少1887万人,城镇人口减少2600万人,吃商品粮人数减少2800万人。由于职工人数、城镇人口数大幅度下降,国家用于工资的支出和商品粮食的供应量也相应减少了许多,不仅促使国家财政经济状况的好转,也使农业形势特别是粮食总体困难的局面得到了大大缓解。

与此同时,对于留在城市中人口的生活问题,陈云也十分重视。面对当时全国性的物资匮乏、供应困难,一向稳健务实的陈云首先考虑的是,如何稳住不直接生产粮食的近1亿城市人口的肚皮,如何确保他们的最低营养需要,以维护正常的工作生活秩序。

对这一问题,陈云不只是简单地将其当作关心群众生活的一种表现,而是从政治的角度、稳定大局的角度来看待。他对大家讲:"目前,这一问题,是国家大事。如果6000多万人身体搞得不好,我们不切实想办法解决,群众是会有意见的。人民群众要看共产党对他们到底关心不关心，有没有办法解决生活问题。这是政治问题。"

为此，陈云首先向营养学研究人员进行了调查。营养学的科研工作者深深为他的行动所感动，在困难时期，陈云首先想到的是普通百姓。他们对调查工作给予了大力协助，提供了关于营养含量的测算数据报告供陈云参考。

边看报告，陈云边陷入了深思。这份报告指出，每人每天最低限度需要70克蛋白质，而除蛋白质含量较高的肉类制品和蛋制品之外，500克蔬菜能提供约5克蛋白质，500克粮食大约能提供45克蛋白质，500克大豆则能提供200克左右的蛋白质，报告建议，在缺少肉类和蛋品的情况下，用大豆来补充营养，是一个比较可靠的办法。

陈云根据这些数据开始了仔细的计算和规划。首先，他否定了通过肉

陈云在毛泽东主持的第六次最高国务会议上做关于公私合营中应注意的问题及农业生产问题的报告（历史图片）

类和禽蛋保证蛋白质供给的办法。这类东西目前极其匮乏，只能找其他替代品。其次，不同类型的替代品中，大豆中蛋白质含量较高。问题是用大豆可行不可行？经计算发现，如果采用大豆，那么1亿城市人口，如果实行每人每月供应3斤大豆的办法，每年需要30多亿斤大豆。而全国大豆的年产量，在1958年以前一直保持在190亿斤上下，1961年虽有减产，但也达120亿斤。因此，从中拿出30多亿斤来满足城市的需要是可行的。

"大豆"方案就这样敲定了，陈云转而开始着手制订具体的实施计划。计划的主要内容包括，采用在两年内逐步做到的办法：先在大中城市的6000多

1956年11月26日，陈云同朱德、邓小平等会见全国轻工业、食品工业工会代表大会的代表（历史图片）

万人口中实行；作为补充手段，从海洋中开发营养来源。为此考虑额外拿出一些钢材，制造一些质量较好、速度较快的渔船，并配上新制的渔网渔具，组织有关部门出海捕鱼。如果1年能增产15万吨鱼，就可以使大中城市的6000多万人平均每人每月能有半斤鱼吃。除此之外，到1963年年底，大中城市的6000多万人，每人每月可以增加半斤肉。这样一来，城市居民蛋白质的摄入量就有了更为充分的保障。周恩来后来看到了这一方案，对此大为赞许，说陈云为人民群众的生活不仅亲自规划，而且考虑得细心、周全，有了植物蛋白，还考虑有点动物蛋白。

对此，陈云是这样认为的："只注意建工厂，不管职工吃的，那怎么行？我看，蔬菜和其他副食品的供应工作，其意义绝不在建设工厂之下，应该放在与建设工厂同等重要的地位。我们共产党必须天天关心人民群众的切身利益。"

他还说："人是要吃饭的，不能天天靠吃马列主义过活，一天不吃饭，肚子就饿得咕咕叫。"

最感动人的，从来就是大白话。

劫难升级：下放到化工厂

庭院深深

"文化大革命"尚未开始，陈云就挨批评、靠边站了。

陈云长期坚持实事求是的工作作风，坚持辩证唯物主义的世界观和方法论。他不仅"跟不上""左"的"节拍"，而且本着对党的事业高度负责、对人民高度负责的精神，不计个人荣辱，提出一些"不合时宜"的、"不入耳"的建议，像他经过充分调研后表态支持的"包产到户"就被认为是"右倾""刮单干风""中国式的修正主义""违背集体化路线"等。

"文化大革命"是一场浩劫，很多人蒙受不白之冤、被加上莫须有的罪名。随着它的到来，陈云的劫难自然要"升级"了。首先，自中华人民共和国成立就按照党中央、毛泽东的紧急指示，风尘仆仆从东北赶到北京来主持中央财经委工作的陈云已经不能再在北京住下去了。

1969年，陈云与邓小平、王震、何长工、萧克、陈再道等老同志离开北京前往千里之外的江西省。起初，陈云被告知必须自己买火车票，不再享受国家领导人应有的公务专厢。但陈云心脏不太好，而且这样一来，路途上不便于人身安全与医疗保护。最后经过工作人员的一再交涉，10月18日，陈云与王震合坐一节公务车厢南下了。

对于江西，陈云并不陌生。只不过这次南下重返江西，与三十几年前他从上海西行前来时不同。当时他是中共临时中央常委、全国总工会党团书记，并在抵达后不久，就被选为中共中央政治局委员、常务委员，兼白区工作部部长，时年不到30岁。而现在，他已经64岁，离开了中央领导岗位，只是被保留了一个中央委员的资格。

陈云抵达江西后住进了位于南昌市郊的青云浦干休所，其正式名称是挂在门口的木牌上写着的"福州军区干休所"，只因所前有一汪湖水曰"青云浦"而得此名。干休所四周环绕高高的砖墙，门口有军人站岗。在全国一片吵吵闹闹声中，这里倒颇有世外之感。干休所为陈云安排的是条件最好的8号院，那是由几间青灰瓦房组成的一个小院落。为避免外界打扰，干休所领导还特地连夜组织人手砌起了一道几米高的围墙，将8号院与其他地方隔开来。

性格内向、喜爱散散步、清清净净看些书、想些问题的陈云对此似乎比较满意。"文化大革命"结束后，他曾对一位老部下讲："我被'疏散'到江西时，军区的同志见我来了，知道我身体不好，给我安排到军区招待所，找了间房子住下来。哎，你还不知道吧，还有暖气呢！"

"节约是我们国家建设的法宝"

安顿下来后，陈云开始到距离干休所大约一公里远的江西省化工石油机械厂搞蹲点调查。

1969年11月12日上午，天高云淡，这天的阳光显得分外和煦，照得人心头暖洋洋的。

"北京来的客人"——陈云第一天来到了厂里。他一身中山装，步履矫健，与迎候在厂门口的各级领导——握手，还爽朗地对厂领导说："我是到你们这里来接受工人阶级再教育的。"厂领导对陈云的到来表示热烈欢迎，并热情地将陈云一行引入会议室，接着介绍了全厂的基本情况。

原来，该化工厂是省属企业，现在则按照战备体制，隶属于江西省军区生产建设兵团，编号为第28团。厂里实行连（车间）、排、班（组）建制，全厂有1600余名职工，含10个连队（车间）、100多个班（组），主要生产化工炼油设备。陈云听完汇报，对厂领导说，这么多班组，我要逐个连队、逐个班（组）蹲点，参加班（组）的生产会议和政治学习会。

从此，陈云在化工厂的蹲点生活正式开始了。陈云对身边的工作人员讲，蹲点上班绝不能迟到。为了准时赶到厂里，特别是到了冬天，每天早上6点刚过，天还没有亮，一夜寒气尚未散去，60余岁的陈云就起床了，穿衣、洗漱、早餐，完毕之后就上路。逢隆冬季节，出门还得摸黑而行。遇到下雨下雪地上满是泥泞或者寒风大作之时就更麻烦了。尽管有种种困难，但据随同陈云前往江西的秘书萧华光回忆，从1969年的第一个冬季到1971年的第三个冬季，陈云一直坚持如此，从未放松过要求。有时遇到因公外出或身体

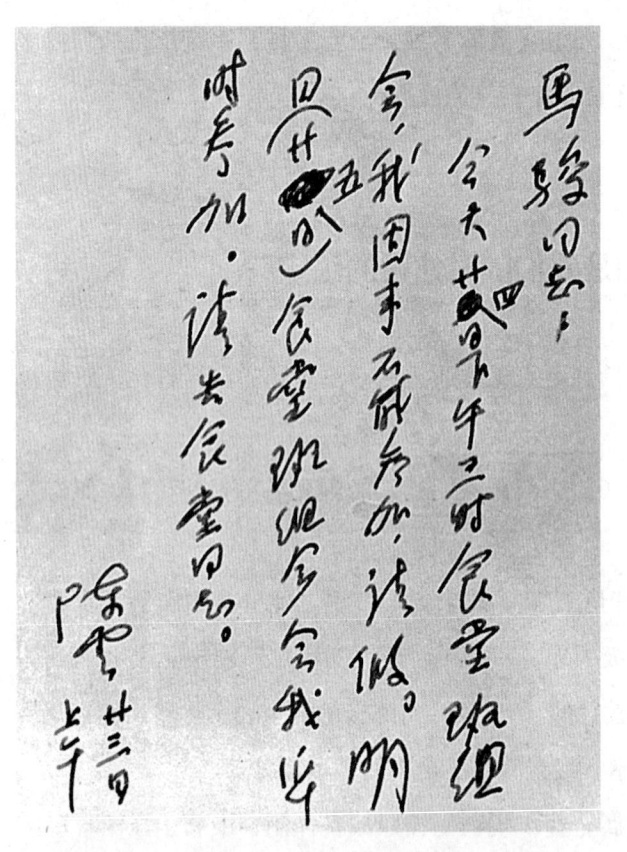

陈云在江西化工石油机械厂"蹲点"期间写的一张请假条。马骏为当时该厂办公室干部（历史图片）

不适不能前去工厂时，他也都按照厂里规定的制度事先请假，绝不马虎。

白天在厂里，陈云主要是在各班组蹲点调查，与干部、工人交谈，了解他们的工作、生活情况，询问他们的实际困难和想法，并一同参加班组学习。据不完全统计，在化工厂蹲点期间，陈云参加的班（组）会累计达数百次。

有的时候，为了了解某些班组技术革新的情况（这样的活动通常安排在工余时间比如晚上进行），或者调查熔化炉班炼铁的出炉质量情况，陈云还要在晚饭后赶往厂里。这时，陈云并不把自己看作一个简单的旁观者，而是以一个普通劳动者的主人翁态度积极参加讨论和研究，详细询问有关情况，有时还提出自己的意见和建议。

天长日久，"老首长"的心与干部职工越贴越近，人为的障碍早已荡然无存。尽管1972年的早春，全国绝大部分地区正遭受寒流袭击，但在位于南昌市郊一个并不引人注目的工厂里，却洋溢着春的气息。

有一次，陈云在一个班组蹲点参加会议，同组有一位工人师傅身体健壮魁梧，面色红润，发言时声音洪亮，又天生长得一副笑脸。陈云在会议结束后便走上前去，握着这位师傅的手，朗声说道："老师傅，你满脸红光，见人总是笑呵呵的，一定可以活到100岁！"老师傅一听，兴奋得脸色变得更红，一时话都说不出来了。旁边的同志见此情景，都忍不住哈哈大笑起来。

还有一次，陈云刚到铸工车间蹲点。这天，他正走向班组并与大家一一握手打招呼时，一位老师傅突然行出旧时的大礼来。陈云先是一愣，后连忙深弯下腰拉住老师傅的手，两位老人头碰在一起方才礼毕。站立在一旁第一次见到陈云的班组工人们看后，心中都暗暗跷起大拇指，赞叹上级告诉大家的这位"北京来的老首长"一点架子都没有。

在金工车间中车班，陈云发现金工技术要求比较高，技术稍不过关或者操作上稍有疏忽，就会影响产品质量，容易出废品。但班里的学习计划表上却没有安排生产技术课。于是，他向班长建议，每周至少要安排两次生产技术课，通过让工人自学规定的技术课本、请厂里技术人员讲课的方法来提高大家的操作水平。班长接受了陈云的建议，每周安排了两次生产技术课。

陈云在容器车间蹲点时，一次看到地上丢弃了许多烧过的电焊条头，以后就不再用了。于是陈云找到班长，指着这一堆电焊条头说，这太可惜了，应当收起来加工成铁链条用。我们国家还很穷，处处都要注意节约，节约是我们国家建设的法宝。

"我可是犯错误的干部哟"

熟悉陈云的同志都清楚，陈云在个人生活上追求宁静、淡泊，不收礼、不吃请，也不喜欢签名留念。但陈云更是一位感情丰富的人，为纯洁的同志、战友情谊，他偶尔也会有"破例"的时候。现在珍藏于江西化工石油机械厂的一本《毛泽东选集》就见证了这样一个感人故事。

在蹲点时，陈云与厂里的干部职工相处得非常融洽。上头讲，"北京的客人有'右倾'错误",但大家从来只把陈云看作"北京的客人""老首长",而陈云也非常平易近人、严于律己,绝不搞特殊化。陈云每次在去南昌市区的路上,只要发现有化工厂的同志,总要让车停下来,把同志们一起捎上。

其中,陈云与木模班工人师傅们的感情尤其深。

陈云在这个班蹲点时,一次曾向所在班班长谈及,在省委安排下自己最近要到南昌郊区农村去一段时间,调查了解农业生产和农民生活的情况。

全班同志闻讯,担心陈云已年届高龄,在田间地头、室外站立谈话或了解情况,时间长了会吃不消。几个人一合计,找来材料,你锤一榔头、我拧一螺钉,很快,一把扎实的帆布小凳子就做出来了。

当陈云望着班长代表班组全体同志送来的小小礼物时,他深深为工人们淳朴的情意所感动。以后只要外出,陈云都将这把凳子随身携带着。几年后,在打点行装准备回北京时,他看着小凳子对秘书讲:"我要把这个小折凳带回北京去,这是工人师傅们给我做的。"

每次,当班组同志听说陈云要来参加会议时,师傅们总是提前把会场打扫干净,准备好开水。遇到冬天会场气温低,大家怕陈云遭受风寒,还专门把太阳照到的地方腾出来,给陈云留着。

事情都是微不足道的,但陈云却很看重。

直到有一天……

那天的任务是政治学习,每位职工手中拿着两本书:《毛泽东

为方便陈云外出调查研究,化工石油机械厂的工人为他制作了这把折叠小凳子(历史图片)

选集》和《毛主席语录》，陈云与大家一道认真阅读。

这段时间以来，相处日久，彼此从不熟悉到熟悉、从陌生到相互关心，同志们通过陈云的一言一行看到了一位老共产党员的风采，对老首长能来厂里与大家相处都感到非常高兴，每位工人都发自内心地尊重老首长。与老首长在一起的时间不算长，大家就已经感到值得学习的东西很多。从深厚的理论分析、丰富的见识到坦坦荡荡地做人、乐观的生活态度，大家打心眼儿里钦佩陈云。

同时大家也多了一份心事，老首长现在只是暂时遭受冤屈，相信党早晚会将情况搞得一清二楚的。大家舍不得老首长走。但老首长肩上的担子很重，他的工作岗位不在这里，也不应该在这里。那么，能不能请老首长留下一点纪念呢？

这一提议一经提出便得到了大家的积极支持。但留下什么样的纪念呢？经过了解大家得知陈云并不喜欢搞留念之类的事，怎么办？大家又犯愁了。这几天，班组的同志们一直在苦苦思考办法。

就在这天的学习中，这个"难题"一举解决了。

讨论正在进行之中，有一位工人灵机一动，拿着手上的那本《毛泽东选集》恭恭敬敬地走到陈云面前，双眼满含希望，声音因激动略有些颤抖地问老首长，能不能在这本《毛泽东选集》上留下一个签名。顿时，整个会场鸦雀无声，大家不知为什么心头都有些紧张地看着陈云。陈云见此情景，与往日不同，他非常爽快地答应下来，还反过来告诉那位工人说："我可是犯错误的干部哟。"工人质朴地回答道："签字留念没关系。"说完高高兴兴地回到了座位上。

讨论立即中断，其他工人纷纷走上前来希望"享受一样的待遇"。陈云当天的情绪特别高，来者不拒，在一本本《毛泽东选集》上留下了自己潇洒的字体，同时还写上了签字日期。大家多日的心结豁然解开了，感到心满意足，在会议结束时都自动站到门口去欢送陈云。

志在千里

1970年4月24日,我国成功发射了自行研制的第一颗人造地球卫星,乐曲《东方红》响彻夜空,全国一片欢腾。远在江西的陈云得知这一消息后,没有说更多,只是又讲了一句"不合时宜"的话。他说:"其实这颗卫星早就应该上天了。"

是啊,外面的世界在飞速发展,国内却还在"文攻武卫",参与创建新中国的陈云怎能不着急!

身处逆境,陈云深信,是非自有公论。他心中时刻牵挂的不是个人,而是国家、是人民。即使被下放,时间也不能浪费!国家转入正轨后,如何建设、如何发展还有许多问题需要深入思考。

除了蹲点,陈云将下放江西的其余时间主要用在了两件事情上,即看书学习和社会调查。

"我从北京到江西什么东西也没带,只带了三箱书。"看来,陈云是"蓄谋已久",为什么"下放蹲点"不能成为学习的良机?

当一代伟人、后来成为我党第二代领导集体核心的邓小平天天在南昌市郊区的一个僻静大院内,慢慢散着步,一言不发地思考时,在同一城市里一个僻静的屋子里,后来成为我党第二代领导集体的重要成员的陈云正伏在灯下翻看着《资本论》《马克思恩格斯选集》《毛泽东选集》。特别是《列宁全集》中列宁在十月革命后写的有关新经济政策和党内民主生活等方面的文章,他看得十分仔细。陈云一边阅读、一边做笔记、一边思考,常常要工作人员前来提醒,才发觉时间已晚该休息了。

"'文化大革命'期间,我就看书。从1967年7月20日起,戚本禹这些人搞的,连《参考资料》《参考消息》也不给看。我说好,就读《资本论》,

第六章
史海钩沉：掌柜趣事

读马列原著，这样自学了几年。"陈云后来说。

不知道靠边站的领导人当时都在默默地想着什么，我们只知道一个古老的、饱经沧桑的国家不到十年就发生了新的巨大的变化。

为搞好社会调查，陈云在花甲之年跑了很多地方。

早在班组蹲点期间，陈云就多次前往普通工人家中探访。他从米柜看到衣柜、从卧室看到厨房、从室内看到室外。陈云一边看一边仔细询问，像粮食够不够、每月肉的定量有多少、日常生活油水足不足、燃料问题如何解决、一家人做衣服的布料怎么办、业余生活怎么过等都是陈云十分关心的问题。在一位工人家，陈云看到他生活比较困难时当即表示，如果粮食不够了，他可以叫人把自己的粮食送些来。

还有一次，他见一对职工夫妇俩生有两个孩子时，就说："你已有两个孩子了，不要再生了。"工人们虽然平时耳朵里已被灌进不少类似"生得越多越光荣"的口号，但那天望着陈云诚恳而严肃的面孔，像是突然明白了许多，

陈云在阅读中（历史图片）

不禁连连点头。

陈云还不时到集体食堂了解饭菜供应情况，看看花色品种多不多、定价是否合理、卫生状况如何、就餐秩序好不好、能不能保证准时开饭、饭菜到下班工人碗中还热不热等，这些情况陈云总是问得很细。有时，他还上前替下食堂师傅给工人们打菜。除此之外，陈云在厂里的支持和安排下，于1970年5月专门召开了一次炊事员座谈会。在座谈会上，陈云说，炊事工作很重要，如果食堂伙食搞不好，工人吃不好，身体不好，就会影响生产。革命战争年代，部队的炊事员克服许多困难，把伙食搞好，使战士吃得好，身体好，才能打胜仗。革命战争的胜利，有炊事员的一份功劳。

类似的座谈会，陈云后来还参加过多次。会上，来自各个方面的代表如老工人、复转军人、青工、女工、技术人员和机关干部等纷纷畅所欲言，气氛热烈。大家在宽松、愉快的环境中谈形势、谈生产、谈生活，也使陈云能够较为全面地了解、掌握基层的情况，聆听群众的意见和呼声。

送君千里

1972年，随着林彪反革命集团的覆灭和国际形势的新动向，特别是中美关系出现解冻迹象，国内政治气氛出现了一些变化。在周恩来总理的直接安排和部署下，经中央批准，陈云决定于4月22日动身回京。

4月20日和21日，本应是打点行装、静心休息准备出发的两天，但已经与化工厂朴实、善良的干部、职工结下深厚感情的陈云连续两天都来到了厂里。他要向每一位在他蒙难时曾经与他共同学习、共同开心的普通人告别。他依次从厂部走到各科室，从一车间走到四车间，眼中满含依依惜别之情。化工厂的每一位同志望着老首长慈祥亲切的面容，千言万语一时竟不知从何说起，只是紧紧握着陈云温暖的手，深深祝愿首长身体健康，默默希望首长将来工作之余能再回化工厂，看看厂里的新变化。

4月22日动身那天，火车下午发车，上午陈云来到干休所向所里的干部职工告别，他说："几年来，干休所对我的生活照顾很好，我向你们表示感谢！"干休所的职工纷纷向陈云表达良好的祝愿。

陈云两年六个月的下放生活正式画上了句号。

回到北京后，周恩来总理请陈云参加了国务院业务组的工作。"文化大革命"结束后，陈云重新担任了党和国家的重要领导职务，为重新恢复和发展我国国民经济再次付出了巨大心血。

1995年，陈云以90岁的高龄不幸逝世。消息传来，千里之外的化工厂广大干部职工陷入深深的哀思之中。当年请陈云签名留念的工人中有的已经退休离开了一线生产岗位，他们一边看着由厂里收集并珍藏起来的一本本《毛泽东选集》，一边回忆与陈云在一起相处的日子，人人悲伤不已，泣不成声。

"要在大风大浪中学会游泳"

"陈云回来了"

"期货"与"股票"，经常被作为现代市场经济的一对典型象征而相提并论，这十几年在中国人当中早已变得广为人知。如果在茶馆饭店随便与身边的一位聊聊，他头头是道地给你侃上半天"多方空方""长线短线""压盘吸货""振荡洗筹""拉高出货"之类的行话，也绝不会让人感到稀奇，因为很可能你本人正在某股票的"轿子"上赚着理论上的钱，或者承受着深度套牢的压力呢。

在几十年前，这还是一个禁区。别说普通百姓，就是长期从事外贸专业工作的同志除了在做些纯理论性的研究时会有所涉及，平时茶余饭后谈都不敢谈，生怕被戴上一顶沉甸甸的"卖国""投降"之类的大帽子，当然更不用说进行这方面的实际操作来为国家谋取利益了。

但是1973年，面对变幻莫测、风险与机遇并存的国际市场，我外贸人员跨越禁区，做了一次艰难而成功的尝试。尽管下面要讲的这个故事现在听来仍带有一些传奇色彩，但确系真人真事，故事的"总导演"便是本书的主人公——陈云。

"文化大革命"后期，特别是林彪驾机叛逃、摔死在温都尔汗的荒原野地之后，毛泽东不时流露出对当时正"靠边站"并分散于各地的老战友们的想念之意。在这种背景下，关心此事的周恩来总理一直过问，相继重新安置了一些老同志，并恢复了他们的工作。

1972年4月，大地迎来了又一个春天。陈云登上中央专门调来的一节软卧车厢，沿着两年多前同样的路线回到了首都北京。6月，应周恩来的要求，陈云参加了国务院业务组的工作。7月31日，陈云、王震等一批人们非常熟悉的老干部出席了国防部为庆祝中国人民解放军建军45周年举行的盛大招待会。

此后，人们在报纸上、从广播里重新看见和听到了国务院副总理陈云的名字。熟悉、了解陈云的老战友、老同事，以及当年曾经在陈云领导下，胜利完成经济领域"三大战役"任务而从经济上使"天下大定"的同志们纷纷奔走相告："陈云回来了！"

是啊，整天喊着"以阶级斗争为纲"的口号，面对的却是日益严峻的国内经济形势，谁不着急、谁不希望能尽快扭转局面呢？

在1973年到1974年的这段时间，陈云协助周恩来总理进行了我国外贸领域的领导和研究工作。在此期间，陈云以其多年积累下来的丰富经济工作领导经验和善于驾驭全局的卓越才干，顶着江青、张春桥等人"左"的干

第六章
史海钩沉：掌柜趣事

1973年5月1日，陈云在北京中山公园观看文艺节目。前排右起：朱德、李富春、陈云、徐向前、聂荣臻、傅作义（历史图片）

扰，从战略高度提出了许多真知灼见，对我国的对外经济工作作出了开拓性贡献。其中，利用期货市场完成国家外贸任务、赚取外汇，就是在陈云的领导和支持下，专业从事外贸工作的同志打的漂亮一仗。

赚外汇，犯大愁

1973年4月，上级有关部门为满足国内需要，给国家粮油进出口总公司下达了进口原糖47万吨的任务。

总公司接到任务后，立即对设在香港的华润公司所属五丰行作了具体布置。五丰行的工作人员首先从总体上分析了当时砂糖的市场供求情况，经过认真调查发现，当时在国际市场上，砂糖已供不应求，砂糖期货价格正处于盘升阶段。如果立即执行进口任务，会进一步刺激原已发生倾斜的买卖力量对比，使之更加失去平衡，其结果是只能以更高的价格买到现货，而且还可能一次买不齐。

面对这种状况，具有丰富市场操作经验的五丰行人员反复研究，最后精心策划了一个操作方案，其核心内容是通过国际期货市场来完成此次任务，先买期货、后买现货。

计划拟定之后，五丰行便按照预定步骤开始实施。

五丰行先是委托中间商，分批在位于英国伦敦和美国纽约两地的砂糖交易所，以平均每吨82英镑左右的价格购买了期货共计26万吨。接着，让分布在巴西、澳大利亚、英国、泰国、多米尼加、阿根廷等国的委托人以平均约89英镑的价格开始购入砂糖现货，这一任务到5月20日已顺利完成，最后买进的现货共约41万吨。

进入5月下旬，由于市场上开始出现中国即将购入大量砂糖的消息，致使纽约、伦敦期货市场上砂糖的价格大幅上扬。随即，澳大利亚、巴西等地又先后证实，我国确有向他们购买砂糖的计划。这些消息通过各种媒介的广泛传播，起到了推波助澜的作用。结果，期货价格一路上涨，天天以"红盘"报收，至5月22日已摸高到每吨105英镑的天价。

"该出手时就出手。"

五丰行分散于世界各地的中间商很快得到指令，从现价位悄悄地分段、分批卖出先前买下的砂糖期货。行动从5月22日开始实施，得到的反馈信息非常令人鼓舞，各处"出手"都十分顺利，到6月5日便宣告清仓完毕。最后一算账，扣除掉各种费用，五丰行还净赚了240万英镑的外汇。

购糖任务顺利完成了，还为国家赚了一大笔钱，这本应是一个值得庆祝的事件，但在那个动乱年代，这些刚刚从风云变幻的国际市场胜利归来的外贸工作者却无论如何都高兴不起来，反倒个个忧心忡忡的，担心这钱会被看作"来路不正"，担心被扣上自己想都想不到的帽子。

第六章
史海钩沉：掌柜趣事

1973年至1974年，陈云受周恩来委托，调查和研究外贸问题。图为1973年10月，陈云视察广州秋季中国出口商品交易会（历史图片）

大家忐忑不安地向当时主管外贸工作的陈云做了汇报。陈云听完同志们的详细汇报，并询问了其中几个技术性的问题之后，当即表态指出："我们可以利用交易所。"他讲："交易所是有两重性的：一是投机性；二是大宗交易的场所。过去我们只看到它的投机性的一面，忽视了它是大宗交易场所的一面，因此，有片面性。我们不要怕接触交易所，要在大风大浪中学会游泳。"

同志们听了陈云的谈话，心中不禁暗暗松了一口气。早就听说过陈云以实事求是的工作作风和辩证的、富于创造性、开拓性的思维方式赢得了广泛尊重，今天大家切切实实地感受到了这一点。

除了探讨交易所，大家还畅所欲言，就外贸领域中的种种"左"的思想和做法纷纷发表了自己的看法。在同志们发言的过程中，陈云一直专心致志，不时在笔记本上写下几个字，有时又静静地看着前方，仿佛在深入思考着什么。

不久，国务院有关部门收到了陈云提交的一份专题报告，重点就是关于交易所的问题。在这份报告中，陈云写道："国际市场上的交易所是投机商活动场所，但也是一种大宗商品的成交场所。"他再次表示："对于商品交易所，我们应该研究它，利用它，而不能只是消极回避。"他认为，外贸相关部门"在今后两年里对交易所要认真进行研究"。

就这样，在陈云的指示和支持下，长期禁锢在外贸工作人员头上"左"的思想顾虑逐渐被解开，大家开始积极地从事国际市场活动，外贸战线出现了新的生气。

尽管经过陈云在这一时期不懈的努力，对于一定范围内，特别是对于外贸领域冲破"左"的束缚、坚持正常工作、探索外贸工作的新路子，起到了积极的作用。但在当时大的环境下，要彻底纠正"左"的思想是不可能的。更何况，早已有人急不可耐地要跳出来"发难"了。

随着毛泽东晚年的健康状况日益不佳，周恩来总理也只能以疾病缠身、疲惫之极的身体苦撑危局，"四人帮"加紧了篡党夺权的步伐，处心积虑地要扫除一切"障碍"。他们首先将矛头指向了外贸部门，因为这一专职与国外特别是资本主义国家打交道的部门，"辫子""好抓"，"帽子""好扣"，其险恶用心是借指责陈云来攻击周恩来。在一次会议上，张春桥就公然污蔑说，陈云主管的外贸部"问题严重"，"在工作上执行的是一条卖国主义路线"。

后来，周恩来的身体彻底累垮，最后住进了医院。在这种情况下，陈云也被迫停止了工作。

乌云仍未散去……

多年后，当年脚踏"雷区"、从国际市场上得胜而归的同志们，有的已经头发花白离开了工作岗位，正安享晚年；有的则正肩负更大的责任，继续在外贸战线上为改革开放后的中国辛勤操劳着。他们每当回忆起陈云直接领

1975年1月,陈云当选为第四届全国人民代表大会常务委员会副委员长。8月,他视察东北国有企业时提出要进行企业技术改造的主张。图为陈云视察齐齐哈尔第一重型机器厂(历史图片)

导的那段虽不算很长但却令人难忘的岁月,脑海中就不时浮现出陈云当年的音容笑貌,亲切的教诲仿佛在耳旁久久回荡。

真是:一朝受教,终身受益。

"没有知识分子,革命就不能胜利"

1982年,陈云看到了两份文件,一份是中央书记处转来的北京航空学院(现北京航空航天大学)一位教师写给书记处研究室的信,另一份是全国政协关于知识分子政策落实问题调查组写的报告。内容都是反映中年知识分子的状况。他们往往上有老人需要赡养、下有孩子待抚养教育，工资又低，而在单位通常是某一方面的骨干、顶梁柱，工作担子很重，长期劳累的结果是身体素质下降很快，甚至英年早逝，出现所谓"50岁"现象。

另据中组部1982年的一份报告，我国35岁至50岁的中专以上毕业生大约为480万人，如果用两年时间来解决待遇问题，头一年要拿出七八亿元，总共需要十二三亿元。

陈云一向重视知识分子问题。党的十一届三中全会后，全国上下掀起了建设社会主义现代化强国的高潮。他讲道："我们应该看到，没有老干部不能实现四化，没有大批知识分子参加到我们党的干部队伍中来，也决不能建成现代化的新中国。"

现在，看完文件和报告，陈云的心中久久无法平静，他当即就知识分子特别是中年知识分子的待遇问题，提笔致信中共中央政治局常委同志们。信中说，这是国家的一个大问题，确实要下大的决心，在今明两年内着手解决，不能再按部就班地搞。我们基本建设每年要用五百多亿元，为什么不可以用十几亿元来解决他们的问题？改善他们的工作条件和生活条件，应当看成基本建设的一个"项目"，而且是基本的基本建设。我们把钱用在了中年知识分子身上，是好钢用在了刀刃上。

关切之意溢于言表。

陈云对知识分子的关怀是长期的、一贯的。

早在延安时期，陈云担任中共中央组织部部长期间，他就坚决贯彻党的知识分子政策，对知识分子的提拔、使用等问题提出了许多精辟的观点，办了许多实事。对此，当年的很多同志都还记忆犹新。

曾经有一段时间，出现过某些"不信任知识分子""不敢或不让新知识分子干部做负责工作""反对知识分子，不放心知识分子"，甚至"排挤知识分子"的倾向，针对这些问题，陈云感到首先要从思想上树立对知识分子的正确观念，要在认识问题上肃清"左"的错误和影响。为此，陈云专门就中国革命中知识分子的地位和作用问题谈了自己的看法。在一次大会上，陈云讲道："半殖民地半封建国家的知识分子是要革命的，许多革命是靠知识分子来领导的。我们再看农村里的革命，也有知识分子领导的，像刘志丹、彭湃等同志都是知识分子。"陈云强调："有些同志对知识分子非常不了解，他们说知识分子是为资产阶级服务的。我们说，大部分知识分子是可以为无产阶级服务的。"

陈云对知识分子作出的上述评价是从中国的现实情况出发的，是有远见卓识的。1956年，周恩来总理与陈毅副总理也曾经在广州的一次会议上发表了类似的看法。知识分子对此是深感鼓舞的。像来自重庆的著名外科医生何穆夫妇，就是在陈云热情周到、耐心细致的关怀和帮助下，最终克服了刚刚参加革命后的摇摆情绪，坚定了革命意志，并将毕生的心血无私奉献给了党的事业。

抗日战争期间，为切实抓好党中央制定的《关于吸收知识分子的决定》（由陈云代为起草）的贯彻落实工作，陈云要求党的各级组织部门要把将优秀的知识分子吸收进党内来放在十分重要的位置，干部和人事部门要大力提拔和使用知识分子，要关心、信任他们，要敢于让他们担负领导工作。陈云对同志们讲："党中央最近作出了一个关于大量吸收知识分子的决定，为什么要专门作出这样的决定呢？这是因为，知识分子是革命力量，而且是重要的力量。我们要把这个力量吸收进来，在抗战工作中，在我们共产党革命事业中，充分发挥他们的作用。没有知识分子，革命就不能胜利。"接着，他语重心长地说："现在，大家都在抢知识分子，日本帝国主义抢，国民党抢，我们也要抢，我们抢得慢就没有了。如果我们把要求救中国、要求抗战、要求革命的各种知识分子都抢到手里，那我们不能说天下完全是我们的，但至少也有三分之一是我们的了。不要再把这个机会错过，否则将来悔之晚矣。"

"抢夺"一词让人感触颇深。在改革开放后的中国，"揽人才""抢人才""挖人才"在报纸杂志上比比皆是、随处可见。但早在几十年前，陈云就已经在大声呼吁了。可能他认为，不用"抢夺"，不足以表明形势的紧迫、态度的坚决和他本人的心情。

陈云其实不仅在为抗战"抢夺"人才，他看得更远。当前急需是一方面，为未来储备则是另一方面的考虑。

结果，在抗战时期，大批知识分子加入了中国共产党，大批青年知识分子被提拔为领导干部，大批知识分子在革命队伍中迅速成长起来，大批知识分子充实到各类工作岗位并成为骨干。抗战结束后，各解放区需要大量人才，特别是为实施党中央提出的"向北发展、向南防御"的战略方针，需要大力充实东北。为此，从关内各抗日根据地紧急组织了2万干部和10万部队，以各种方式增援东北。试想，从抗战初期全国的党员人数只有区区3万的状况，到这时能有如此大的"手笔"，如果没有长期以来一系列正确的知识分子方针和政策，并加以落实，那么事到临头将是非常被动的。不仅如此，就是在中华人民共和国成立后，我们能很快在各条战线上都拥有一支包含一定数量的、无论是在政治觉悟还是在工作能力上都经得起信赖的知识分子队伍，也与当年的"抢夺"不无关系。

相反，"文化大革命"期间是知识分子被称为"臭老九"的10年，也是一个泱泱大国停滞不前、痛失发展良机的10年。那是人的浩劫，更是国家的浩劫、民族的浩劫，教训不可谓不惨痛！

俱往矣！

战争年代，陈云讲："谁抢到了知识分子，谁就抢到了天下。"今天，我们党是执政党，我们是在建设国家，但我们仍然要"抢知识分子"。近年来，国家制定了一系列鼓励留学人员回国来建功立业的优惠政策，每年总会有党和国家领导人出席专门召开的留学人员座谈会并发表讲话；上海市政府在浦东高新技术开发区专门为归国留学人员开辟了创业区；珠海重奖有功科技人员；深圳再次加大了从国外"引"凤来栖的政策力度；等等。当然，和平年代，不仅要从外国"抢"，更要立足于发挥好广大国内知识分子的作用，这是更大范围、更高层次、更深意义上的"抢"，因为，"抢"知识分子的最终目的，是要"抢"时间、"抢"速度、"抢"在别人的前面发展，再发展。

"抢人才"，已经成为当今社会一道亮丽的风景线。

知识分子生在一个被"抢"的时代，幸哉！

"如果主席、总理给我送礼，我就收，因为他俩没有求我的事儿"

陈云不收礼，有口皆碑。他说："送礼是有求于我，收下后，决定事情必有偏差。"有一次，他在解释这些铁的纪律原则时说："如果主席、总理给我送礼，我就收，因为他俩没有求我的事儿。"

实际上，即使是在同志们诚心诚意地向首长表达敬意，哪怕礼物再轻，陈云也是"来者必拒"。

作为党和国家的领导人，陈云外出视察和进行调查研究的次数很多，下级各部门的同志前来向他汇报的时候也很多。对此，他各有"规矩"。

对于后者，陈云讲："不请不到。"他强调："没事别来，有事说事。如果电话中把事办了，就别跑腿了。"

而对于前者，每当陈云外出，他立下的"规矩"就是，"不接不送"、轻装简从，形式上的东西一概免掉，更不许搞迎来送往或者吃喝宴请之类的繁文缛节。他说："大家都挺忙，走那形式干吗！"陈云从来不愿给当地的各级党政领导同志"添麻烦"。他说："自己年事已高，身体又不好，不能为党多做工作，他们都很忙，不必常来看我，有事我会找他们，少给他们添麻烦嘛。"

有一次，陈云在某市的公务活动刚刚结束，正准备乘坐火车返回北京时，发生了一件小事。

当地的同志看到陈云在这里整天忙着谈话、开会，深入基层各生产企业详细询问了解情况，很辛苦，同时在生活上又坚持低标准。这么几天下来，大家看到陈云明显消瘦了，对此都很受感动。为表达敬意，最后商量决定送一些东西上火车，希望能给首长和同志们补充些营养。

由于早就听说陈云拒收礼物的态度是"不可商量的"，因此，送上来的东西很简单，仅仅是两只老母鸡和一些蔬菜。大家心想，东西如此，又已悄悄地搬上了火车，估计这次不会再吃"闭门羹"了吧！

陈云一行对此毫无所知。直到火车即将开动，秘书萧华光才得知此事。萧华光对陈云处理此类事情的态度很清楚，于是向当地同志表达感谢，并婉言请他们将东西带回去。但是当地同志的态度也很坚决，说这根本不算啥，此事是几位领导共同定的，他们看陈云太劳累，希望一定要收下，确保中央领导同志的身体健康也是大家共同的责任。

见实在拗不过，萧华光将此事向陈云做了汇报，并建议说，对方如此盛情，不如按照市场价格把这些东西都买下来，这样做也不违反原则。

陈云详细听完汇报以后，果断地说："不能开这个先例，有第一次，就会有第二次，以后就阻止不住了。还是请他们把东西带回去，要和他们说，他们的心意我领了，但东西我不能收。"

见陈云直接如此表态，地方同志也不好再坚持，于是把东西都搬下了火车，心中无不暗暗赞叹，作为一位老党员，陈云在原则问题上确实"不可商量"。

就是这样，正如陈云向身边工作人员交代的："不收任何人的礼品，外宾送的礼品都要上交。"

第六章
史海钩沉：掌柜趣事

解放战争时期，陈云一直战斗在东北黑土地上，曾担任中共东北局副书记兼东北民主联军副政委、中共北满分局书记兼北满军区政委、中共南满分局书记兼辽东军区政委、东北军区副政委、东北财经委主任、沈阳特别市军事管制委员会主任等重要职务，为东北的解放事业作出过重要贡献，当年在他领导下工作的老同志们也都非常钦佩和尊敬老首长。

中华人民共和国成立后，陈云回到中央工作，同志们也都星散各地纷纷走上了新的岗位，但大家都很想念首长。一次，一位当时从事军事指挥工作的老部下利用从外地来北京开会的机会，专门带了一箱苹果送给陈云，表达一点心意。当时陈云外出不在，当回来得知此事后，他告诉秘书萧华光说："1946年在东北，这位同志在军队工作，能打仗。全国解放后，我们已很久不见了，不过我不能收他的东西……一定要把苹果送给他，并且告诉他，他的心意我领了。"

还有一次，"文化大革命"结束之后，一些以往被扫地出门、"靠边站"的老同志在邓小平、陈云等的仗义执言和关怀下，陆陆续续重新走上了工作岗位。其中有一位老同志为略表心意，在登门拜访陈云之际，顺带捎来了一纸箱的葡萄。等亲切交谈完毕，陈云指着纸箱说："请把它带回去。"那位老同志反复解释，这不值几个钱，只是一点心意。陈云笑着说："那好，我就尝5颗，行不行？"言罢，他打开箱子，摘下5颗。陈云推让有加，老同志见此情景，实在没有办法，只好依了陈云。

陈云不收礼、登门拜访者从来空手上门的故事广为传颂。其实，陈云不吃请的佳话也是人人皆知。

陈云除了出席国务活动，像接见外宾、参加"国庆节""建军节""劳动节"等重大节日的庆祝招待会等，如果是在北京，则历来是公事一处理完毕即回家吃粗茶淡饭，从不参加公家或私人的宴请。如果在外地，则更简单，对地方领导的吃顿便饭的邀请，从来都是表示："他们的心意我领了，不过请吃饭的事就免了。"时间一长，这一"规矩"就变成"自然而然"了。

/ 第七章 /

经天纬地：陈云的人际交往

◎ 1981年，陈云曾回忆说："毛泽东同志亲自给我讲过三次要学哲学。在延安的时候，有一段时间我身体不大好，把毛泽东同志的主要著作和他起草的重要电报认真读了一遍，受益很大。我由此深刻地领会到，工作要做好，一定要实事求是。"

与毛泽东的交往掠影

心意相通

陈云是以毛泽东为核心的党的第一代中央领导集体成员。他和毛泽东都是开国元勋,为共和国的建立巩固和发展立下了不朽的历史功勋。在长达几十年的革命生涯中,毛泽东与陈云是有着一致崇高理想的同志。他们共同战斗在一起,有着长期的交往。

从一开始,他们便是心意相通的。

1926年,陈云在上海从事地下工作,此时他在全党范围内的"知名度"还不高。7月,陈云在一份工会刊物上发表了《中国民族运动之过去和将来》,反映在这篇文章中的观点很容易让我们联想到毛泽东先前所写的那篇影响深远的《湖南农民运动考察报告》。陈云明确指出:"在以农为主的中国,占全国人口80%强的农民,是民族运动中唯一大主力。农民不参加运动,中国革命鲜有希望。"

参加革命后一直从事城市革命工作的陈云如此大张旗鼓地提出上述的观点,是极富远见和难能可贵的,这也决定了陈云在以后的国内革命战争中对毛泽东提出"农村包围城市"的战略方针给予坚定的支持和坚决的贯彻执行。

1933年1月中旬,陈云从上海奔赴江西中央苏区,正是在此时,两人开始了面对面的交往。

毛泽东一直在认真"打量"这位来自大城市的战友。陈云年纪这么轻、职务这么高,既是政治局常务委员,又是白区工作部部长,对他人人都会有

第七章
经天纬地：陈云的人际交往

好奇心。陈云也仔细地在"打量"。对这位最先上山打游击、一次次"黄洋界上炮声隆"、带领红军以少胜多打得敌人落花流水的传奇性领袖，陈云早心生景仰；毛泽东"指点江山，激扬文字，粪土当年万户侯"的豪迈气概更让他心生敬佩。

如何"打量"不得而知，"打量"得怎样不得而知，但我们还是知道一些事情。

召开遵义会议是红军长征途中发生的攸关中国革命成败的历史性事件。毛泽东和陈云都出席了此次会议。在发言中，作为政治局委员、常委的陈云表示坚决支持毛泽东的正确主张，坚决拥护毛泽东担任红军总的领导。陈云在会上投下了重要的一票。会议结束后，陈云与毛泽东、张闻天三人共同被指定为遵义会议精神的传达者。

而当1935年红军在后有大批敌军尾追而来的情况下，毛泽东站在唯一能使用的渡口边，望着波涛翻滚的金沙江作出了一个决策。他将当时担任中央纵队政委的陈云请来，手指对岸，微笑着说，政委同志，只有7条小船，这几万人马的渡江问题就交给你了。

7天7夜，不清楚陈云睡了几个小时，只知道红军部队毫发未损地把敌人甩在了江对岸。

此后不久，陈云就肩负中央的绝密使命在四川天全告别了长征队伍，最后辗转来到了苏联莫斯科。在此期间，陈云假托一名被俘后参加红军的国民党军医"廉臣"写了一本书，这就是《随军西行见闻录》，一本首次比较全面地向西方世界介绍红军的书。在书中，陈云描述了毛泽东的这样一个细节："（毛泽东）见路边有一老妇与一童子，身穿单衣，倒于路边。当时毛即从身上脱下毛线衣一件及行李中取布被单一条，授于老妇，并命人给以白米一斗。老妇则连连道谢含笑而去。"

毛泽东与陈云再次相见是在两年后的延安东关机场。这时彼此都很熟悉了，在欢迎会上，毛泽东热情地称刚刚乘飞机返回中央工作的陈云等人是

"马克思送来的天兵天将"。

战友重逢就是这么倍感亲切。

难忘的三次谈话

延安时期是战争年代陈云与毛泽东交往比较多的一个时期，两人相处得十分融洽。

"不唯上、不唯书、只唯实"是一句至理名言，它是陈云在延安整风运动后的创造性论断，其中包含着陈云与毛泽东的一段深入交往。

比起日夜奔波作战的长征来，延安的生活要相对安定些。就在这时，针对中国革命早期党内绝大多数同志对马克思列宁主义理论的了解、学习与掌握还不够深入、系统和全面，以致手持本本的以王明为代表的"左"倾机会主义者在党内统治达4年之久，致使中国革命蒙受巨大损失的教训，以毛泽东为首的中央领导人号召党内同志在新的形势下迅速行动起来，切实加强理

1942年3月，陈云同毛泽东等在延安。右起：高岗、毛泽东、张闻天、陈云、任弼时、贺龙、杨尚昆（历史图片）

第七章
经天纬地：陈云的人际交往

1937年12月9日至14日，陈云出席在延安举行的中共中央政治局会议。前排右起：刘少奇、陈云、王明、凯丰、项英。后排右起：毛泽东、周恩来、博古、林伯渠、张国焘、张闻天、彭德怀、康生（历史图片）

论学习，以马列主义武装自己的头脑。

在1938年召开的中共六届六中全会上，毛泽东强调："指导一个伟大革命运动的政党，如果没有革命理论，没有历史知识，没有对于实际运动的深刻的了解，要取得胜利是不可能的。"他指出："在担负主要领导责任的观点上说，如果我们的党有一百个至两百个系统而不是零碎地、实际地而不是空洞地学会了马克思列宁主义的同志，就会大大提高我们的战斗力量，并加速我们战胜日本帝国主义的工作。"

中央领导人不仅号召大家学，而且带头学。中央曾经把在延安的四五十位党政军领导组织起来，成立了一个专题学习小组，由毛泽东挂帅，陈云担任副组长，共用半年的时间，系统地研究了中国古代的哲学思想，特别是其中墨子等人朴素的唯物思想和老子、庄子等人丰富的辩证思想。

在此期间，毛泽东还曾三次与陈云谈话。毛泽东讲，长征到了延安，尽管生活条件仍很艰苦，但暂时摆脱了颠沛流离，能相对安稳下来看一些书、写一些东西了。他建议陈云学哲学，特别是马克思主义哲学。毛泽东说，这很有用。

陈云本身一直非常爱好学习，参加革命后也坚持自学，并把自学比喻为"一所长期大学"。毛泽东的这些话给了陈云新的启发，他以更大的热情投入学习之中。

此后，陈云系统学习了马列主义经典著作和毛泽东写的《矛盾论》《实践论》《论持久战》《中国革命战争的战略问题》等重要文章。通过对在马列主义基本理论、基本思想指导下，紧密结合中国革命的具体实践来分析、研究和解决实际问题思想方法的研究，并结合自己以往的革命经历，陈云深有感悟。

当时陈云的学习是十分认真的，这里有一件小事。

"文化大革命"期间陈云被下放到江西时，他所居住的干休所副所长有一次找到陈云，请教毛泽东在一篇文章中论"社会发展"一段论述的出处。陈云看了原话之后，当即告诉副所长，这话出自马克思选集多少卷、多少页、倒数第几行。副所长心头有些疑惑，60多岁的老首长怎会如此有把握？谁知

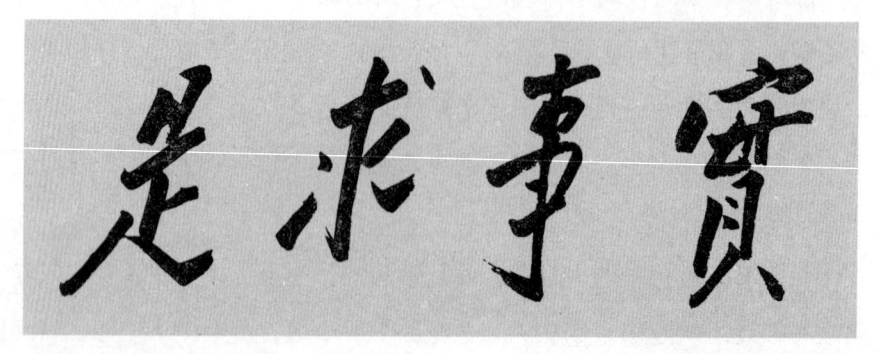

1941年冬，毛泽东为中共中央党校题词。坚持实事求是的思想路线，把马克思列宁主义的普遍原理同中国革命的具体实践相结合，是延安整风运动解决的主要问题

第七章
经天纬地：陈云的人际交往

后来一看，竟是一点不差！副所长非常惊奇，不禁深深为陈云的理论功底所折服。

陈云在刻苦钻研的同时，作为部长，他还组织中组部的同志一道学。据老同志回忆，延安时期有两个学习小组是坚持下来了的，其中一个就是中组部的。小组在陈云的带领下，学习取得了丰硕成果，在延安颇有名气。毛泽东也曾给予充分肯定，认为中央组织部采取一本一本学原著、做笔记，结合当时情况来进行讨论的学习方法对头，并要求在职干部的理论学习要按中央组织部的办法来办。

陈云在延安（历史图片）

这几次交往使陈云受益匪浅，他一生都难以忘怀。1981年，陈云曾回忆说："毛泽东同志亲自给我讲过三次要学哲学。在延安的时候，有一段时间我身体不大好，把毛泽东同志的主要著作和他起草的重要电报认真读了一遍，受益很大。我由此深刻地领会到，工作要做好，一定要实事求是。"在另一次谈话中，他再次谈及此事："在延安的时候，我曾经仔细研究过毛主席起草的文件、电报。当我全部读了毛主席起草的文件、电报之后，感到里面贯穿着一个基本指导思想,就是实事求是。"

"反冒进"与反"反冒进"

中华人民共和国成立后,国家进入和平发展年代,陈云与毛泽东的交往更趋频繁,但由于在经济建设指导思想上存在不同观点,"不一致"的情况渐渐多了起来。其中,"反冒进"与反"反冒进"就是两人之间一次比较激烈的不一致。

"冒进"是时代的产物。当"冒进"在1956年开始在经济建设中出现时,引起了陈云的高度警觉。作为中央财经委的负责人,他对国家的经济情况有着更深的理解。经过几年的努力,国民经济刚刚恢复并走上正常发展轨道,各项经济制度初步建立、关系初步理顺,现在是一步一个脚印继续踏踏实实往前走的时候,而不应"冒进"。

"我们是个大国,明年不稳当心里不安。"陈云感到"冒进"问题一定要及早提出来,并且越早越好。

在1956年12月召开的国务院常务会议上,陈云明确表达了自己的看法,他说:"现在马跑得很危险。这样骑下去,后年、大后年更危险。"他强调指出:"有些问题,没有把握宁可慢些,多考虑一下,其缺点是慢,但如果做错了,那就是失败。慢和失比较起来,慢比失要好。"

这次,毛泽东没有听取陈云的意见,不仅不听,毛泽东还对此进行了严厉批评。他说,"反冒进"扫掉了多快好省,扫掉了《农业发展纲要》,扫掉了促进委员会,使6亿人民泄了气。毛泽东讲,"反冒进"是"小脚女人",离右派只有50米了。

陈云的一贯风格是,在事关党和国家利益的原则性问题上从来"不好商量",这与他在工作中处置许多重大事务时常常表现出的创造性、灵活性形成

第七章
经天纬地：陈云的人际交往

1954年7月，陈云同毛泽东在北戴河海滨（侯波 摄）

鲜明对比。延安时期他曾经提倡:"要讲真理,不要讲面子。"实际上就他对自己的要求而言,不只是一时一地的面子问题,而是"只讲真理,不讲得失"。

针对毛泽东的讲话,陈云表示:"实事求是不是小脚女人。""不要怕别人说机会主义。"他说:"明年要削减投资,必须要搞些死办法,灵活了不行,哪些东西不搞就是不搞,人不准增加就是不能增加,要砍就砍下来。"

1957年1月,中央主持召开了有各省、自治区、直辖市党委书记参加的一次重要会议,陈云在会上再次表述了反"冒进"的思想,他说:"适当压缩基本建设的投资额,这样做的目的是使1957年基本建设的规模,适应于国家财力和物力的可能。""建设的规模超过国家财力物力的可能,就是冒了,就会出现经济混乱;两者合适,经济就稳定……纠正保守比纠正冒进要容易些。"

这些话在后来看,未雨绸缪,句句实在,但在当时听起来却是十分刺耳的。更大的风雨还在后面。

1958年"反冒进"与"冒进"之争更趋"面对面",并尖锐性地演变为"反冒进"与反"反冒进"。

1月16日召开的南宁会议,出席者包括部分中央领导人和9省2市的党委书记。毛泽东对与会同志说:"我是反'反冒进'的!"17日晚,毛泽东约见李富春、李先念和薄一波,在谈话中,他明确讲,批评主要是针对陈云的。

3月,中共中央在成都召开工作会议。9日,毛泽东对"反冒进"再次提出批评。他说"反冒进"是个方针性的错误。"反冒进"是非马克思主义的,是政治问题。以后"反冒进"的口号不要提,"反右倾"保守的口号要提。

反"反冒进"成为主流声音。

1958年下半年,"大跃进"运动开始。毛泽东提出的"以钢为纲"成为家喻户晓的一句口号。在8月的北戴河会议上,毛泽东为此还特地找到陈云说,钢铁指标是政治任务,少1吨都不行。

三年"大跃进"的结果,不仅没有"跃进",反而使我国的经济发展遭

第七章
经天纬地：陈云的人际交往

受了严重挫折，刚刚能吃饱肚子的人们有的又要开始感受饥饿了，极个别人甚至得暂时告别家乡投奔远方的亲属，因为田地荒了，树也都被砍了。

实际上，早在1959年春，中央在继续肯定"大跃进"的同时，也已敏锐地察觉到高指标、浮夸风所带来的问题。为此，毛泽东指示陈云领导中央财经小组对1959年的钢铁生产指标重新加以研究。

3月25日至4月5日，中共中央政治局扩大会议和八届七中全会在上海召开。毛泽东在会议上讲："真理有时掌握在少数人甚至一个人手里。"与会同志都清楚，话中的"一个人"指的正是陈云。

会议结果是决定将钢及其他一些主要工业产品过高的计划指标降低下来，并相应压缩基本建设规模。其中，钢产量减少200万吨，即从2000万吨降为1800万吨，其中好钢计划1650万吨。由于"冒进"问题在此次会议上并未引起足够的重视，因此，农业生产上同样存在着的粮食及棉花产量指标过高的问题没有被触及。

对于新的1800万吨钢铁指标，陈云仍在思考，他感到仍然偏高。但要再建议降，政治上的风险势必更大。从"2000万"降到"1800万"这个数字，在当时钢铁生产就是政治性任务的气氛中已经很不容易了，搞得不好很可能被说成是"促退派""秋后算账派""右倾"。

"不唯上、不唯书、只唯实"，还是这句话让陈云下定了决心。他对指标问题重新进行了深入的分析和研究，并从5月3日到9日，按照毛泽东的指示精神，召开中央财经小组工作会议，根据主管工业部门提供的材料数据，专门对钢铁指标问题进行探讨。在会上，陈云讲："因为我是共产党员，我不能耍滑头。要不然我也可以不再理这个指标调整问题。"他诚恳地对大家说："大家都想把钢铁搞上去，是好心，谁不想多搞点钢铁？但究竟能搞多少，要充分考虑现实可能性，否则好心也会办蠢事，办坏事。"

就这样，陈云带领大家将思想顾虑抛在一边，对问题进行了仔细研究。会议认真听取了国家计划委员会各局等有关职能部门的意见，并与有关负责同志交换想法；分析和研究农业生产形势；研究原料供应、运输、生产与基本建设、人民生活情况，还对钢铁生产各个环节的内容及其相互关系进行了分析。在此基础上，会议决定再一次实事求是地较大幅度调整钢铁指标，具体为钢指标1300万吨、钢材900万吨，该方案最后上报给中央政治局供研究决定。

在政治局开会讨论时，陈云表示："总的精神是稳住阵地再前进，免得继续被动……站稳的目的，是为了前进。"为此，必须"退到可靠的阵地……只有这样，才能站稳脚跟，在巩固的阵地上前进"。

邓小平在他的发言中以一向干脆、果断的语言风格表示，他赞成陈云的初步意见，退到可靠阵地，然后再前进。周恩来、刘少奇等都相继明确表示支持，发言同意陈云的意见。刘少奇从理性思维的高度谈及此问题，他说："应该得出一条经验，克服主观主义，去掉盲目性和主观主义，更接近马列主义，不能说更接近于机会主义。"周恩来则说："退而后争取超过，使得7个月的被动局面改变过来。"刘少奇还补充道："定高了，做不到，反而会泄气。"最后中央决定，完全接受陈云的意见。1959年落实指标，钢1300万吨、铁1900万吨、钢材900万吨。

陈云计算得非常精确。经过全民动员式的一年共同奋斗，拼设备、拼劳力，年终完成的产量为1387万吨钢、897万吨钢材。

更重要的是，在争取这一结果的过程中，陈云表现出对真理的执着和"无私则无畏"的高尚风貌。这一点，毛泽东也十分钦佩。

1962年，毛泽东表示，做经济工作，他不如陈云。1964年9月，毛泽东旧事重提。他讲："有时真理是在少数人手里。1959年1月，我建议开会，这是陈云跟我谈了一次话的影响。开了一个星期的会，（指标）仍然不动。我的意思是降低指标。"

第七章
经天纬地：陈云的人际交往

"我还没有想好"

钢铁指标问题只涉及"大跃进"运动的一个方面和层次，对"大跃进"的经验教训进行比较全面、系统的认识与总结是在几年之后召开的"七千人大会"上。

1962年1月11日至2月7日召开了扩大的中央工作会议，与会者包括来自中央、各部委、各省市自治区党委，以及地委、县委、重要厂矿企业党委和部队的负责同志共约7000人。这是中华人民共和国成立后一次著名的会议，后来的党史研究工作者通常将其称为"七千人大会"。

会议期间，与会代表进行了热烈的讨论，气氛比较宽松。陈云也与大家一道讨论大会报告。他在参加陕西省全体干部会议时强调，共产党人只要有勇于开展批评和自我批评这一条，坚持真理、改正错误，就将无敌于天下。

尽管大会在贯彻党的民主集中制原则、开展批评与自我批评，以及实事求是地认识当前国家经济情况的问题上进了一步，并决定否定用"九个指头和一个指头"的提法来评价成绩和问题，但陈云对报告"最困难的时期已经度过了"的提法有自己的想法，对此，陈云非常慎重。这种说法是经过与会者的反复讨论和修改并经毛泽东审阅圈定下来的。一向首先考虑他人意见的陈云想搞清的是，这一提法是不是确实有道理、是不是客观的。此外，作出怎样的基本形势判断非同小可，将直接关系到对下一阶段的各项工作如何进行规划和决策。

陈云讲话从不随便，必定是有所思才有所讲。思若已成，外界环境压力再大，只要事关党的事业、人民的幸福，陈云也会迎着风雨，义无反顾地提出自己的意见，哪怕这种意见在当时会显得"和寡"。这是一种对党的事业高度负责的精神，也是陈云历来的性格特点。但无所思或思未成，则宁可不

陈云同毛泽东、周恩来在第六次最高国务会议上（历史图片）

第七章
经天纬地：陈云的人际交往

讲，这也是陈云的性格。陈云性格的上述两个方面在本次会议上展现得最为充分。

那天是全体大会，在中央政治局常委中，毛泽东、刘少奇、周恩来、朱德、邓小平等领导人都先后发了言，唯独陈云一直默默无语地只是坐着，不像准备发言的样子。见此情景，毛泽东忍不住亲自点将，说："陈云同志，你来说说吧！"陈云回头看看毛主席，想了想，语气平静地说："我还没有想好！"

陈云就是如此认真！即使是以毛主席这样的声望来当众请他发言，但只要自己感到问题尚未想清楚、搞清楚、搞确切，自己对问题的看法尚未出来、尚无把握，他就绝不随便讲。

半个月后，在中南海西楼召开的会议上，陈云讲了话，这是篇幅较长、经过精心准备的一份发言。陈云说："见面打'官腔'，不相互交心，这种情况继续下去，革命是会失败的。我们干革命的，应该讲真话，有问题就提出，有意见就发表，认真地进行讨论……人是好人，心是好心，就是做错了事。讲清楚了，改正了错误，把工作做好了，人民是会原谅我们的。"陈云发言的重点是系统、全面地介绍了个人对当前形势特别是经济困难的分析和看法，提出了解决问题的意见和建议。结论是认为，严重困难的时期尚未结束，乐观还不是时候。他强调，必须考虑采取"非常措施"，要把我们工作的基点放在"争取快，准备慢"上。"凡是有利于争取农业增产的，我们都要尽力去做。但是，也要考虑到，工作都做了，还可能不够快，所以要做慢的准备。"

陈云的发言表达了自己对"最困难的时期已经度过了"这一说法的不同意见。由于准备充分、言之有据、分析透彻、研究深入，且在讨论中，陈云讲事实、摆道理，耐心、认真地将自己经过充分调查得到的一些实际结果向与会者作了讲解，因此会议达成了一致。陈云的讲话作为中央文件，经毛泽东批准下发，成为当时国家经济各项工作的指导性文件。

在"七千人大会"上，关于陈云，毛泽东还讲了一句话："社会主义经

陈云出席中共中央在北京举行的扩大的中央工作会议。主席台前排右起：邓小平、陈云、周恩来、毛泽东、刘少奇、朱德、林彪（历史图片）

陈云同毛泽东、刘少奇、周恩来、朱德、邓小平在中共中央召开的扩大的中央工作会议上（历史图片）

济，对于我们来说，还有许多未被认识的必然王国……陈云同志，特别是他，懂得较多。"

这个评价是公正的，不仅是毛泽东个人的评价，而且也是全党和全国人民的评价，是历史的评价。

第七章
经天纬地：陈云的人际交往

"批"与"保"

纵观中华人民共和国成立后陈云与毛泽东的交往，可能会发现有一个特点比较突出，这就是："批"与"保"。

"批"，是因为毛泽东与陈云在国家如何建设、如何发展上有分歧。在毛泽东的眼里，陈云似乎"稳重有余，闯劲不足"。按照陈云自己的说法，"快了就是慢了，慢了就是快了"，有点"跟不上形势"。陈云是中央经济工作小组组长、国家财经工作的负责人，不"批"他，像"大跃进"之类的事不好推进，推进起来也会"不顺"。

"保"，是因为毛泽东对陈云国家经济事务的领导才能是非常信任、非常满意的，即使开始观点不同，但最后总会表示钦佩和赞许。而每当国家经济形势处于重大关头，陈云总会是解决难题的首要人选。他在受命后，也从来都是以大局为重，不辞辛劳地全身心投入艰巨的任务中。此外，陈云胸怀坦荡，一身正气，党性很强，从来不搞小动作，这点毛泽东在与其长期相处中是非常清楚也是十分欣赏的。

因此，毛泽东曾经说，陈云当总指挥好，他有短处也有长处。结果，"批"陈云的"短处"，也"保"陈云的长处。

中华人民共和国成立前夕，毛泽东从东北将陈云请回关内来主持全国经济工作，这件事后来被薄一波称为"最重要的一着"。中华人民共和国成立之初，陈云担任政务院副总理兼财政经济委员会主任，领导实施了经济领域中的"三大战役"（稳定物价，统一财经；统购统销；对私改造），从而彻底结束了旧时代遗留下来的恶性通货膨胀，提高了群众的生活水平，稳定了社会秩序，从经济上巩固了人民政权，使国家经济转入正常发展的轨道。陈云还在紧接着制定和实施国民经济第一个五年发展规划、奠定社会主义工业化基础等方面，作出了许多富于开创性的突出贡献。对此，毛泽东非常赞赏，称陈云为"能"。他说，陈云所管的财政经济工作不是教条主义的，是按照中国情况办事的，有创造性的。

后来，毛泽东与周恩来、陈云等之间出现了前述"冒进"与"反冒进"、"反冒进"与反"反冒进"之争，一时气氛比较紧张。但即使在批"反冒进"的时候，毛泽东也仍然讲，批评归批评，财经工作还要陈云等人来做，此外没有别人。

因此，尽管1958年是"反冒进"与反"反冒进"冲突尤为激烈的一年，在3月召开的成都会议上，毛泽东还对"反冒进"进行了尖锐批评，但在3个多月后，在中央发出《关于成立财经、政法、外事、科学、文教小组的通知》中，人们依然看到12人的财经小组成员名单是：组长陈云，副组长李富春、薄一波、谭震林，组员李先念、黄克诚、邓子恢、聂荣臻等。通知指出，这些小组直属中央政治局和书记处，负责领导各方面的工作。

1959年7月召开的"庐山会议"原本准备反"左"。毛泽东对"大跃进"运动中的一些做法和提法已经表现出反感，对几年来的情况进行了反思。一个月前，他在一次谈话中指出，"大跃进"的一个重要教训是没有综合平衡。现在他讲，提倡敢想敢干，确实会引起唯心主义。

在会议之初，毛泽东发言，对陈云以往关于经济方面的一些观点给予了肯定。他指出："过去陈云同志提过：先市场，后基建，先安排好市场。黄敬同志不赞成。现在看来，陈云同志的意见是对的。要把衣、食、住、用、行五个字安排好，这是6.5亿人民安定不安定的问题。"在7月6日的中南组会议上，德高望重的朱德也肯定陈云对粮食问题的看法。他强调，多年来，陈云对粮食抓得很紧。彭德怀在西北组会议发言时也说，我们党内真正懂得经济工作的人不多，陈云是一个，贾拓夫是一个，"陈云关于经济工作是摸得熟的"。

7月11日，毛泽东在与周小舟、周惠、李锐三人谈话时再次讲到陈云。

第七章
经天纬地：陈云的人际交往

这次谈话后来在关于陈云的记述中常常被提到，因为毛泽东引用了一句古话来赞扬陈云，他说："国乱思良将，家贫思贤妻。"此话出自《三国志·郭嘉传》。袁绍官渡之战大败后，不久病亡，曹操借机前往清剿残余势力。大军到后势如破竹，曹操非常高兴。一次，曹操想要穿越不毛之地去远征一支败军，谋士郭嘉表示坚决反对。但曹操坚持己见，把郭嘉留在营中后仍带队出发了。结果不出郭嘉所料，曹操打了大败仗。损兵折将回来，曹操想当面向郭嘉表示道歉之意，谁知郭嘉已经因病离开了人世。闻知此消息，曹操心中大为悲痛，回首往事，他更加想念郭嘉。

这段故事自古流传下来，早已是家喻户晓。现在，"冒进""大跃进"所带来的问题日益浮出水面，心事重重的毛泽东用此话来表述当时的心情也可谓是有感而发。陈云不怕被批为"小脚女人"，他不计个人之得失，总是以直言相告，对于党的事业一片赤诚之心，真是好同志。

在 1963 年春的一次会议上，毛泽东在评论陈云与别的同志关于是否要提三大平衡的争论时，再次表示，实践证明陈云的观点是正确的。

但是，一波才平，一波再起。

三年困难时期，天灾人祸，共和国大伤元气。此时，在外地的陈云听说某些地方在试行"包产到户"，便对这一做法进行了认真调研和反复思考，最后认为，这不失为在非常情况下一种非常的办法，比较适合目前较低的农业生产力水平，有助于恢复农业生产、缓解当前严重的经济局面，使国家尽快渡过难关。很快，陈云就赶回北京将此想法与政治局的常委同志们进行了交流，并专门到毛泽东的住处向他汇报了近一小时。

令陈云没有想到的是，"批"又开始了。

1962 年 8 月，中共中央在北戴河召开工作会议。在第一天的发言中，毛泽东针对"包产到户"发表了措辞严厉的讲话，此后历时半个月的会议主要就是批评"包产到户"，认为主张"包产到户"就是主张分田干、就是瓦解集体经济、就是修正主义。

就此"包产到户"被打入"冷宫"。

1982年,陈云在一次中央政治局会议上曾经谈及,当年在"包产到户"一事上他与毛泽东的那次关键性谈话。陈云说,那次谈话以后,毛泽东很生气,在北戴河开会,把问题上纲到主张分田单干。说分田单干,我还没有发展到那个程度。我只是根据嘉兴调查的结果,觉得个人搞积极性高一点。现在比以前大进了一步,比我那个时候大进了一步。

"批"是严厉的,不过对于陈云个人,毛泽东仍然在会议上表示,陈云的意见是错误的,但他有组织观念,守纪律,是向中央常委陈述的,没有对外宣传。结果,陈云受到了不点名的批判。

即使毛泽东对陈云支持包产到户、对严重形势作实事求是的估计不满意,但对陈云在经济工作方面的才能仍不时表现出欣赏。1963年,毛泽东表

1962年年初,陈云和毛泽东、周恩来在中央扩大的工作会议上交流(历史图片)

第七章
经天纬地：陈云的人际交往

陈云出席中共中央在上海举行的政治局扩大会议。正面一排左起：陈云、朱德、周恩来、毛泽东、刘少奇、李富春、林彪、陈毅（历史图片）

示，如果陈云身体好，很希望他能参加今年国庆节的活动。1964年，毛泽东在听取李富春、李先念、薄一波等同志汇报工业问题时再次谈及陈云。他说，他对陈云很怀念，在"大跃进"时，大家头脑发热，陈云在压低指标上提过多次意见。毛泽东还若有所思地讲，高指标、高征购、浮夸风，这个教训永远也不能够忘记，永远也不能够再干了。

没隔几年，"文化大革命"开始了。这是一场史无前例的浩劫，许多人开始了长达10年的"过关"生活，有的倒下去后就再也没有能够起来。陈云也受到了极大冲击，半夜三更，居家几次被抄。来者不善，他们气势汹汹要把花甲之年的陈云拉出去狠揭猛批。幸得毛泽东、周恩来出面保护，陈云才算脱险。

不过，"下放"仍然是"免不了的"。1969年年底，陈云到了江西，在那里居住了两年多时间。直到1972年4月底，陈云才返回北京。"一万年太长，只争朝夕"，他渴望能继续为党的事业贡献力量。在一封写给中央的信中，陈云表示，希望中央能安排些力所能及的工作，每年春秋到外地下面做些调

陈云同毛泽东在天安门城楼上交谈（历史图片）

查。这封信毛泽东7月22日批阅了，他写道："我看都可以同意。"此后，由周恩来安排，陈云开始协助周恩来对我国的外贸工作进行指导和研究。

粉碎"四人帮"后，陈云重新回到了中央领导岗位。

毛泽东曾经这样讲陈云："不要看他平和得很，他看问题很尖锐。"

陈云总是讲，他在财政经济委员会主持工作期间几乎所有的决策，特别是重大决策，除了他作了必要的调查研究，都是经过集体讨论作出的……许多重大决策都是根据以毛泽东同志为首的党中央确定的路线、方针、政策作出的，或者经过党中央批准的……如果觉得那一段工作还有成功之处，绝不要把功劳记在他一个人的账上。

这是两位同甘共苦、彼此尊重的世纪伟人。

他们的交往太深、太重要，只能"掠影"。

第七章
经天纬地：陈云的人际交往

傅连暲入党风波

傅连暲是我军老一代医疗勤务工作的卓越领导人之一，早年参加中国工农红军。与他的许多老战友一样，傅连暲参加革命的经历也带有一些传奇性色彩。

他原本是福建长汀人氏，平时以悬壶济世，给镇上的人看病、做些外科手术为生。那个时代绝大多数医生在行医的同时，还兼开药店，傅连暲也不例外，他在街边的一角设了一个门面，主要卖些西药、纱布之类的物品。在精心操作之下，日子虽不富足，倒也不愁衣食，生活勉强能过下去。

傅连暲积极追求进步，早在1927年就参加了革命工作。而他成为中国工农红军中的一员，则是1933年的事情。

土地革命战争时期，红军采取大范围迂回机动、在运动中打歼灭战的战略战术，避敌锋芒、集中主力击破一点，再及其余，从而一次次打破了国民党军队的大小"围剿"。其中有一次，红军锋芒所至就到了傅连暲所在的小镇。

红军到后，原本死水一潭的小镇顿时热闹了起来。又是分粮分田，又是打土豪斗地主，关在狱中的贫苦百姓们也重见天日。红军纪律严明，不拿群众一针一线，还热情地帮着干这干那的，与老百姓印象中的其他军队完全不同。

与大家一样，这一切，傅连暲都看在了眼里，慢慢对这些似乎不知从哪里突然"冒"出来的部队有了自己的看法和认识。

一次，傅连暲正在店里给人拿药，突然，两名红军战士跑了进来。虽说经过几天的观察,傅连暲对红军有了了解,知道他们不是蛮不讲理的人,不过他当时还是吓了一跳,有些惴惴不安地停下手上的活,瞪大眼睛看着他们。

只见两人"啪"的一个敬礼,然后讲明了来意。原来,红军是慕名来请傅连暲前往驻地替一位红军战士做外科手术的。傅连暲听后表示,没问题,眼前的药拿完马上就过去。但当时他根本没有想到,这一趟红军军营之行,竟彻底地改变了自己一生的轨迹。

在那里,傅连暲对红军有了更近的观察和接触。在与红军干部、战士的相处过程中,他感到这支队伍尽管身上穿的、嘴里吃的、手上用的都很简单,但却是一个充满理想、充满激情、目标远大、意志坚强、内部关系非常和睦的集体。看完病后,红军为表达感谢之意,不仅付了药钱和医疗费,还坚持将傅连暲护送回家。

离开营地,傅连暲心中久久不能平静,他第一次失眠了。这支军队深深地吸引着自己。就在理不清、说不明之时,两天后,傅连暲听说红军即将开拔,据说要走很远,他再也忍不住了,径直跑向红军驻地,直截了当地要求参军。接待的同志很亲切、热情,首先对他的举动表示欢迎,并关心地问:你的药店怎么办?都安排好了吗?傅连暲激动地用刚刚学会的一句口号,有些结结巴巴地说:"干……干革命,店……不要了!"说的时候,傅连暲感到血直往上涌,好长时间没有这么慷慨激昂过了!

就这样,傅连暲将一些用得着的药品和医疗器械随身带上,告别家乡,踏上征途,从此正式成了红军中的一员。

从福建到中央革命根据地,再到血战湘江、抢渡天险、爬雪山过草地,走过二万五千里长征,傅连暲与战友们最后一道走到了延安。在此期间,傅连暲的主要工作是负责中央领导的医疗和健康保健。他恪尽职守,对上级交给的任务尽心尽力。经过无数艰难险阻的磨砺,傅连暲逐渐从一位个体医生成长为一名意志坚定的红军战士。到达延安后,傅连暲被分配到中央医院,主要任务仍然是负责中央领导的医疗保健,并担任毛泽东的保健医生。

第七章
经天纬地：陈云的人际交往

就在这时，傅连暲作出了人生中一个最重要的决定。经过慎重考虑，他郑重地向中央医院党支部递交了入党申请。

谁知风波就此开始了……

在讨论傅连暲入党申请的中央医院党支部会上，发生了令人意想不到的事情：没有人肯当他的入党介绍人！主要原因是大家认为，尽管傅连暲的革命立场坚定、医疗水平高，工作也非常认真负责，但作为小知识分子出身的他，还需要在斗争中经受进一步的考验。特别是在日常工作生活以及与同志的相处中，他没有与群众很好地打成一片，有时他的态度和说话方式，大家感到比较难以接受。

入党就此卡住了。为了革命走过万水千山、从枪林弹雨中一路冲过来的傅连暲知道此事后，思想情绪产生了很大波动，心中也有了重重顾虑。

时任中共中央组织部部长的陈云后来知道了这一情况，对此他

中央医院第一任院长傅连暲（历史图片）

343

非常重视。陈云认为这件事不仅关系到傅连暲本人在政治上的进步，更关系到我们党在对待干部、对待知识分子以及用人上的政策与原则，问题解决得如何影响甚大。

不久，陈云带着当时在他领导下工作，并担任中组部干部科科长的王鹤寿来到中央医院了解处理此事。他们与当事人、党支部的同志多次谈心、交换看法，并向傅连暲的领导、同事了解他工作、生活、思想等多方面的情况。在对事情作了充分调查和进行认真分析之后，陈云在支部大会上发表了讲话。

在讲话中，陈云首先简要介绍了傅连暲本人的一些基本情况，接着对大家指出的他身上的优点，陈云除表示完全赞同外，还特别强调，傅连暲在参加革命后是经受住了历次残酷斗争的考验的，他在工作中的能力和表现是一直得到包括中央领导人在内的广大干部群众的充分信任的。与此同时，陈云还从关心、帮助的角度诚恳地分析了傅连暲现有的一些不足之处，并表示相信，在大家的热情帮助下，这些问题都是可以很快得到解决的。最后，陈云就此事谈了自己的看法。他说："看人一定要看他的主流，傅连暲在政治上愿为共产主义奋斗，跟共产党走，态度是比较诚恳的，我们不能将他拒之门外。他在艰苦长征中经受了考验，表现不错，工作是认真负责的，我看他符合一个党员的条件。他在作风上确实有些缺点，这是可以批评教育的，也应该对他进行帮助。"陈云环视大家，微笑着继续讲道："如果实在没有同志愿做傅连暲的入党介绍人，那就让我和鹤寿同志来做。"

后来，陈云和王鹤寿还真做了傅连暲的入党介绍人，不过这时并不是因为没有人愿意做，而是正相反，经过两人耐心细致的思想工作，中央医院的同志已经统一了认识，大家还一致提出，希望由陈云、王鹤寿两位中央组织部的领导做傅连暲的入党介绍人，并作为特邀成员参加中央医院再次讨论傅连暲入党一事的支部大会。结果，经过支部大会讨论通过，傅连暲终于实现了自己在政治上的崇高愿望。

第七章
经天纬地：陈云的人际交往

陈云在这件事上既体现出坚决按照党章规定办事的高度原则性，又体现出对革命同志高度负责的精神和以诚相待、以理服人的工作态度，使大家包括傅连暲本人在内都深受启发，更使人们从陈云的身上切实感受到了我们党的干部政策，认识到党对广大知识分子是非常重视的。

傅连暲在入党后，不仅在工作上一如既往、任劳任怨，而且注意改正自己在日常说话、态度方面存在的一些不足，与大家的相处一直十分融洽。后来，傅连暲先后担任中央医院院长、陕甘宁边区医院院长、中央革命军事委员会卫生部副部长等领导职务。中华人民共和国成立后，傅连暲历任卫生部副部长、中国人民解放军总后勤部卫生部副部长、中华医学会会长等职。他勤勤恳恳地为党的事业奋斗一生，为中国人民的卫生事业奉献了自己毕生的心血。在"文化大革命"期间，因反抗林彪、"四人帮"一伙的倒行逆施，他

1943年，延安中央总卫生处处长兼中央医院院长傅连暲和苏联外科医生安德列·阿洛夫在延安合影（历史图片）

不幸被迫害致死。

实际上，陈云不仅对知识分子坚持"了解人、气量大、用得好、爱护人"的原则，而且他的人才观始终都是一致的，这便是，在用人问题上坚持辩证的观点、客观的观点、主流的观点。陈云曾经在一次会议上讲，在用人问题上气量一定要大、眼界一定要宽。要看人的主流，不要纠缠枝节问题不放。他说："一个人的每一个长处里，同时也包含着某些缺点。用人就是用他们的长处，使他们的长处得到发挥，短处得到克服，天下没有一个人是毫无错误的。"他强调中国共产党领导大家干革命就是要"用其所长，不是用其所短"，在革命队伍之中，每个人都是有用的。针对人人身上都有的短处问题，陈云精辟地指出，"发挥长处是克服短处的最好办法"。

傅连暲入党的风波圆满解决了，那只是革命大潮中一朵小小的浪花。陈云在关键时刻敢于站出来自荐做介绍人的气魄，"看人一定要看他的主流"的讲话却总是能引起后来者久久的思考。

与王明的斗争

"我们的一举一动，都要符合党的政策"

作为党和国家的高级领导人，陈云在严格遵守党的纪律方面堪称楷模。在这个问题上他的信念是，党的纪律是铁一般的纪律，是统一和集中我们党的意志的保证，是必须无条件遵守的。

为了捍卫这一信念，陈云敢于跟任何歪风邪气作坚决斗争，哪怕对方是王明这样的"名人"。

第七章
经天纬地：陈云的人际交往

1937年10月，陈云与王明同机抵达延安，当时毛泽东曾亲临机场表示欢迎。根据中央的安排，陈云担任了中共中央组织部部长，而王明兼中国女子大学校长（王明当时在共产国际还担任着候补书记一职）。

中国女子大学简称"女大"，隶属中共中央妇女工作委员会，与马列学院、军事学院、自然科学院、鲁迅艺术文学院、泽东青年干部学院、行政学院等类似，也是一所专业性学校，专门培养党的女干部。当时全国各地有大批青年和干部奔向革命圣地延安，其中的女同志按照组织的安排大多进入了"女大"学习。

王明在历史上曾犯有严重的教条主义和"左"倾路线错误，给革命事业造成过极大损失。但他来到延安后仍不思悔改，继续坚持教条主义的思想路线。此人自恃有共产国际候补书记的身份，大言不惭地四处宣扬自己是"一贯正确"，是"百分之百的布尔什维克"。到延安后，在工作中，他瞧不起同志，一副飞扬跋扈、盛气凌人的样子；在组织观念上，他无视党的纪律，"天下老子为大"的思想根深蒂固。他还喜欢拉山头、立门户，大搞后来被毛泽东严厉批评的宗派主义。作为"女大"校长，他一门心思想在这所学校里建立起自己的"独立王国"。

除了应邀前往各学校包括"女大"做党的建设报告，给学员们讲解党的纲领、章程、奋斗目标和组织原则等方面的课程，陈云与王明平时难得遇上一次，陈云则是能不"遇"就不"遇"，因为他对王明的所作所为一直非常反感。

"执政党的党风问题是有关党的生死存亡问题。"江泽民总书记在一次重要讲话中曾提出这应该成为全党同志的座右铭，这一得到党的历代高级领导人高度评价的著名论断，就是陈云针对王明集团已经在陕甘宁边区建立了大本营的情况严肃提出的。他强调必须加强执政党的建设，明确指出："执政党的自我批评更重要。"陈云讲道："我要着重说，领导着政权的党、领导着军队的党，自我批评更重要。因为掌握了政权以后，犯了错误会更直接更严重地损害群众利益。党员违反了纪律，特别容易引起群众不满。"因此，他认为，自己经常洗脸和去掉身上的尘土，可以密切与群众的联系，轻装上阵。这在掌权的情况下是非常重要的。他还特别强调："严格地遵守党的纪律为所有党员及各级党部之最高责任。无特殊人物，无特殊组织。"

一边是坚持"不管你是中央委员，还是一般党员，不管你是老党员，还是新党员，都要遵守纪律"，另一边是"天下老子第一"、搞"独立王国"。长此以往，看起来不"遇"也得"遇"，冲突是在所难免的了。

冲突的直接原因是中国女子大学毕业学员的分配问题。

为适应迅速发展的抗战形势需要，训练从各地来的大批干部和青年，延安当时开办的院校比较多，专业门类设置也具有很强的针对性。这是在艰难环境下集中大量人力、物力的结果，体现了中共中央对人才培养的高度重视。为确保办学成功，中共中央还制定了一系列的办学方针、管理政策和措施，其中对各院校毕业生的分配也专门作了明确规定。根据这一规定，凡属综合性院校像陕北公学、抗日军政大学、中央党校、延安大学等的毕业生分配统一由中组部负责，主要根据专业对口分配到党政军各部门或地方党政部门工作。而像鲁迅艺术文学院、中国女子大学这样的专门性学校毕业的学员，则按照中央分配一半、学校所属的业务主管部门（像"女大"所属的中央妇委）负责分配另外一半的原则进行，其中归口中央分配的毕业生，由中组部具体负责安排工作。

对此，"女大"校长王明有他自己的"想法"，"学员分配"在他看来是某种权力的象征。结果，他无视中央的有关决定，要求把75%甚至更多的分配权力划归中国女子大学。中组部具体负责此项工作的同志闻知后十分重视，多次前往"女大"交涉，希望王明能放弃这一不合理要求，一切按照中央的规定办。但王明的"气势"很盛，口口声声"我是一校之长，有权对学校学员的工作进行分配"。

看到王明坚持错误的顽固态度，该同志将此事向部长陈云做了汇报，请示如何处置。陈云一听非常生气，立场非常鲜明。他说："无论是谁，在党内不按党的原则办事，搞霸道主义绝对不行！"

1941年2月14日，陈云就此事专门写了一封信给王明。在信中陈云义正词严地明确表达了自己的意见。他说："妇女工作是全党工作的一部分，我是党的工作者，我的责任和我的要求，也仅仅是'一视同仁'四个大字。"陈云还在信里劝说王明及时改正过来，表示期望"彼此以服从中央书记处多数同志通过的决定为好"。

在陈云的据理力争下，坚强的党性最终战胜了无组织、无纪律性，中国女子大学毕业学员的分配工作继续遵照中共中央的规定正常进行了。陈云敢于"碰硬"，对不执行中共中央决定的高级干部照样进行监督的行动一时间在延安传为美谈。

针对此事，陈云后来只讲过一句话："我们的一举一动，都要符合党的政策。"

而对于王明本人，1970年9月陈云在庐山参加九届二中全会时，在华东组的大组会上曾经发言揭发批判陈伯达时曾提及过。他讲，陈伯达的谦虚是假的，实际上是老虎屁股摸不得。这个人是虚伪的，在延安时他说，诸葛亮在他这个年龄已做大事了，而他现在还一事无成。他和王明差不多，就是靠几本书招摇撞骗、吓人。

可谓一针见血。

"党性原则和党的纪律不存在'松绑'问题"

陈云的组织纪律观念非常强，不仅在实际工作中坚决捍卫纪律的严肃性，而且在理论上对纪律问题发表过许多精辟的观点。这些阐述、观点和看法系统、全面，至今仍有着强大的生命力。

陈云对我们党为什么需要严格的纪律有自己深刻的见解。他曾经讲："共产党要领导无产阶级及劳动人民争取彻底的解放，这不是容易的事。革命胜利的基本条件之一，就是要使无产阶级的党成为有组织的统一的部队。只有组织和统一，才是我们的武器，才是我们的力量。要保障我们党有组织和统一，这就需要有严格的纪律。"

认识到严格遵守纪律的重要性，那么如何才能自觉做到呢？坚强的党性原则是基础。陈云讲，你不管是什么情况，都要按照党的原则办事，该怎么办就怎么办，就会适应事物发展的规律，复杂的也就不复杂了，问题就能得到解决；你如果不能坚持党的原则，就会越搞越复杂，你就永远解决不了问题。为此，他在担任中财委主任期间要求下属部门特别是管钱管物的部门要切实负起责任来，要有责任心，要有当"掌柜"的态度，会精打细算。要本着对革命负责，该给的就给，不该给的坚决不给。不能要什么就给什么，那样的话，工作会很被动。原因很简单，"要求是无止境的，你放得宽，人家要得多，来得勤"。

纪律的实践性很强。对此陈云讲，关键在于"心口一致、言行一致"。他说："一个真正自觉遵守纪律的党员，就在于他能在实际行动和日常生活的每个具体问题上表示出自己是坚决地遵守铁的纪律的模范。"根据自己多年的阅历，陈云还特别提醒道："遵守纪律的重要，恰恰是在自己意见不被通过的时候，或者是有关自己问题的时候。"因为这时候往往面子思想会"作怪"，会动摇遵守纪律的坚定性。

"面子"是陈云认为必须高度重视的一个问题，对此，他有过多次论述。在1945年党的七大上，陈云发言说："我们要讲真理，不要讲面子。是什么就是什么，应该怎样就怎样。有的时候你愈要面子，将来就愈要丢脸。只有你不怕丢脸，撕破了面皮，诚心诚意地改正错误，那时候也许还有些面子。共产党参加革命，丢了一切，准备牺牲性命干革命，还计较什么面子？把面子丢开，讲真理，怎样对于老百姓有利，怎样对于革命有利，就怎么办。"他指

第七章
经天纬地：陈云的人际交往

出："如果一切从自己面子的角度出发，讨论问题、看问题掺杂个人得失在里边，立场不正，就不会看得很清楚，不会讲真理，结果一定害人害己。"

克服"面子"思想以后，才能切实有效地开展批评与自我批评。陈云十分强调批评与自我批评，因为"不批评自己，先批评别人，这种批评没有效力，别人是不会接受的。在批评下级的时候，领导者说话要慎重。领导者一句话说得不恰当，在下边就可能产生不好影响"。他指出："开展批评与自我批评，首先应先从领导做起，检查自己有什么缺点，有什么错误，先检查自己，批评自己，不能只说下边不好。如果工作出了什么毛病，作为领导者，自己应该首先承担责任，不能上推下卸，诿过于人。"陈云非常善于以辩证的观点分析研究问题，他告诫那些"最不能实行自我批评的人，最自高自大的人"说，越是这样就越"最容易丧失自己的身份。自己的架子搭得越高，跌下来就越痛"。

针对"自由"与"纪律"这对矛盾之间的关系，一些同志感到比较难以把握。对此，正如以"鸟与笼子"来比喻计划与市场一样，陈云以"游泳"作比来加以说明："纪律有没有束缚性？……我们的纪律只束缚那些非无产阶级的妨害革命的东西，就像游泳术对于游泳的只束缚他不要淹死一样，真正的游泳家在水里是自由的，真正的革命家，在有纪律的革命运动里，也是自由的。如果我们一定要革命，又一定要施展一些妨害革命的'天才'，那么对不起，就要束缚一些；如果不是这样，就绝不会感到是束缚。"

除此以外，陈云还非常重视领导干部在遵守纪律上的模范带头作用。他认为，党的领导干部特别是高级领导干部一定要带头遵守纪律，他们的行动将直接影响到广大党员同志。如果我们的高级领导干部能成为遵守纪律的模范，就势必能在党内形成遵纪守纪的良好风气；反之，遵守纪律就容易成为一句空话；甚至，如果个别高级干部不但不带头遵守党的纪律，还去违背党的纪律、破坏党的纪律，其后果将是十分恶劣的，也是我们党铁的纪律所绝对不能容忍的。为此，陈云提出："遵守纪律从我做起。""领导干部、领导机关必须成为严守纪律的模范。""党内不准有不遵守纪律的'特殊人物''特殊组织'。"

实行改革开放以来，国家展现出勃勃生机，经济高速发展，人民生活水平大大提高。同时，也有一些资产阶级的腐朽堕落思想侵蚀了个别同志，一段时期，党员干部违反纪律、纪律观念淡薄的现象比较突出。此时，陈云再次以一位老党员的身份站了出来，他说，党性原则和党的纪律不存在"松绑"问题。这是陈云在有关纪律的问题上提出的又一著名论断。此外，陈云还在多种场合表示，要十分重视和认真对待社会上存在的各种消极现象，物质文明和社会主义精神文明一定要一起抓。

抓好党风建设，加大反腐倡廉力度，促进社会主义现代化事业健康、稳定、快速发展，目前已成为全党的共识。

审干风波：陈云与康生

"道不同"

陈云与康生的相识可算是"非一朝一夕"。

早在1931年，中共中央成立特别工作委员会，决定由周恩来、康生、陈云、潘汉年、邝惠安5人主持中央特科的工作，两人就开始认识。后来，陈云根据中央的安排于1933年1月离开上海奔赴中央苏区，并当选为中共中央政治局委员、常务委员。而此时的康生呢？则早就找了一个借口到莫斯科"避风"去了，他是个胆小怕死之辈，参加革命的动机本身就不纯，根本就是为了投机。而隐蔽战线工作风险又很大，天天与凶恶狡诈的对手面对面，随

第七章
经天纬地：陈云的人际交往

时都会有生命危险。如果连"命"都没有了，还"投"什么"机"？

陈云在江西，为保卫和壮大中央革命根据地做了大量工作。他同时还身兼白区工作部部长和全国总工会党团书记。在工农红军第五次反"围剿"失利后，陈云随部队走上了长征路，曾先后担任红五军团政委、中央纵队政委等职，并圆满完成了各项重大任务。在红军长征抵达四川西部的懋功雪山脚下时，党中央交给陈云一项绝密使命，即前往上海恢复党在那里的地下工作；设法与共产国际取得联络，介绍长征的基本情况特别是遵义会议的情况。这样，陈云依依不舍地告别战友，辗转行程万里，在上海工作一段时间后，最后来到了莫斯科。在完成中央赋予的特殊使命后，陈云就留在了莫斯科，在中共驻共产国际代表团工作，担任监察委员。这可算是陈云与康生第二次较长时间的打交道。

抗日战争爆发后，陈云与滕代远等按照中央的指示于1936年下半年离开了莫斯科，任务是到新疆开展民族统一战线工作并接应西路军。作为中共第一任驻新疆代表，陈云与同志们一道艰苦努力，以敢于开拓的精神开创了党在新疆工作的新局面。1937年10月，随着抗战形势的迅猛发展，大力加强党的建设、干部队伍成为迫在眉睫的重大任务。为此，中央决定让陈云回到延安担任中共中央组织部部长。真是"不是冤家不碰头"，就在陈云乘坐的返回延安的飞机上，也坐着从国外回来的康生。在机场欢迎会上，毛泽东风趣地说："今天，马克思给我们送来了天兵天将。"

当时谁都没有想到，在不远的未来，同机下来的两个人会发生面对面的斗争，因为其中一人要在此地——革命的圣地延安——搞"抢救运动"，要在每两人中"挖出"一名特务来。

陈云与康生可算是"道不同不相为谋"。

正是因为曾经在一起工作过，所以陈云对康生是颇知一二的。陈云的一生都十分重视个人的品质和道德修养，他认为这是对一名共产党员最基本的要求。陈云曾经说过："德才相比，我们更注重于德，就是说，要确实提拔那些党性强、作风正派、敢于坚持原则的人。"

而这方面他所厌恶、所鄙视的,"正巧"在康生身上都具备。康生素以好钻营、见风使舵"著称"。在"李立三路线"大行其道时,他紧随其后,写了不少肉麻的文章。后来王明"得势",为向新"主人"献媚,并表明与李立三"划清界限"的"决心",康生上蹿下跳,"表现"得尤为积极,为许多了解情况的同志所不齿。他待人虚假、冷酷、心胸狭窄、睚眦必报,在肃反扩大化时期曾不惜栽赃诬陷同志,借对战友无情打击甚至残酷迫害来以邀功。

自古正邪势不两立。只不过,陈云没有想到,他与康生之间的冲突会来得如此快。

"实事求是的审查才是真正的严格"

事情的直接起因是审干。

对于干部,陈云历来十分关心和爱护。他强调"组织部要成为干部之家",其中的关键是要做到"了解人、气量大、用得好、爱护人"。而"爱护干部主要是政治上的爱护"。当事关干部的政治生命时,一定要细心调查、慎重地去处理,绝不能在没有调查或没有查清的情况下,凭推断或印象而不是确凿的事实和证据就轻易下结论、草率作决定。陈云坚决反对轻视干部的政治生命、随便摆布干部的倾向,主张对干部要采取宽容的态度。

在"抢救运动"前的审干工作是由中组部负责的。身为部长,审干一开始,陈云就十分重视,把它当成党建工作的一件大事来抓。他在这个问题上强调,对干部进行审查是必要的,但一定要慎重,一定要实事求是,一旦发现问题要立即纠正,确保审干工作健康有序地进行。他说:"对人批评要实事求是,要从关心爱护同志出发,不要无限上纲,对有些问题要分清楚是不是错误,错误的大小轻重。"陈云指出,审查干部的大忌是混淆两类性质的矛盾

第七章
经天纬地：陈云的人际交往

和上纲上线、搞肃反扩大化。

陈云本来是针对土地革命战争时期，苏区曾经出现过的肃反扩大化问题而提出此告诫的。可惜，当后来康生搞"抢救运动"时，这句话不幸被陈云言中了。

在审干工作中，陈云以对党的事业高度负责、对同志的政治生命高度负责的精神，秉持"审查干部必须实事求是、客观、严格，切忌以主观的推测为根据"的原则，谨慎对待每一件事情、每一份材料、每一个问题。

陈云还经常针对审干中出现的某些现象和问题专门给从事这一工作的同志分析并提出自己的处理意见，以尽量减少工作中的失误。他说，有的同志不敢出面正确地为别的同志做证明人，是因为害怕牵连到自己。碰到这种情况，一定要更为慎重，否则就不是关心干部，稍有不慎就会使被怀疑的同志冤沉大海，这实际上也是损害了党的事业。

当时延安的干部中，有不少是从敌占区历尽艰险过来的。由于各种原因，有的同志组织关系没有、丢失或不全，关于这部分同志的审查，陈云本着尽可能在根据地解决问题的原则，从辩证发展的观点出发，提出考察干部要坚持理论与实践相结合。为此，他采用了一个有效而稳妥的办法，这就是先安排他们进学校学习或到某一工作岗位上，通过实际表现来慢慢了解。再结合其他途径，向有关部门进行信函调查、同志提供证明、找本人谈话、查阅材料等，就可以逐渐把问题搞清楚。此后，有的人恢复了党的关系，有的人重新入党，也有的人还需要在工作中进一步了解以待后续解决等。无论是哪种情况，当事人都深切感受到党的关怀，感到组织上对他本人是高度负责的。即使那些问题暂时不能解决的同志也都能心情愉快、没有任何思想上的负担、干劲十足地投入抗日烽火之中。

"抢救运动"何来"抢救"

就在审干工作有条不紊地进行当中,当时担任中共中央总学习委员会副主任兼中央社会调查部部长的康生跳了出来。按照"惯例",他"登场"就是要攻击的。这次攻击的对象直指陈云,他说:"坏人那么多,你们组织部是怎么搞的呀?"按照他的"看法",中央组织部审查干部右了,太宽了,使得特务钻到我们党内来,中央组织部在审查干部上有错误。

就这样,康生一手导演的"抢救运动"拉开了序幕。

与陈云在审干问题上的"谨小慎微"相比,康生的"抢救运动"一开始"气势"就很大,大有不抓出一大片绝不善罢甘休之势;与陈云的和风细雨相比,康生的"抢救运动"是准备给同志们来一场"暴风骤雨"。

这一运动不同于以前的审干,名曰"抢救",实质上是搞反特斗争,即所谓"清查内奸"。本来,清查内奸、纯洁队伍的工作在你死我活、你中有我、我中有你的战争环境中是必要的。但是,康生将身为中央组织部部长的陈云排斥在一边而直接指挥所谓"清查内奸"是很不正常的。正像陈云所告诫的那样,它严重混淆了两类不同性质的矛盾,将一些干部的缺点、不足或历史上暂未搞清的问题,都无端上升为政治问题甚至反革命问题。还大肆动用"逼、供、信"的手段,要人所谓"坦白",制造假证据、假案件,造成了大批冤假错案,迫害了一大批同志,甚至使有的人没有牺牲在抗战前线,而是在后方含屈告别了人世。这一切给党的事业带来了巨大损失,伤害了许多好同志。

在"抢救运动"中,康生完全违背了实事求是的精神。他先是诬蔑河南、甘肃、陕西、四川等省的地方党组织是"红旗党",即不仅让国民党特务打入进来,而且还窃取了领导权,极大地干扰了地方党组织的正常工作。接着,他在延安知识分子中大抓"托派",在短短的两个多月时间内,在革命圣地延安各机关学校的1万名干部中查出"特务"近千人,也就是每10名干部中就有1名"特务"。其中严重的学校,每两人中就"挖出"了1名特务!这是对党的知识分子政策的严重破坏。

尽管陈云在"抢救运动"开始后不负责审干了,但陈云的态度是鲜明的。他一直"反对滥用纪律惩办干部",从根本上不同意对干部搞这场"抢救运动"。他认为这是故意混淆视听、夸大敌情,是"亲者痛,仇者快"的事。陈云认为把不少省的省委说成"红旗党"更不符合事实,是无中生有,"抢救"在很多方面是违反了中央关于如何整风的规定的,会把我们的干部队伍搞乱。

与此同时,陈云还尽自己的力量,努力纠正"抢救运动"的错误做法。他不惧风险,不怕"惹火烧身",敢于出面为被"抢救"的同志做证人,讲出自己知晓的客观情况。

曾经有一名同志,过去一直表现良好,并因工作出色多次受到上级表彰,但因出身富农家庭,被康生戴上了"托派"的帽子。他感到委屈,思想负担也很重。面对汹涌而来的"抢救",他有口难辩,最后提出一个要求,希望组织派他上前线去杀敌,以为党的事业流尽最后一滴血的方式来证明自己的清白。陈云后来得知这一情况,非常重视,顶着压力过问了此事。通过调阅材料,查找当事人提供的证人,听取当事人所在单位领导及群众的反映和意见,历时两个多月,事情终于水落石出,最后,这名同志重新愉快地走上了工作岗位。针对此事,陈云讲:"是不是好党员,决定于该党员本身,家庭关系绝不能作为党员合不合格的条件。"

还有一次,有一男一女两名同志也被指为"托派"。陈云出面找他们谈了话,并保证一定把事情查清楚。经过两个月的调查,最后得出结论,他们并非"托派","托派"之说纯系捕风捉影。后来陈云讲:"调查时间花了两个月,值得不值得呢?我看是值得的。因为两个月绝对培养不出一个干部来,花两个月挽回一个干部再值得没有了。"真是爱护党的干部之心可昭日月!

是非自有公论

中组部在审干工作中,严格遵照了"实事求是的审查才是真正的严格"的精神,从而保护了一大批党的干部。半个多世纪过去了,那时所作出的结论,今天看来都是对的。

而"抢救运动"则大相径庭。

中共中央和毛泽东很快便发现了"抢救"扩大化的问题,如此"抢救"是大不对头的。1943年7月30日,毛泽东出面对错误做法及时进行了制止,指示停止"抢救失足者运动"。紧接着在10月9日,毛泽东又针对滥抓、乱杀的现象,提出了"一个不杀,大部不抓"的原则,他本人还主动承担责任,进行了自我批评,并曾在中央大礼堂当着众人的面,向被"抢救"者脱帽鞠躬表示道歉。

即使如此,个别同志直到十一届三中全会以后才得以彻底平反,一洗冤屈。

是非已有公论。

但陈云与康生的斗争并未结束。

由于延安时期的审干风波,康生对陈云一直怀恨在心,中华人民共和国成立后多次伺机进行报复。

1966年8月,党的八届十一中全会召开。由于此前陈云支持"包产到户"受到毛泽东的批评而离开了中央领导核心,康生认为机会已到。13日,他在华东组小组会上发言时,对陈云进行了恶毒攻击。他说:"陈云同志的思想,也是长期与主席对立的。他以经济专家自居,自认为他的经济学在主席之上。看看他1962年的报告,就懂得他的经济学是什么货色。他只讲经济,不讲政治,他讲的经济政策,据我看只是资本主义的商人经济而已。"

历史是公正的。

党的十一届三中全会决定对康生进行审查,后决定将其开除出党。机关算尽,当年的投机分子,最终被扫进了历史的垃圾堆。

与知名人士的交往

1939年秋。赵家庄,一个在地图上找不出的地名,距延安约90里。

王金贵这段时间一直不太明白一件事,他在路口摆的这个小小茶水摊不比往年,为什么生意天天都很好。他心中既高兴,又有些担忧,不知道生意究竟能好多久。算了,也不用想那么多,反正是小本买卖,先把眼下的钱挣了再说,这兵荒马乱的,谁知道明天早晨自己脖子上吃饭的家伙还在不在!

每天他都看见操着各种口音的人路过,有听得出来的四川话、湖北话,更多的则是只见张嘴说话、只闻声音传来,就是听不出是哪儿的。有时还有自称江西老表的过来讨碗水喝,说是走了上千里地了,身上的盘缠已经全部用光。碰到这种情况,王金贵总是二话不说端过去一碗水,出门在外,谁没个难处?

许多人是同乘一辆大卡车带着铺天盖地的沙尘停下来歇脚的,也有三五成群、人手一把雨伞、背上则是一个包袱步行而来的。到了此地都免不了坐到他的小摊前,喘口气,喝碗水,脸上流露出某种压抑不住的期盼和喜悦,有的还兴奋地与他聊上几句。

这不,今天在对面路边又停下来一辆车。不一会儿,王金贵看见一男一女向他这边走了过来。他赶紧上前招呼,掸掸凳子,将桌子一抹,把早已备好的凉水端到面前。略一打量，原来都是中年人，看神情像是夫妻，男的眉清目秀，显得精干；女的说话温柔，从举止神情看像是南方人。令王金贵印象最深的是男的那双手修长，指甲修剪得很好。从小看惯长满老茧的手掌，长这么大的他还是第一次知道，原来手也可以这么好看。

两人边喝边聊，只听那位妇女转头对男的低声说："北方的风沙还真是很重，你看，头上又全是黄沙了。"男的听了笑笑，继续埋头喝水。从浓重的口音判断，两人大概都来自川滇一带。

王金贵倒是一点都没有看走眼。他们正是在八路军驻重庆办事处周恩来直接安排下前来延安的一对重庆夫妇。男的叫何穆，是重庆城内颇有名气的外科医生，手术台前人称"一把刀"，女的是他的妻子，名叫陈学昭，是一位作家。

与当时的许多热血人士一样，他们向往进步，毅然决定抛弃重庆舒适的生活，谢绝亲朋好友的挽留，来到革命圣地——延安，汇入救亡的滚滚洪流之中，决心全身心投入抗日第一线，为民族存亡而斗争。

历经颠簸，何穆和陈学昭终于抵达了目的地。就在第二天，一位不速之客敲开了他们的大门，只见来客三十几岁，身材中等，长得清秀、精干。何、陈二人感到愕然，始终想不出自己在延安还有什么熟人。

就在这时，只听来人面带微笑地说："想必两位就是何先生和陈女士吧？"何穆与陈学昭对视一眼，仍旧反应不过来。见此情景，对方自我介绍道："哦，我是陈云，恩来同志的电报早几天就收到了，一直在盼着你们来。怎么样，路上还顺利吧？"

原来这就是陈云、陈部长！临行之前，他们前往八路军办事处辞行时，周恩来除叮嘱他们路上注意安全，并交代应急联络办法之外，还特地告诉他俩，到延安后可以首先去找中共中央组织部的部长陈云，他会替你们安排好一切。没想到今天……两人赶紧上前紧紧握住陈云的手，激动得一时不知道说什么好。高官，他们在重庆见得多，无不盛气凌人、一副不可一世的样子，没想到共产党这样一位"大人物"竟如此平易近人，亲自登门前来看望。共产党果然不一样！难怪这么多人要不畏艰险地投奔而来。

三人坐下后，陈云详细了解了他们路途上的情况，并询问住下后生活等方面有什么困难需要帮助解决的。何穆和陈学昭夫妇俩使劲摇头，表示一切都好，到这儿后感到到处都很新鲜，与重庆大不一样。这一晚，三人谈天说地，相处得非常愉快。

不久，陈云又专门请他们前去中组部，并热情接待。陈云首先询问了二人原来在重庆从事的职业和各自的专业特长，并征求他们对在延安工作安排的要求和意见。何穆和陈学昭均表示，没有任何特殊要求，一切服从安排，希望尽快能以自己的一技之长为抗战出力，在国难当头之际尽一个中国人的义务。陈云听后微微点头。

为了给从敌占区和"国统区"来延安的大批热血青年安排工作，中共中央制定了明确的政策。在通过材料、介绍、谈话、试用等多种形式考察了解之后，对于希望并适合将来从事军事工作的，送往抗日军政大学学习；对于文化理论水平较高、比较有造诣的，一般选送到马列学院学习；对于有一技之长或可向某一专业方向发展的，就先分配到专业类院校去学习，像来自文化界的大多数人就去了鲁迅艺术文学院。妇女通常分到了女子大学，青年干部则往往是到青年干部学校学习，当然，也有年龄很小的，就先到延安中学、延安师范学校乃至著名的延安保育小学学习。

根据这一原则，并考虑到实际情况的需要和个人意愿，最后，何穆被分到延安医疗水平最高、条件最好的中央医院，继续从事外科工作；陈学昭则到鲁迅艺术文学院，一边学习，一边从事宣传写作。

经过一段时间的工作和生活后，两人都先后感到，面对这里艰苦的环境，来之前所作的思想准备仍然不够充分，生活上出现了一些原来没有想到的不习惯之处。再加之面对新的工作岗位和环境，有一个逐渐了解熟悉的过程，双方因此都忙于各自的事务，相互沟通比以前少了，有时还难免把暂时的、不适应的问题带回家中，忍不住吵上几句。

长此下来，夫妇二人经过商量后给单位领导打了报告，提出想暂时离开延安回到重庆去，并在报告中解释了这样做的原因。陈云得知此事后，非常重视，专门进行了全面了解。在搞清确实不是因为两人各自所在单位的工作没有做到家，而系本人思想暂时发生波动之后，他与夫妇俩当面交换了意见。

陈云首先希望他们能继续留下来工作，当看到对方一时之间难以改变初衷时，他诚恳地说："你们两人来了，我们欢迎，如果一定要走，我们也欢送。"并表示，他们离开之后如果遇到什么困难，愿意回来，延安随时欢迎。

就这样，何穆与陈学昭踏上了归途。

回到重庆，二人眼见在纸醉金迷的陪都，各级官员贪污腐败、大发战争财，军警宪特横行，到处搜捕进步人士。而前方将士此时却在流血牺牲，敌占区人民更是生活在日寇的铁蹄之下，尝尽亡国奴滋味，再想起延安火热的生活，环境苦是苦，但那里的人们从首长到普通工作人员，心中满怀救国之志、为国家的兴亡毫不计较个人得失。他们吃的是小米、黑米，但活得却很充实，知道为什么而活，知道为什么而奋斗。那里，只有那里才是拯救中华民族于危亡、振兴中华民族于未来的希望所在！

何、陈二人的内心再一次被深深震撼了。此时，夫妇间的关系也重新和睦。不久，他们便下定决心，决定重上延安。

陈云得知何穆和陈学昭返回延安的消息，非常高兴，再次登门看望。对此，个别同志表示了不同想法。陈云解释说，我们吸收人才的面一定要宽，态度一定要诚恳，这不是权宜之计，而是中国革命的长久需要，他讲："要有大的气量，善用各种人才。单枪匹马，革命到底是干不成的……只要这个人有一技之长，就要用。只有这样，才能成大事业。"

在何、陈的住处，陈云紧紧握着神色还惴惴不安的何穆的手，爽朗地说："欢迎你们回来！"望着陈云诚恳、热情的面孔，夫妇俩顿时释然了。何穆恳切地向陈云表示，从此为革命事业奋斗到底，永不回头。陈学昭也作了类似的表态。陈云肯定了他们的想法，连连说："好，好。"很快，陈云便再次为他们安排了适当的工作岗位，革命队伍又增加了一对勇敢的夫妻。

陈云以自己诚恳且耐心细致的工作，充分体现出党组织对党外人士的信任、热情和关怀。妥善处理何穆、陈学昭去而复返之事一时间也成为佳话，许多新到延安的人士通过这件事，看到我们党对待他们是真心诚意的，是肝胆相照的，这更加坚定了他们为革命多做工作的决心。就拿何穆与陈学昭来说，他们后来果然像在陈云面前所表达的一样，终生都在为革命事业奋斗。重返延安后不久，何穆就主动要求去了条件更加艰苦的前线，以接受战争的考验。在那里，他精纯了技术，更深化了思想。经过组织考察，何穆在火线光荣地加入了中国共产党，在解放战争时期还曾担任著名的白求恩医院院长一职。中华人民共和国成立后，何穆继续在党的卫生战线上不懈努力着，十一届三中全会后改任卫生部顾问。陈学昭则一生从事写作，中华人民共和国成立后曾任浙江省文联负责人，为党的文艺宣传事业付出了巨大心血。

实际上，上述故事只是陈云在与党外人士交往时以诚相待、肝胆相照风范的一个小小侧面。在我党领导全国人民、团结各种进步力量夺取胜利的革命战争年代如此，中华人民共和国成立后的和平建设时期，陈云更是如此。

中华人民共和国成立之初，人民政府将在旧政权下工作过，涉及警察、邮政、财政金融等部门的各类公务和专业人员都"一揽子包了下来"。特别是在各地都有一批在旧政权时期培养出来的科技人员和企业管理人员，这些人又大多集中于大型工矿企业中。如何看待和安置他们，当时存在着各种不同意见。有的人认为，这些人长期受敌人思想毒化，不可用；有的人从当前国家财政负担十分沉重的角度提出，是不是不再"包"这批人，而将他们裁掉；还有的人则认为部分人还是有一技之长的，并非完全不可用，只是对他们肯不肯为新社会作贡献表示怀疑，担心结果会事与愿违。

针对上述带有一定普遍性、全局性的问题，并结合大家的观点，陈云表明了自己不同的看法。他首先明确表示，"人不能裁"。他说："全部接收在旧

1956年1月25日，陈云同荣毅仁（左）、胡厥文（中）交谈（历史图片）

政权下工作过的人员，财政上负担是很大。但是，裁了这部分人，让他们失业，没有饭吃，问题更大，现在养着这部分人，从财政上看是个损失，但从另一方面看，政治影响好。待解放地区的人看到，这些人生活都有保证，就不怕了，反抗的人少了，这样战争可以更快结束，少损失好多人力财力，整个支出可以大大减少。"陈云强调："这个问题，一定要采取慎重的政策。对旧人员要训练、改造和使用，这个包袱不能不背，不能光从财政着想。"

至于这些人能不能用、如何用的问题，陈云坚持运用马克思主义阶级分析的方法，强调以经济标准而不是其他标准来划分这些人的阶级属性。经过充分调查和论证，陈云最后得出结论，这些知识分子当中绝大多数，即有70％至90％属于雇用劳动者。他说："据我知道，中国的产业工人不过300万，技术人员和管理人员大约30万。这些技术人员和管理人员都是想在自己的岗位上工作的，只要领导正确，他们是可以做些事业的。"为此，对待他们的基本政策应是，政治上信任、工作上安排、生活上不使他们有家庭之累。陈云强调："搞工业化，必须有人才。这些人是我们的'国宝'，是实现国家工业化不可缺少的力量，要很好地使用他们。"

陈云是这么说的，也是这么做的。作为政务院副总理、中央财经委的负责人，他要求下属各部门和领导干部充分认识在大规模社会主义经济建设中专业技术人才的重要性。对他们一定要在政治上采取信任的态度，放手使用，绝不搞"关门主义"，在物质生活的保障方面则要坚决落实到位，使其能有一个较好的外部环境为新中国充分发挥自己的聪明才干。同时也要加强教育工作，使之不仅从行为上，还要从思想上尽快转变为社会主义建设者。

特别在对待一起在中财委机关工作的一批重要的党外知名人士问题上，陈云曾反复对党内同志讲："要真正发挥他们的作用，不能放在那里摆样子，要让他们有职有权！"他强调："一切引进项目，都必须有专家参加，必须是领导干部和专家共同商量。"

作为三年恢复国民经济和国家第一个五年发展计划拟定和实施的具体负

1956年9月，陈云同黄炎培交谈（历史图片）

责人，陈云对这批从中央到地方的专业技术人士在此期间努力工作所取得的巨大成绩一直给予高度评价。直至时隔多年，在粉碎"四人帮"之后，他还曾在一次会议的讲话中说："必须肯定，20世纪70年代、80年代的技术水平，应该来之于这些50年代、60年代水平的技术骨干。"

这就是陈云，功绩总归于别人。长征时抢渡金沙江，他受党中央的指派，负责组织部队过江，结果在极其艰难、危急的情况下，胜利完成任务了。但他后来在谈及此事时却从不提自己，而是滔滔不绝地讲帮助红军的当地船工。这次，当年反复要求把党外专业人士当"国宝"来加以关心和爱护的陈云，也绝口不提他们之所以能在新社会有所作为、有所创造、有所贡献，自己曾在其间所起到的历史性作用。

相识岂在长久：陈云与国际友人

"烤鸭子"

陈云一生淡泊、宁静。除了参加外事接待和"五一""八一""十一"等国家和军队的重大节日活动，陈云在工作之余通常就待在家中，以听新闻、看书、品析评弹录音、挥毫泼墨书案，间以园中散步等形式来舒筋活络、调节大脑，达到放松休息的目的。

在陈云的革命生涯中，他更多的是担负党内、国内方面的工作，国际方面的事务相对显得既不多也不经常。即使如此，在因工作原因与外国专家、国际友人的交往中，陈云仍然以其一贯的风格给对方留下了非常深刻的印象。

第一次国内革命战争时期，陈云主要从事白区地下活动和负责全国总工会的组织领导工作，曾担任红五军团中央代表、军委纵队政委等职。抗日战争时期，则在延安先后担任中共中央组织部部长和西北财经办事处副主任，为全面加强党的建设、巩固并壮大抗日根据地做了大量艰巨且卓有成效的工作。解放战争时期，作为中共东北局的重要成员，陈云参与领导了东北全境的解放。因此，除1935年夏至1937年春，受中共中央指派，接受绝密使命远赴苏联莫斯科并在那里工作、生活过一段时间以外，其余绝大部分时间陈云只是与外国客人有一些零零星星的接触和来往。

1952年8月，中共中央组织了一个以政务院总理周恩来为团长，陈云、李富春为副团长的政府代表团前往苏联访问，下榻于苏维埃旅馆。随团人员中包括了30多名专家。代表团此行的目的是就新中国第一个国民经济五年计划的有关问题与苏联有关领导和部门交换意见，主要是争取苏联政府提供援助。

陈云此次重返莫斯科之行，就此开始了中华人民共和国成立后国际交往比较频繁、影响也比较有代表性的一个时期。

在这个时期，作为国家财经方面的主要负责人，并担任着政务院副总理兼财政经济委员会主任一职的陈云基本上都是直接出面与来自"老大哥"国家的专家顾问们共同协商、规划并实施苏联的各项援助计划，并听取他们对我国如何建立社会主义国民经济体系所提出的意见和建议。

对这些告别家人、不远千里来到中国具体落实援助计划的苏联专家们，陈云十分尊重，并非常注意从工作条件、生活设施等方面给予他们细心周到的照顾。

有一件事给当时担任中央财经委翻译工作的李越然同志留下了很深的印象。据李老回忆，中华人民共和国刚刚成立时，百废待兴，各政府机构的办公条件比较差。当时中财委将位于北京东城区的原清朝九王府作为临时办公大楼。说是王府，声名在外，却早已名不副实。曾经热闹非凡的豪宅随着时代的变迁，已经多年被荒置一边、无人照管了。偌大的一个院子在办公人

第七章
经天纬地：陈云的人际交往

1952年8月17日至9月22日，陈云作为中国政府代表团成员，随首席代表周恩来访问苏联。图为陈云在莫斯科机场受到苏联部长会议副主席莫洛托夫的欢迎（历史图片）

员搬来之前显得特别冷清，每到冬季，北风呼啸，穿堂而过，常常让人不寒而栗。

这一天，天气异常的冷。

由于烧暖气的锅炉恰好出了故障，水不够热，工作人员看见陈云在办公桌前身披一件旧军大衣，一边批阅文件，一边不时搁下笔来哈哈手，于是建议打开电炉来取暖。陈云听后表示不同意，他说："那个东西很费电哪，白白烧在那里很浪费，我想没有特殊需要，就尽量少用或不用。我穿大衣办公习惯了。"

苏联部长会议副主席什维尔尼克和苏联外交部长维辛斯基同中国政府代表团合影。右三起：李富春、陈云、周恩来、什维尔尼克、维辛斯基、张闻天、粟裕、师哲（历史图片）

不料几天后，陈云找来工作人员，让把电炉烧上，同志们都感到诧异。陈云笑着解释道，待会儿有苏联专家前来商谈工作，要提高温度，不能冻着苏联的同志。而当会谈完毕，苏联专家离去之后，陈云又请工作人员把电炉给关上了。

陈云在与苏联专家打交道时有一个原则，那就是重视学习，对外国同志的意见充分尊重，但绝不生搬硬套。

当时，苏方在帮助中国政府重建因国民党腐败统治和多年战争造成的处于崩溃边缘的国家经济、制订并实施第一个国民经济五年发展计划的过程中，非常热心，给刚刚从革命的硝烟中走来、进入和平建设年代的中国同志提出了许多认真、宝贵的建议，但有时毕竟对中国的历史、民情、社会状况等缺乏全面系统的了解和理解，致使某些意见提得与中国的现实情况之间有距离。每当遇到这种情况，陈云从来都是不急不躁，仔细分析和讲解实际状

第七章
经天纬地：陈云的人际交往

况。对苏联专家不清楚的地方，他也不厌其烦地加以解释，有时还佐以一些背景材料来帮助理解。结果，苏联同志总是心悦诚服地接受中方的观点和看法。

反过来，陈云要求我方与苏联专家一道工作的同志，无论职务大小，在尊重客人的同时还要注意虚心向对方学习，掌握建设国家的新本领。

在规划我国独立自主的汽车制造工业体系、筹建国家第一个汽车制造厂（后来的"一汽"）的过程中，陈云语重心长地对大家讲："同志们，外行的事多了，要下决心学习。不学习，经济建设一窍不通，那就搞不成。"

不仅如此，陈云在工作中非常讲求精确性、科学性，数量观很强，并善于以数据来帮助说明问题。他既重视数字的内在含义，对数字的变化也十分敏锐，强调一定要关注变化、分析研究变化的原因。再加上革命战争年代长期从事白区地下工作所锤炼出的过人的记忆力，所以，在共同协商讨论时，

陈云在武钢同苏联专家交谈（历史图片）

苏联专家常常为陈云将一串串烂熟于胸的数字运用得恰到好处、仿佛信手拈来的奕奕风采感到叹服。

实际上，早在中华人民共和国成立前，陈云在延安时期和在东北就领导策划和组织了根据地和解放区的财经事务，因此他的实践经验非常丰富，了解、熟悉国民经济建设的各个方面，有着很强的驾驭财经工作全局的能力。这一特点在以善于排兵布阵、决胜千里之外居多的党和国家高级领导人中间显得比较突出，也赢得了苏联经济专家们发自内心的钦佩。

相互学习、彼此尊重，就这样，陈云和他的同事们在与苏联顾问、专家的交往中保持着愉快的工作合作关系，从一开始的不相识、不熟悉到后来的一言一语都心领神会、相处融洽。

天长日久，同志间纯洁的友情逐渐产生出来，以致通常喜怒不形于色的陈云有时也与来自异国的客人开玩笑了。

有次苏联专家毕考尔前来中财委办事，双方寒暄坐下之后，陈云与毕考尔亲切友好地交谈着。

突然，只听坐在对面的陈云叫起来："啊呀，烤鸭子了，烤鸭子了！"

毕考尔一时丈二和尚摸不着头脑，直拿眼睛看陈云。陈云笑着说："你摸摸你的头。"毕考尔一摸，哎哟，一头汗。

原来，毕考尔刚才只顾集中精力商谈，忘了浑身已热起来了。陈云笑着解释道，像你这样，外面穿着厚厚的大衣，满头大汗，不就像"烤鸭子"吗？！说毕，陈云请工作人员赶快将暖气温度调低下来。

毕考尔至此才恍然大悟，也不禁哈哈大笑起来。在愉快的气氛中，协商的课题很快达成了一致。

与苏联同志的相处，时间虽然短暂，友好情谊却长存心间，取得的成效更是举世瞩目的。

粉碎"四人帮"后，在党中央通过的《关于建国以来若干历史问题的决议》中，对中华人民共和国建立之初的工作进行了评价，决议指出，这一时

第七章
经天纬地：陈云的人际交往

1952年8月24日，中国政府代表团在莫斯科向列宁墓敬献花圈。前排左起：周恩来、陈云。（历史图片）

1984年12月24日,陈云在北京会见苏联部长会议第一副主席阿尔希波夫。中为薄一波、钱其琛(历史图片)

期的建设"取得了重大的成就。一批为国家工业化所必需而过去又非常薄弱的基础工业建立了起来"。"经济发展比较快,经济效果比较好,重要经济部门之间的比例比较协调。市场繁荣,物价稳定。人民生活显著改善。"

苏联专家的感触也很深。他们对我国在三年恢复国民经济和实施第一个五年计划期间虚心学习、精心筹划、周密安排、克服重重困难、最后取得经济建设的巨大成就给予了高度评价。苏联总顾问阿尔希波夫曾由衷地对陈云讲:"在这个几亿人口的大国里,能有条不紊地顺利实现了如此复杂、困难和深刻的社会变革,使工农业和整个国民经济获得这样大的发展,的确是伟大的胜利,简直是神话般的奇迹!"

第七章
经天纬地：陈云的人际交往

今天，陈云显得有些反常……

除了因工作关系，陈云和外国友人有接触，有时，他也会接待一些特殊的客人。

有一次，工作人员发现一向内向、沉静的陈云显得分外激动，还点上了一支烟。大家都感到非常纳闷，因为陈云很早就已经不吸烟了。直到相互一打听才了解到，待一会儿，有一位苏联的客人要来。但谁又能让陈云如此激动呢？前来拜访的重要客人不少，但类似情况还不曾发生过。

随着时间的推移，人们心中的好奇越发重了。

"来了！"不知是谁突然轻轻地叫了一声。顿时，大家的视线集中到了一个人身上。

来人高鼻梁，身材高大，两眼炯炯有神，脸上络腮胡须有些发白，估计已在花甲之年。单单从外表看，似乎还有些学者气质。不太可能吧？因为从来没有人听陈云提及过有这样一位苏联学者朋友。

但大家确实猜得不错。

客人跨进大门，一眼就看见了等候在外的陈云。只见陈云快步上前，紧紧握住来客的手说："你还是那么精神，身体还好吗？"尽管陈云努力压制心中的激动之情，但身边的同志仍从语调中能明显地感觉出来。还有细心人发现，陈云的眼圈中不知什么时候已经泛着晶莹的泪花，尽管早已有心理准备，此情此景仍然太意外了。

干革命、搞建设，艰难险阻再大，绝不会有一滴眼泪；见患难故友，任真情自流。这便是一位无产阶级革命家的交往风采！

通过谈话，大家终于明白了事情的来龙去脉。

来客是苏联的一位著名汉学家，名叫斯拉特阔夫斯基。1927年，蒋介石发动"四一二"大屠杀时,上海滩一片腥风血雨。而年纪轻轻就在国内有"中国通"之称的斯拉特阔夫斯基此时正在这里,担任苏联驻上海商务代表。

尽管白色恐怖笼罩大地,但此时与斯拉特阔夫斯基年龄相仿、22岁还不到的陈云没有被反动派一时的嚣张气焰吓住,仍然留在上海坚持地下工作,以公开身份——商务印书馆的排字工——作掩护。

一天深夜,由于叛徒出卖,大批特务前来搜捕陈云。在敌人眼中,陈云是一名"非抓不可的"重要人物,他曾是商务印书馆罢工临时委员会委员长,不仅参加了"四一二"之前中共领导的上海三次工人武装起义,而且组

1927年4月12日,蒋介石在上海发动反革命政变,上海工人纠察队总指挥部所在地商务印书馆遭到袭击,大楼上弹痕斑斑(历史图片)

第七章
经天纬地：陈云的人际交往

织领导的千余名工人纠察队是闸北区工人纠察队的主力。在取得成功的最后一次也就是第三次起义中，中共领导人周恩来就是在陈云所在的商务印书馆职工医院内指挥全市战斗的。起义胜利后，陈云还是上海特别市政府筹备工作组的成员。

当天深夜，陈云正在召开会议，布置恢复基层组织事宜，突然听到窗外有异常声音。长期的地下斗争生活使陈云的警觉性非常高，他立即吹灭油灯，到窗前一看，立即明白有敌情。转过身来，陈云一边组织同志们马上从后门穿小巷转移，一边商定好下次开会联络的办法。

就这样，陈云再次虎口脱险。商务印书馆暂时是不能回去了，但又不能整天只顾东躲西藏，必须重新找一个可靠的安身之处，以便继续领导开展地下工作。

这在当时谈何容易！经过国民党反动派的几次大搜捕，原有的几个联络站已经不复存在，可靠的同志有的牺牲、有的不知下落，再加上内部的个别叛徒、败类活动非常猖獗，有的地方貌似没有什么变化，其实正是一个虎口。熟人那里在未重新摸清情况之前也不能贸然前往，有的人在目前革命处于暂时低潮的局面下，可能已经不愿再引"麻烦"上身。更有甚者表面安排、虚以接待，暗地里却去告密出卖。

就在这时，组织上给陈云安排了一个地点，这便是斯拉特阔夫斯基所在的苏联驻上海商务代表处。

陈云没有想到要暂时隐身于蓝眼睛、黄头发的外国人之中。尽管有些惴惴不安，他还是服从决定，将随身物品搬了过去。但很快，陈云心中的疑惑便烟消云散了。

斯拉特阔夫斯基一眼就喜欢上了面前这位双眸炯炯有神、精干、略有些瘦削的年轻中国人。他将陈云安排到一个宽敞、比较隐蔽的房间，买来水果和生活用品，一番布置将陈云多日奔波的仆仆风尘洗去，同时对客人的日常饮食作了妥善安排，并特别指示承办者注意多为陈云加强营养。此外，斯拉

1956年9月，陈云在北京同保加利亚部长会议主席于哥夫交谈

1956年11月，陈云在北京会见苏联电影界访华代表团

特阔夫斯基还详细讲解周围的环境和商务处的基本情况，以便陈云能尽快适应下来。

斯拉特阔夫斯基不仅在生活上给予陈云细心周到的照顾，而且还利用自己特殊的身份巧妙应付敌特不时前来的骚扰盘查，自始至终保证了陈云在此期间的人身安全。

有一次，一伙人自称前来作例行检查，要进入陈云所在的后院，而当时陈云正好在屋内，情况显得十分紧急。斯拉特阔夫斯基闻知消息，立即赶到现场，措辞严厉地向来人表示，这是外交人员生活区，未经两国有关部门协商，不得擅自进入，否则，由此引起的一切后果你们要承担完全责任。看到"洋大人"亲自当关，这帮平时习惯于在中国人民头上作威作福、到了外国人面前便自矮三分的反动派走狗灰溜溜地走了。

几十年前的历历往事，仿佛犹在昨日，记忆犹新。陈云与斯拉特阔夫斯基各自向对方介绍了自上海分手后的情况。谈起世事的变迁，两人感慨不已，对革命在中国终于取得成功，都感到非常欣慰。当提及斯拉特阔夫斯基当年喝退敌人的经过时，双方更是愉快地笑了起来。

陈云交谈的兴致特别高，他还不时向身边的同志介绍说："我们是20多年的老战友了。那还是国民党时期，蒋介石叛变革命，到处是白色恐怖。我受到追捕，就住在他那里，住在他的房子里，我们算是老交情啰！"

两位老朋友从过去谈到了现在，当客人说到中国革命这么多年、牺牲了这么多同志，今天终于迎来了收获季节，并向陈云表示祝贺时，陈云略一低头，语气一变，沉思着说："这不能说是收获季节。收获什么？胜利果实？不错，我们建立了新中国。可敌人留给我们的是一个烂摊子，是战争后的废墟。我们现在还不是享受胜利果实，恰恰相反，新的奋斗才刚刚开始，我们现在是要平整土地，是要播种，而不是收获。我们面前的困难一点也不比过去少，需要比过去更长久的艰苦奋斗。"在陈云讲话的过程中，斯拉特阔夫斯基频频点头表示十分赞许。

月亮悄悄地爬上了树梢。风,不知什么时候也开始轻轻地吹拂。今夜真好。

相识岂在长久,患难自铸真情。

诚哉!斯言。